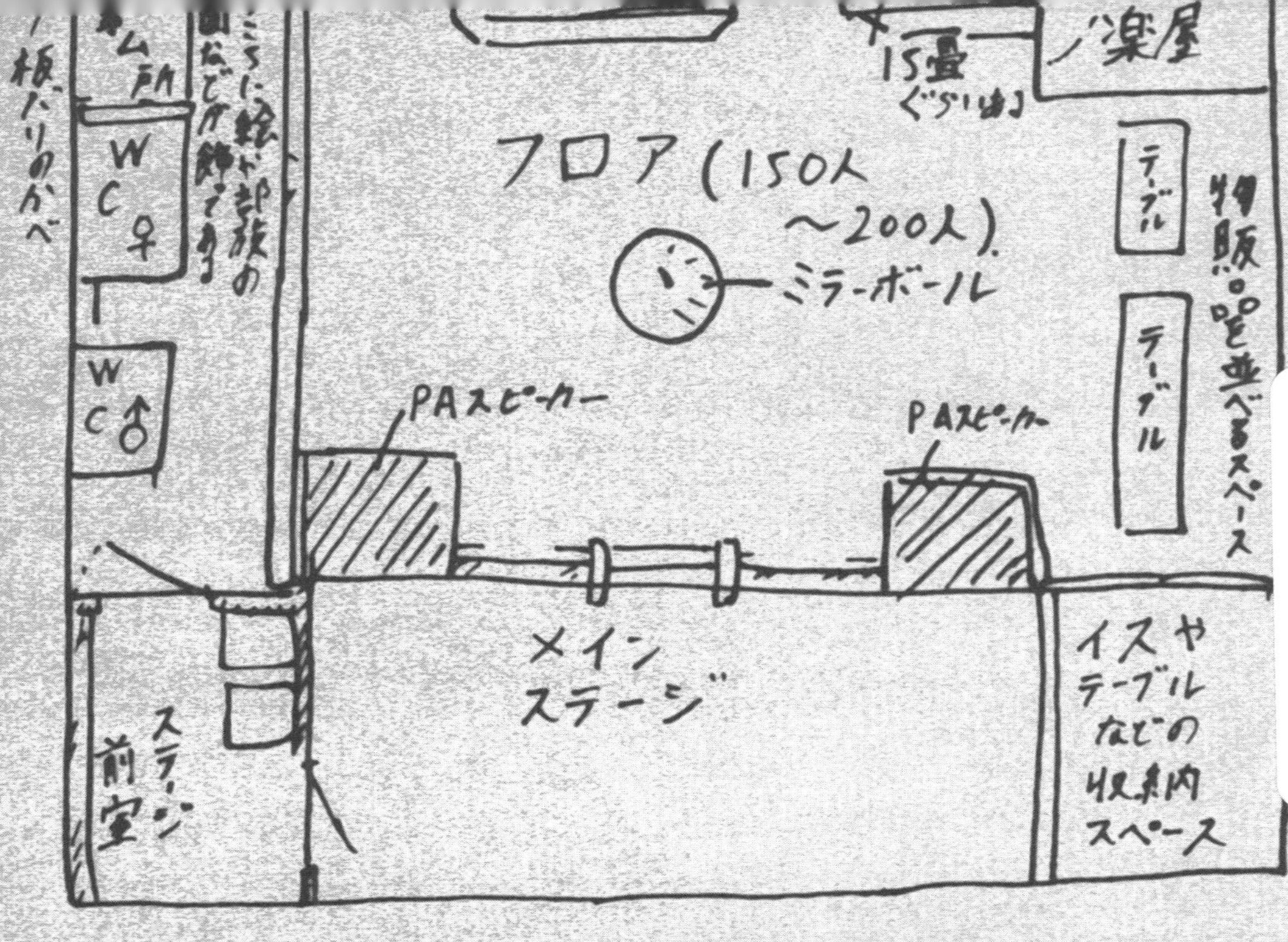

板バリのかべ
ム所
WC ♀
WC ♂
ミラーに絵や部族の面などが飾ってあり
楽屋
15畳
ぐらい
フロア（150人〜200人）
ミラーボール
テーブル
テーブル
物販や売を並べるスペース
は板バリの床。
フロア
PAスピーカー
PAスピーカー
メイン
ステージ
イスやテーブルなどの収納スペース
ステージ前室

ブードゥーラウンジ

The Voodoo Lounge

Hirofumi
kanoko

NANAROKU SHA

ブードゥーラウンジ　もくじ

スメルズ・ライク・ヨコチン・スピリット

1

1

ロックンロールという音楽は、どうにも屈折している。「わかってたまるか！」という気持ちを「でも、誰にもわかってもらえないってなると、それはそれで寂しいなぁ」と歌にして曲にして、いざ本番を迎えるころになると「ああ、もうどうにでもなれ！　矢でも鉄砲でも持ってきて俺をぶっ殺してみろ！」とステージで爆裂させるような音楽だからだ。基本的に気分はやけくそ。だから音だってでかくてうるさいのだ。

そういう音楽に激しく反応するのは、当然のことながら「世の不満分子たち」である。なにか気にくわない。なにかおもしろくない。しかも、なにがそんなに気にくわないのか、なにがそんなにおもしろくないのか、当の本人ですらうまく説明できない。うまく説明できないもんだから、電話相談室に電話をかけることもできない。

ちくしょう！　くそったれ！　ふざけるんじゃねえよ！

そんないら立ちを抱えた人間がついに、「よくよく考えてみたが、そもそも電話相談室の相談員なんかに俺のことがわかんのか？」という気持ちになったとき、ロックンロールという音楽とバッチリ響き合う瞬間が訪れる。

ロックンロールという音楽と電話相談室・相談員との違いは、同じ穴のムジナかどうかだ。自分と同じにおいがするかどうかだ。「わかってたまるか！」というその気持ちを、言葉を超えたところで共有できるかどうかだ。つまりイギー・ポップが放つ「おまえの犬になりたい！　どういう意味かわかんだろ！　あん？」という狂ったような絶叫に、「うん、わかるよ！」と瞬時に思えるかどうかが、運命の分かれ道になるのである。そして「うん、わかるよ！」と思ったその瞬間、今まで立っていたはずの地面がバリンバリンにひび割れ、「うんがらげ〜っ！」とくるくる回転しながら、ロックンロールの世界に吸い込まれていくのである。

それが幸せなことかどうかは、僕にはわからない。髪を逆立てたり、破れた網タイツをわざとはいたり、ピチピチの革ジャンに「デストロイ」とかおもしろがって書いて着たりしている人の写真が、つまりシド・ヴィシャスとナンシー・スパンゲンのようなカップルの写真が、「家族の安心・しあわせプラン」という生命保険のパンフレットに載っているところを僕は一度も見たことがないし、そういう人たちがシチューのテレビコマーシャルに登場し、家族団欒《だんらん》、楽しそうにシチューを食べたという話も聞いたことがない。だから広告代理店的な尺度で計れば「まるで幸せには見えない」ということになるのだろう。確かにシド・ヴィシャスは二十一歳でこの世を去ったし、恋人のナンシー・スパンゲンに至っては二十歳のときに薄汚いホテルの一室で殺害された。二人はそうして伝説になったり、映画になったりもしたが、二人があの世でそのことをどう思っているかについては誰も確かめようがない。

でもそんなことはどうでもいいのだ。自分で書いておいてどうでもいいというのも変な話だが、こういうちゃぶ台返し的な行為はロックンロールの世界では日常茶飯事の常套《じょうとう》手段であって、これしきのことで目くじらを立てているようでは、この先に僕が書くであろう話はただのひとつだって楽しめない。とにかく、僕が遊びに来ているライブハウスでは今、ザ・ボットンズの演奏が佳境を迎えている。でっぷり太った男が革ジャンとジーンズを脱ぎ捨て、赤いブリーフ一丁になって口から泡を吹いているのだ。そんな話をしている場合じゃない。

2

ダルマのような体型のベーシストが楽器を投げ捨て、赤いブリーフ一丁になった。ステージからフロアにかっこよく飛び降りようとしたが、見事に足を踏みはずして落下した。足首を挫《くじ》いたかもしれない。少なくともコンクリート製の床で身体のどこかを強打したことだけは確かだ。毒虫でも食べたような顔になって床の上を転げ回っている。

「いだいっ！　いだいよーっ！」

僕のすぐ目の前で悶絶《もんぜつ》しているベーシストは、その名を「ヘドロくん」という。確かに汚れた排水溝から上がってきたような顔色だ。上の前歯はどういうわけだかごっそり折れていて、歯茎しか見えない。空気をパンパンに入れられたカエルのようなお腹をしていて、頭はもじゃもじゃだ。ロックンロールが生み落としたよだれと汗まみれの怪物。それが僕らのヘドロくんだ。

ステージではそんなヘドロくんにお構いなく、爆音での演奏が続いている。ボーカルとギターを務めるおかっぱ頭の男が弦をバーンと弾《はじ》いて、ただでさえ凶暴なＯＲＡＮＧＥ製アンプのダーティチャンネル、そのボリュームとゲインを目一杯に上げた。爆音が轟音《ごうおん》に変わった。出力最大になったアンプは激しくフィードバックして振動した。それはゴジラの咆哮《ほうこう》にも似た、地鳴りを引き起こす音だ。その地鳴りの発生源となっている二段積みアンプのスピーカー部分には、こんな文字が大きく殴り書きされている。

ザ・ボットンズ
ファック・ユー！

もちろんカタカナでは書かれていない。英語で書いてある。カタカナで書くとすごいバカみたいに見えるからさすがに英語にしたのだと思うのだが、いずれにせよ書いてあるのはバカみたいなことである。

ザ・ボットンズ
ファック・ユー！

ボーカルとギターを務めるおかっぱ頭の男もフロアに飛び降りてきた。マイクケーブルをまるでストールのように首に巻き、したたる汗を革ジャンの袖でぬぐっている。この男は名前を「ふーくん」といって、演奏を始めた途端、殺人鬼のような目つきになり、やることなすことすべてがメチャクチャになる男だ。骨の髄までロックンロールという病に冒《おか》されていて、もう完治は難しいとされている。きっとご両親は泣いていることだろう。そのご両親が泣いて枕を濡らしているだろう時間帯に、息子は中指を立てて歌っている。ロックンロールとはそういうものだ。親の心子知らずだ。知らぬが仏だ。いや、本当は知っているし、気にもしているのだが、おたがい知らないふりをしているだけなのかもしれない。

ふーくんは舌なめずりをしながら、二つ折りにしたマイクケーブルをカウボーイのように振り回し始めた。そして周りを取り囲む僕ら観客を不敵な笑みでひとなめすると、ひゅんひゅん振り回していたそのマイクケーブルで、ヘドロくんの背中を力まかせに鞭《むち》打った。

「あぎゃーっ！　あぎゃーっ！」

二発、三発、四発。塩の浮いた汗が八方に飛び散り、ヘドロくんの背中に赤い筋が浮かび上がった。観客はやんやんやんやんやん言いながら、その様子に拳《こぶし》を上げ、次なる展開にもう期待を膨らませている。

有能なバンドマンは、そうした観客の気配を敏感に察知する。それができなければバンドマンなど辞めてしまった方がいいし、続けていくことも難しいだろう。音楽は刹那《せつな》そのものだ。音は出た先から虚空《こくう》に消えていく。それは考えるより感じるものだ。特に譜面を見ないで演奏する種類の音楽には、感性のすばしっこさが何よりも必要とされるのだ。

もちろん、ふーくんが有能なバンドマンであることは言うまでもない。逃げ出そうとするヘドロくんの赤いブリーフを両手で引っつかむと、繊維の強度テストでもするかのようにぐいぐい引っ張った。ぐいぐいだ。ぎゅんぎゅんと言ってもいい。しかしヘドロくんの赤いブリーフはよく伸びる。ゴムでできているのかと思うぐらいよく伸びる。最低でも一メートルは伸びる。そして破れ知らずだ。

ふーくんはその伸びに伸びたブリーフの中に身体を滑り込ませ、駅伝ランナーのように襷《たすき》掛《が》けにすると、再び爆音でギターを鳴らし始めた。ヘドロくんだって負けてはいない。象のような質感のお尻を丸出しにしながらも、ちんちんだけは出しませんと股間を握りしめ、落ちていたマイクを拾い上げると、ふーくんをしっぽのように引きずり回しながら絶叫した。

ぶっとばしてやるっ！
ぶっとばしてやるっ！
ぶっとばしてやるっ！
ぶわーっっっっっっっ！

観客はフロアで暴れまわる二人を取り囲み、さらにやんやん拳を上げている。

演奏開始から一時間。一度も中断されることなく弾かれているエレキギターは、もうチューニングが完全に狂っている。だが、それでも演奏を続けているふーくんの、その殺人鬼のような目つきはこう語っているのだ。

だからどうした？　それがどうした？　じゃあここでチューニングを始めろとでもいうのか？　教科書通りのことをやれとでもいうのか？　違うだろ？　そんなものが見たくてここに来たわけじゃないだろ？　なけなしの金を払ったわけじゃないだろ？　君たちはなにが見たい？　さあ、なにが見たい？　この「ブードゥーラウンジ」という名の、いかれたライブハウスで——。

3

福岡市中央区にある天神《てんじん》という街は、九州で一番大きな街であり、人の多いにぎやかな街であり、東京でなにかと話題になっている店が張り切って出店してくるような街である。それはおもしろくもあり、つまらなくもある典型的な地方都市の姿だ。中心街はおおむね間違ったリニューアルを繰り返し、次第に物わかりのいい都会風の顔つきに整形され、あちこちにスターバックスが出来て、個性的だったはずの景色を手放していく。

しかしそんな天神の街にも、再開発の手がまだ及んでいない野性的な地区がある。そのひとつが「北天神」と呼ばれている一帯だ。大通りから一本入れば、そこには野良猫が縄張り争いをするうらぶれた路地があり、木造モルタルの古い建物があり、怪しげな商売を営む愉快な店がある。ＥＸＩＬＥのような格好をした若者たちが猿のような声を上げて歩く通りがあり、キャバクラの姉ちゃんがふてくされた顔をしてカップラーメンを食べるコンビニがあり、終電を逃した愚か者たちを朝まで収容してくれる漫画喫茶がある。街はどこかデコボコした感じに満ちていて、ベニヤ板で封鎖されたテナントがあり、いびつなアスファルトの敷かれた無人のコインパーキングがあり、ブロック塀にはくだらない落書きがたくさんスプレーしてあって、スターバックスは一軒もない。

「ブードゥーラウンジ」は、そんな北天神地区に店を構えるライブハウスだ。くたびれた雑居ビルの三階にある。お世辞にも洒落《しゃれ》たビルとは言えない。レトロと呼ぶにはまだ少し風合いが足りないし、リノベーションとも今のところ無縁だ。かつては多くのテナントでにぎわい、酔っぱらいたちの声もたくさん飛び交っていたはずだが、今はその気配だけが残り香として漂い、さびれた世界観に色を添えている。特に防火扉で完全にシャットアウトされた二階はそれが顕著《けんちょ》で、カメラを向ければ心霊写真でも撮れそうなムードだ。一階にあったうどん屋とゲームセンターはすでに撤退していて、しぶとく営業を続けているテナントはカレーライスのチェーン店だけになった。四階に何があるのかは知らない。恐ろしく静かなことだけは確かだ。なかなかハードボイルドな雰囲気で、フィリップ・マーロウのような探偵が、ほこりくさい事務所を構えていてもおかしくない。もしかすると、難儀な事件を持ち込む黒電話のベルが鳴っているのかもしれない。

とにかくこの雑居ビルに人の気配が漂い始めるのは、街が夕闇に染まるころからだ。一人、また一人と旧式のエレベーターに吸い込まれ、もれなく三階へと昇っていく。無論、僕もその一人だ。一階……二階……三階。僕の目指す「ブードゥーラウンジ」は、エレベーターを降りてすぐ左手にある。

＊

何を生業《なりわい》にしているのか。毎日どうやって暮らしを立てているのか。「ブードゥーラウンジ」には、正体のよくわからない人々が続々と飲み込まれていく。おもしろおかしく生きているように見せるのが僕らの得意技だが、実際はどうだかわからない。そこにくちばしを突っ込まないのがいいところだ。

僕らは薄暗いライブハウスの片隅で、なんとなく言葉を交わすようになり、その友好の輪を少しずつ広げていくタイプの人間だ。通っているうちに一人また一人と仲間が増え、ときどき一緒に遊んだりするようにもなる。多くの人々はあだ名のようなもので呼ばれていて、本名に関しては知らないことの方が多い。でもそれで困ることなどひとつもない。おたがい素性《すじょう》をよく知らないことで得られる開放感のある関係は、その適度な距離から生まれてくるのだろうし、そんなふうに気を許せる場所がこの世界に存在するというだけで、僕らはギスギスした現実から、あるいはモヤモヤした何かから、ほんの少し救われているような気持ちにもなれるのだ。そこに音楽と夜とアルコールが存在するなら――それでもう十分だろう。

「ブードゥーラウンジ」の長いバーカウンター内では、氷が音を立ててグラスに放り込まれている。注文に応じた酒瓶が取り出され、慣れた手さばきでスクリュー式の蓋《ふた》があけられると、液体がとくとくと注がれてマドラーで軽くかき混ぜられる。ダウンライトを浴びて飴《あめ》のように光るウオッカ、ラム、ジン、テキーラ、ウィスキーの瓶たち。焼酎も同じ棚に並んでいる。手っ取り早く酔っ払いたい人間は世界中どこにでもいて、もちろんここにだっている。一杯目から強めの酒を注文するのは、とっとと正気をなくして夜との同化を急ぎたいからだろう。

弧を描いて立ちのぼる煙草の煙。アルコールのまわっている陽気なおしゃべり。物販品を並べるバンドマンと、それをのぞき込みに来る客。わらわらと集《つど》った夜行性の人間たちは、ちょっとした挨拶を交わしてひとしきり笑い合うと、思い思いの場所に散って、音の出る瞬間を心待ちにする。そのいっとき、ライブハウスに流れているこの時間が、いつだって僕をたまらなくさせるのだ。

さあ準備は整った。アルコールと煙草の火ならそこら中にある。電流の通じている大きなアンプと、それを爆音で震わせる電気楽器もスタンバイしている。早く音を出したくてたまらないバンドマンたちは、どうにも落ち着かない。そんな火薬と雷管のようなものがここにはあふれすぎていて、何かが起きるならそれはもう時間の問題なのだ。

「ブードゥーラウンジ」が目を覚ます。雑居ビルがうごめき始める。北天神の放つ夜の体温がまた少しだけ高くなる。僕らは薄暗いクジラの胃袋の中で爆弾を破裂させて遊ぶ大人のピノキオだ。あるいは、退屈と屈託に満ちた日常を、電気増幅させた音の筏《いかだ》で乗り越え、ただただ明日へと漂流し続けるロビンソン・クルーソーかもしれない。

＊

そんな人間たちの発する得体の知れないエネルギーを喜んで受けとめてくれる変人が福

岡にはいる。
　それがボギーくんだ。「ボギー」と名乗ってはいるが、もちろん日本人で、本名は奥村ナントカだ。決して難しい名前でもなんでもないのだが、なぜかいつも覚えられないまま忘れてしまうので、もうたずねたりすることもなくなった。そのあたりのことは「デヴィ夫人」の場合と極めてよく似ていて、それぐらいボギーくんは「ボギー」と呼ばれることの方が自然であり、もはや全身が「ボギー」そのものだ。誰も彼のことを本名では呼ばないし、奥さんはおろか、彼をこの世に産み落とした母親からさえも「ねぇ、ボギー」と当たり前のように話しかけられている。まれに間違えて「ボニーさん」とか「ブギーさん」とか、ひどい場合には「ジミーさん」とか呼ぶ人もいるのだが、そういう場合、彼は決まってこんな風にしてその誤りを正す。

「ボーカルとギターをやってるから『ボギー』。覚えてね！」

ボギーくんは僕の知る限り「福岡一忙しいミュージシャン」だ。自身のバンド「ノントロッポ」での演奏活動は元より、ソロ活動、各種ユニット活動、ライブイベントの企画構成、バンドのブッキング、ＤＪ、司会進行、チラシの制作、そしてその配達配布に至るまで、音楽にまつわることなら何から何まで精力的にこなしている。尋常じゃない仕事量だが、ボギーくんはその活動を「祭り」と称して楽しみ、かれこれ二十年以上祭り続けている。レパートリーも二千曲以上あり、そのうち半分は童貞時代に作詞作曲したものだ。毎日三曲作っていたらしい。初めてAVを借りた日のことを歌ったかわいい駄作もある。

とにかく福岡の音楽シーンに関わっている人間で、彼の名前を知らない人間はいない。いたとすれば、そいつはモグリか感度ゼロの能なしだ。また、ボギーくんは酔拳的なノリを見せる人間としてもよく知られている。酔えば酔うほど元気になり、大いにはしゃいで場を盛り上げる。そうしてライブ終了後には決まって街に繰り出し、大いに飲み、大いに笑い、最終的には油性マジックで顔中に落書きされて、白目をむいて気絶する。電池が切れるまで遊ぶアラフォー。北天神を照らす夜の太陽。ビール色の長い髪を揺らしながら踊る永遠の夏祭り男——。

そんなボギーくんの主戦場が、この「ブードゥーラウンジ」というわけだ。

4

「オーケーエブリバディー！　今夜も『ブードゥーラウンジ』によぉーこそー！」

月曜とか火曜とか水曜とか、特に会社勤めをしている人間なら、まったく死にたい気分になるドロドロのド平日に、「ああ生きててよかった、死ななくてよかった、会社なんかこの世にいくらでもあるが、俺という人間はこの世に一人しかいないんだ」とスッキリハッキリ思わせてくれるライブイベントがある。

それが「ブードゥーラウンジ」のレギュラーイベント「ラウンジサウンズ」だ。

企画・ボギー。バンドブッキング・ボギー。ＤＪ・ボギー。司会進行・ボギー。プロデュース・ボギー。落とし物係・ボギー。

「それでは素敵なＤＪボギーから素敵なお知らせ。赤いカバーのついた素敵なiPhoneを素敵な女子便所で素敵に落とした素敵なレディーがいます。素敵なボギーが素敵に預かってますんで、素敵なＤＪブースまで素敵に４６４９《ヨンロクヨンキュウ》！」

ボギーくんは忙しい。オープニングの弾き語りを担当するのもボギーくんだ。

バカになりましょーぉおぉ
バカになりましょーぉおぉ
バカになりましょーぉおぉ
もっともっとバカになりましょう
脳みそ半分だけ捨てましょう
ワーイ！

「ラウンジサウンズ」は人間賛歌のライブイベントだ。どんな人間にもひとつふたつは必ず見所がある。他の誰とも違う「特別なところ」がきっとある。だったらそれをバカになって見せましょうというわけだ。世間だの相対評価だの、そんなものを気にする必要はまったくない。学校や会社でバッテン印をつけられ続けた人間が、のちに大物になったという話はいくらでもある。見る目のない人間に理解できるものは、所詮《しょせん》、想定内に存在する退屈なことだけだ。新しい衝撃はいつだって、そうじゃないところから生まれてくる。その証拠に、ザ・ビートルズも、ザ・ヴェルヴェット・アンダーグラウンドも、セックス・ピストルズも、薄暗い辺境で芽吹いた熱狂の種子だった。誰かがそれを目撃し、誰かがその演奏を耳にし、そして誰かがステージの前で踊り出して、何かが始まっていったのだ。

だからどんな評価を受けている人間も胸を張ってバカになれ。さあ、みんなバカになれ。月曜とか火曜とか水曜とか、そんなドロドロのド平日からバカになれ。元気ですか。元気があればなんでもできる。バカですか。バカになればなんでもできる。元気でバカなら言うことなしの上等だ。一人一人が人類史上初登場。「自分」という名のオリジナル。その誰にも似てないレア・グルーヴを、むき出し丸出し垂れ流し。ゆとり教育、文科省。才能伸長、中教審。お国がやれぬことならば、俺がこの手でやってやる——それがボギーくんの目指す「ラウンジサウンズ」の姿だと思ってもらえればまず間違いない。

そんな人間解放区の「ラウンジサウンズ」は、熱の入りすぎた演奏が続出してしまうライブイベントだ。客が多かろうが少なかろうが関係ない。現に七人しかいない観客の前で、熱演のあまり脱糞《だっぷん》してしまった人間もいるぐらいだ。でもそれは恥ずかしいことでもなんでもない。黄金《こがね》色に輝く勲章であり、いつか語り継がれることになる伝説の一ページだろう。それに「ラウンジサウンズ」は、何が飛び出すかわからない「実験と遊び心に満ちたイベント」でもあるのだ。

課題曲シリーズ、完全コピーバンド大会、ラウンジサウンズ紅白歌合戦、コスプレナイト、特殊弾き語りナイト、ラップ事故、新春即興祭、ラウンジサウンズゾンビ村、エロナイト、バンドマン腕相撲王決定戦、ドラム叩き語り祭りなどなど、ボギーくんは頭のイカレた企画を百も二百も発案し、あの手この手で、平日の夜を「祭り的空間」に変換しようと試みる。それは僕ら観客を、そして出演者を、日常から非日常の世界へと解放するための壮大な人体実験と言っていいかもしれない。ボギーくんはそんな実験をかれこれもう十年以上続けている。

当然のことながら、オファーを受けたミュージシャンも、ただ自分たちの曲を演奏して帰るだけでは済まなくなる。企画の趣旨を読み取り、事前にしっかり準備をし、センスと本気度を爆発させなければ、浮いてスベって「ダサイ！」と笑われ、大けがしてシクシク泣いて帰るハメになるのだ。マンネリ打破。舞台に上がる以上はいつだって真剣勝負。そうした揺さぶりや負荷《ふか》は、知らず知らずのうちに出演者の表現の幅や活動の幅を広げていくことにもなる。事実、この「ラウンジサウンズ」で何度も何度も揉《も》まれたことによって人気を博し、大化けしていったバンドやミュージシャンも少なくないのだ。つまり「ラウンジサウンズ」は「ミュージシャン虎の穴」、表現者養成機関としての機能も大いに果たしているというわけだ。

その「虎の穴からの使者」とも呼べるグループが、僕らのアイドル「カシミールナポレオン」である。

＊

カシミールナポレオンは、魔界のプリンス・Ｋくんと、その相棒・ハククんの二人で構成されている「悪魔のグループ」だ。二人合わせて「ケーハク」ということになるわけだが、それはあくまでも偶然の産物らしい。二人は高校時代のクラスメイトらしいが、同じクラスに悪魔が二人も混じっている高校は、世界的に見てもそう多くはないだろう。

一九九八年、高校の美術室で結成。そんなカシミールナポレオンの音楽性およびパフォーマンスをひと言で表すなら、「ビジュアル界の激安王」である。

メンバーを紹介しよう。

長身のKくんは、ブロッコリーのかたまりを彷彿《ほうふつ》とさせる「くせ毛を極めた爆発型天然パーマ」で、顔面は白塗りだ。目の周りにはパンダを思わせる巨大な隈取《くまど》りがしてあり、唇もまた黒く塗られている。特筆すべき点は「への字形眉毛」が額にぶっとく描かれているところで、その位置、形状ともに、はっきり言って変である。カマキリに似た手足の長い細身の体は、黒い全身タイツでピタピタに覆《おお》われていて、さすがにそれだけでは見た目が寂しいと思ったのか、腰にはラメの布が結《ゆ》わえてある。

相棒のハクくんは、比較的小柄な悪魔である。やはり白塗りで目の周りには「コウモリ形」の隈取りがしてある。そこまでは極めて順調なのだが、問題は鼻の下にピッ、ピッとはねるようにして描かれた細いナマズ髭《ひげ》で、はっきり言って変である。ちなみに二人とも「これが悪魔の素顔」と公言してはばからないが、白塗りのメイクにはダイソーで買ったチューブ式水性アクリル絵の具が使用されており、薄めずに指で厚塗りしているという噂《うわさ》だ。なお、ハクくんの出で立ちは、網タイツ風の生地でできた黒いVネックTシャツに、七分丈のカラー綿パン（薄手）、そして素足にスニーカーが基本である。

カシミールナポレオンの激安ぶりは（彼らのステージを観れば）子どもから大人まで、誰でもわかる仕組みになっている。箇条書きにするとこんな感じだ。

激安その1　演奏をしない。
激安その2　音がショボい。
激安その3　アルミホイルを多用する。
激安その4　アクションや言動の端々に、やさしい人柄がにじんでしまう。
激安その5　毎回グダグダになって終わる芸風だが、その味わいにたまらないものがある。

とにかくカシミールナポレオンの音楽性とパフォーマンスを語る上で何より重要なのは、彼らがショボい自作のカラオケサウンドを前に歌い踊り、演奏するフリをバレバレでしている、という点にある。

悪魔シェフ

今宵の前菜　何にいたします？
今宵のおすすめ　ペガサスの馬刺し
メインディッシュは～（ッシュは～）
メインディィッシュは～（ッシュは～）
メインディィッシュは～（ッシュは～）
……お前だ

ゴッドタクシー

ゴッドタクシー
ゴッドタクシー
ゴッドタクシー
速い……高い……
でも　楽《らく》……

普通の人間なら歌うことをためらうであろう「激安感満載の歌詞」は、「激安感満載の自作カラオケ」でさらに激安化されていく。そのカラオケサウンドの要《かなめ》となっているのが、ウィンドウズ95でしか起動しない音楽作成ソフトのプリセット音源だ。この音源がもう、どこの誰が聴いても、頭を抱えたくなるほど「激安！」なのだ。

そのぺらんぺらんの電子音は、ウィンドウズ95でしか起動しないのも納得のクオリティーだ。しかし、この誰も使わない「音楽史から抹殺されたサウンド」こそが、カシミールナポレオンの生命線なのである。

彼らはその激安電子音を駆使

して作曲する。完成すると、パソコンに付属している激安スピーカーで曲を流し、その音を激安マイクで拾って激安録音する。そのせいだろう。

「なんでこげんシャーシャー言いよるとや?」

細部や輪郭が完全にぼけてしまったモコモコの音質とシャーシャーのエアノイズは、昭和の小学生がテレビ番組をラジカセで録音した「あの感じ」である。そのカラオケ音源は再デジタル化され、Kくんの「悪魔iPhone」に全曲格納されている。

カシナポ祭りだよ

カーシナポ祭りだよ〜

フェスティバルぅ〜


ステージではヘナヘナの歌とエア演奏、そしてチグハグな踊りが披露されていく。ギターのハクくんは、どこにもシールドがつながっていないエレキギターの弦をさわらないよう、いい、いいにして弾くフリをする。ボーカルのKくんは、アルミホイルをニギニギして作った激安フルート、激安サックスなどをスポーツバッグから取り出して吹くフリをし、曲が終わるたびに二つ折りにして再びスポーツバッグにしまう。一度、大量のアルミホイルをニギニギして作った小型の激安ドラムセット（ぐにゃぐにゃだった）が登場したこともあるが、やはり最終的には足で踏み潰してバッグにしまっていた。バッグの中はアルミホイルでパンパンである。

その一部始終を目撃することになる僕らがどうなるのかはもうおわかりだろう。

涙を流しながら笑い転げるのである。

＊

カシミールナポレオンの人気は絶大にして不動だ。そして多くの人たちに愛されている。今では「ブードゥーラウンジ」に限らず、あちこちのライブハウスに呼ばれて喝采を浴びるようにもなった。激安を可視化したエンターテインメント。「これぞ激安！」と誰もが問答無用で太鼓判を押したくなる娯楽。それはあらゆるジャンルの音楽が交錯するライブハウスに偶然空いていたエアポケット的ポジションだったのかもしれない。その隙間＝魔界に、カシミールナポレオンは自分たちの活路と輝ける場所を見つけたのだろう。

そんな二人を発掘して世に送り出したのが、ボギーくんというわけである。

きっかけは一九九九年、ノストラダムス大予言の年に放送されていた「地獄リバーサイド」というラジオ番組だった。メインパーソナリティーを務めるボギーくんのもとに、悪魔を名乗る学生から一本のカセットテープが送られてきたのだ。録音されていたのは、激安に次ぐ激安の楽曲群。テープにはアーティスト写真らしきものも添えられていたが、それは白塗りに黒い隈《くま》取りメイクをした二人が、学校の教室でポーズを取っているだけの激安スナップだった。つまり今のカシミールナポレオンがやっていることと、ほぼ変わらない世界がすでに展開されていたのである。

それは学生の悪ふざけとして抹殺されていてもおかしくない代物《しろもの》だった。あるいは単なるイロモノとして取り上げられ、消費されるだけ消費されて、それでおしまいにされていてもおかしくない代物だった。

でも、ボギーくんは違った。彼らの出現を心から喜び、その才能を認め、このおもしろさを広く世に知らしめようと、以後十七年にもわたって彼らをブッキングし、ステージに上げ続けたのである。

カシミールナポレオンに育ての親がいるとしたら、それは間違いなくボギーくんだ。ボギーくんが声をかけ続けなかったら、彼らの音楽活動は、単なる学生時代の思い出としてアルバムに仕舞われることになっていたかもしれない。Kくんは乳製品を扱う会社に勤務するまじめな悪魔として過ごしていただろうし、ハクくんだって家電量販店のテレビ売り場で良心的な接客をする悪魔として過ごしていたことだろう。いずれにせよ、悪魔が人間に育てられて人気者になったという事実は、ローマ教皇には絶対内緒にしておきたい「ここだけの話」だ。

5

「はみだし者、大歓迎！」

それが世界に羽ばたく「ヨコチンレーベル」の恒久的スローガンだ。「ヨコチンレーベル」とは、ボギーくんの主宰《しゅさい》する自主制作レーベルの名称で、ウソだと思うかもしれないが、ボギーくんはそのレーベルの代表取締役社長だ。まあ、代表取締役社長といっても話はアレで、駄菓子屋の大将的なものを想像していただいた方がスケール感としては正しいし、もし想像できないというのなら、この話はなかったことにしてもらっても構わない。そもそも会社組織ですらないのだから、あまり気にする必要もないだろう。

まあ、その辺のことはともかくとしてだ。

「ヨコチンレーベル」は、現代社会からついついはみだしてしまった「ヨコチンども」が特殊な磁力に導かれて集結してくる自由な広場である。集まってくるのは何もミュージシャンだけではない。現職のお坊さん、サーカスのパフォーマー、変わり者のＯＬ、金粉ショーのダンサー、売れない劇団員、インドカレーの達人（日本人）、踊るインド人（正真正銘のインド人）、話のわかる変な顔の人、飲み屋でたまたま隣の席に座ったお客さんなど、ボギーくんが全国各地で知り合った「この人は！」という革命戦士たちが、よくわからない形で日々増殖を続けている。

ボギーくんは僕にこう言ったことがある。

「たとえば遊びに夢中になりすぎた子どもは、パンツの横からちんちんが出ていても気がつかないまま遊んでいますよね。熱中するあまり、便意や尿意も危険水域まで我慢して遊びますよね。場合によっては何かの弾みで『にょろっ』とそれが出たりすることもありますよね。俺はね、そういうものを見るのが大好きなんです。それぐらいなりふり構わず何かに没頭している姿――あるいはその夢中熱中の結果、どうしても世間の領域から『はみだし』てしまった何かにこそ、美しいものが宿ってるんじゃないかって思うんです。ああ、人の成すべき芸術の基本はそこにあるんじゃないかって。そうであるとするなら、そうした『はみだし』は、叱ったり取り締まったりパンツの中に収めたりせずに、大いに肯定するべきなんじゃないかって。俺が『ヨコチン』と呼んでいるのは、そういうことですよ」

そもそも表現の根源にある「人間の本性」は、アナーキーで不健全な要素をたっぷり含んでいるものだ。言っちゃいけないこと、やっちゃいけないことのオンパレードで、そういうものを誰もが秘密の小部屋にたくさん隠し持っている。それらの多くは、およそ反社会的であり、反道徳的であり、反権力的でもある。それが表に出てこないのは、理性、法律、宗教、場の空気といったリミッターで各自どうにか制御しているからに過ぎない。僕らは自主規制という名の鍵をその秘密の小部屋にかけて、なんとか無難に社会生活を送っている――つまりヨコチンを出さずに暮らしているというわけだ。

しかしいったいどうしたことだろう。いつの頃からか、その自主規制はいっそう激しいものになってきた。モザイクだらけで、もはや何が映っているのかすらわからないビジュアルと、当たりさわりのないことだけに配慮した表現を、個人レベルでも慎重に心がける風潮になってきた。そうして行き着いた先が「信じる未来を君と歩く」だとか「感動をわかちあいたい」だとか「夢をあきらめないあなたが好き」だとか、「よくそんなことを平気で言うよな的ウソくささ」が充満する「美しい日本」だったりするのだ。

はみだし者は、そういう表現ばかり並べようとする不健全社会に、真摯《しんし》かつ毒の多い表現で揺さぶりをかけ、小さな風穴を開けていく。その開けた小さな風穴に、はみだし者はさらに「ユーモアのあるいやがらせ」などをしつこくねじ込み、穴を拡張して風通しをよくしようと奮闘する。あるいは秘密の小部屋の鍵穴にアクセスし、その扉をこじ開けようと試みる。

もちろん、そうした挑戦はむなしい結果に終わる場合がほとんどだ。しかしそれが徒労に終わったとしても、はみだし者は第二、第三の矢を準備して放つことをやめない。懲《こ》りない性分と言うのか。それとも意地っぱりとでも言うべきか。黙殺されればされるほど、そのヨコチンスピリットには火がつく仕組みになっているのだ。

世界がつまらないと思うのなら、作り変えるしかない。世界がでかすぎると思うのなら、自分の周りだけでも今すぐ作り変えていけばいい。どうせ世界とか言ったところで、本当にさわることのできる世界はたかだか半径数メートルでしかない。だったらやろう。すぐやろう。

「ヨコチンレーベル」をあえて理論武装して語るなら、おそらくそういうことだ。ただボギーくんはそれを「半分無意識、本能的にやっている」というだけの話だ。

つまり「ヨコチンレーベル」とは、幼児的アナーキー性に満ちた「アナーキー・イン・ザ・FUK《エフユーケー》（福岡）」なのだ。

北天神が呼んでいる。雑居ビルが燃えている。吹けよ風、呼べよ嵐。二人で飲みます芋焼酎。スメルズ・ライク・ヨコチン・スピリット――。

いったい今夜は何が起きるというのだろう。僕らはそれが知りたくて、「ブードゥーラウンジ」のあの反応の鈍いタッチ式木製自動ドアを開けて入場するのだ。

月隈《つきぐま》ジャンクション 2

「ブードゥーラウンジ」に遊びに行く夜は、テンションが少しおかしくなっている。バス停でバスを待つ時間すらもどかしい。まだかまだかと、次々に到着するバスの行き先番号を眺めては、「ばかやろう！　国体道路経由じゃダメなんだよ！」と一人悪態をついてしまう。

福岡はバスが多すぎる街だ。市民の約九割が心のどこかでそう思っている。あちこちで渋滞が起きる原因も、この多すぎるバスによるところがきっと大きい。ラッシュ時の天神地区なんか最悪だ。バス、バス、バス。右も左もバス、バス、バス。主要停留所付近はバスが三車線にわたってごった返していて、バスがバスの行く手を阻《はば》み、車線変更もままならぬまま、立ち往生している有様だ。まあ、公共交通網の貧しさとそのほころびは、すべてこれらのバスが補ってくれているわけだし、そのおかげで大いに助かっている面もあるのだから、あまり文句を言うとバチが当たる。けれど、こうしてしおらしく待つ段になると、なぜかお目当てのバスはなかなか来ない仕組みになっているのだ。国体道路経由のバスがまた来た。二十秒おきに三台続けてだ。ちくしょう。行き先番号の違うバスほど憎たらしいバスはない。「ブードゥーラウンジ」に遊びに行くような夜は特にそうだ。

西鉄グランドホテル前でバスを降りた僕は、屋台が並ぶ通りに出る。屋台はこの街の夜を彩るキャンドルみたいな存在だ。少し泥臭いイルミネーションと言い換えてもいいだろう。七輪を使う店もまだ多いらしく、時間帯によっては、練炭を燃やす独特の匂いが屋号を染め抜いた暖簾《のれん》の向こう側から漂ってきたりする。

これら屋台群も、少し前までは街のはみだし者扱いされていた。それがいつのころからか観光客でにぎわうようになり、それに目をつけた行政は、屋台を観光資源として突如アピールするようになった。おそらく対外的には「物わかりのいい市長が街を挙げて応援している」ように見えることだろう。でもそんなに美しい話はそうそうないわけで、「屋台は条例によってガチガチに規制されている」というのが本当のところだ。選定委員会だかなんだか知らないが、行政が発案して持ちかけてくる話は、長年屋台を営んできた人たちにとってひとつもうれしくない話ばかりだ。要は光の部分だけおいしくいただいて、影の部分は全部抹消したいということなんだろう。文化を守るとかもっともらしいことを言いながら、いいように管理したいだけなのかもしれない。とにかく屋台に関することこ最近の話題は、なんだか常にもやもやしている。そのもやもやは、僕らが個人的に抱えているもやもやと、どこか深いところで共鳴している感じだ。

そんなもやもやが強くなればなるほど、僕はポカムスが聴きたくなる。ポカムスの媚《こ》びない音楽を猛烈に浴びたくなってしまうのだ。

ポカムスは愛されることを目指さない。ありもしない夢など見ない。見返りのようなものも期待していないし、かといってシラケているわけでもない。むしろめらめらと燃えている。圧倒的に虐《しいた》げられた側に身を置いて、カラスみたいに超然としている。

「次の曲は『職場のクソばばあ死ね』という内容の歌です」

ポカムスが奏でる「生活者のロックンロール」は、薄汚れた曇りガラスをたたき割る。毒をもって毒を制し、胸のつかえを下ろしてくれるのだ。

そんなポカムスが「ブードゥーラウンジ」に登場する夜は、うまくいかない野郎どもがステージ前にぞろぞろ集まって騒ぎだす。アンチファッションの花びらが一気に開いて散り乱れる。ギターとボーカルを務める藤田さんは、牙をむいて吼《ほ》える夜のしゃれこうべだ。やせこけた頬、そしてどこか老人を思わせるよれよれの身体つき。それはロクにものを食べていない何よりの証《あかし》だ。右の奥歯は二、三本抜けたまま放置されていて、ボロボロの眼鏡をテープで補修して使っていたこともある。かぶっている帽子や着用している服によっては、ジャングルを敗走する陸軍兵士に見えなくもない。だがその一方で、極めて崇高《すうこう》なものを内に秘め、何かに殉じようとするガンジー的求道者にも見えるのだ。

ザ・ボットンズは、そんな藤田さんを心からたたえる曲「藤田のおっさん」を作って歌っている。こんな歌だ。

あのおっさんはいつも金持ってなくて
あのおっさんは今日も女日照りで
あのおっさんはいい年こいて
この間ションベン漏らした

あのおっさんは今日も好き勝手に歌ってる

あのおっさんの歌はアバズレの女子大生には伝わらない
あのおっさんの輝く時は
周りにキ〇〇イがいる時

あのおっさんの歌は決して教科書には載らない
あのおっさんの歌は生活の何の役にもたちゃしない
だけど　あのおっさんの歌はいつまでも　僕の心に残ってる

藤田のおっさんは何やってもうまくいかない
藤田のおっさんはいつまでたってもお金がない
藤田のおっさんのペットボトルには水道水
藤田のおっさんはお金がないから水道水
藤田のおっさんは僕と同じさ笑われてる
藤田のおっさんはあんたと一緒さ笑われてる
藤田のおっさんを笑う奴は今すぐ死ね

二〇一六年にメンバーチェンジをしたポカムスは、既存の曲をすべて捨ててバンドを一から練り直した。「首吊り台次は俺」や「トルエン売り」などの名曲が聴けなくなったのは寂しい限りだが、福岡の秘宝・藤田のおっさんはやはり天才だ。ささくれた心にびりびり響くスペシャルな曲をいきなり作った。それが「月隈《つきぐま》ジャンクション」だ。

どこか遠くの方で　重たい
稲光り
まるで広い倉庫の中にいる
みたい
つなぐ福岡高速　1号　香《か》
椎《しい》まで
遅れる約束の午後に　一粒
水滴《みずしずく》

AMラジオはいつも知らないことばかり
鼠色《ねずみ》　月隈ジャンクション
　つながない空港線

五月雨《さみだれ》　月隈　高架の真下で

月隈は、通り過ぎるために存在するような町だ。国道三号線に高速ジャンクション、そして拡張を続ける空港滑走路。博多区の最果てに位置する緑豊かな農村は、いつのころからか統一感を欠いた鼠色の町になっていった。広い駐車スペースを持つ飲食チェーン店と、製造業の素っ気ない巨大工場、そして派手な幟《のぼり》をかかげた中古車センターが、田畑を買い叩きながら虫食い穴のように増殖していく。資本に蹂躙《じゅうりん》される田舎町のそれが現実なのだ。空を見上げれば多種多様な飛行機の機体が、まるで色模様のついた甲虫《こうちゅう》のように飛び交っている。

　おもちゃのような飛行機が　鈍い鉄の音
誰も期待はずれの返事はいらない

五月雨　月隈　高架の真下で
蛙《かわず》が飛び込む　緑の田園

風を切り裂くようにして歪《ひず》み始めるフェンダー・テレキャスターの音。シェイクされるザラついたマラカスのパッション。ポカムスの音楽が僕らの中を駆けていく。くさりがちな心は誰にも言えない情けなさと劣等感の温床《おんしょう》で、説明のできない切なさは努力では解消できない悲しみと同居している。無力な僕らはどこかに引け目を抱えながら毎日を過ごしていて、そんな自分の姿とポカムスは交錯《こうさく》してやまない。

ホーマーは頭が悪いから

アメリカのアニメ番組シンプソンズを知ってるか
主人公のホーマーは頭が悪いから
あの仕事しか出来ない
なんとか働ける場所は

スプリングフィールドにある
あの発電所だけ
ホーマーは頭が悪いから
ホーマーは頭が悪いから……

2

街には磁場《じば》と呼びたくなる場所がある。そこからは、ただならぬ気配が渦巻き電波のように発信されていて、それをキャッチした人間は容易に素通りすることができなくなる。何かに呼ばれている気がするのだ。

「ブードゥーラウンジ」も間違いなくそうした場所のひとつだ。とても一筋縄ではいかない。いささか反応の鈍い木製自動ドアが開くと、もうその入り口から既存のライブハウスとは完全に違った世界が展開している。ねじれまくった木の枝が（まるで肌に浮き出た静脈のように）ぐねぐねと交差して天井を這《は》い回っているのだ。

有機的で実に猥雑《わいざつ》。葉を茂らせたそれは、バーカウンター前の薄暗い天井を横切り、PAブースとDJブースが並ぶ音の心臓部へと向かっている。そこを根城にして、この店を密林化しようと企《たくら》んでいるみたいだ。

店の造りもかなり独特だ。変形フロアの周りを一段高い通路が囲んでいる。そのいたるところに止まり木的スペースがあり、場所によっては造りつけのテーブル席まで用意されている。

中でも店の奥に広がる桟敷《さじき》席的スペースは、この店最大の特殊変則スポットであり、僕らのお気に入りの場所だ。ステージに向かって少しせり出す形をしていて、広さはここだけで十五畳以上ある。様々な形をしたテーブルや椅子があり、そのせいかここは人々が集うサロンと化して始終ざわついている。

壁面の多くは飴色に焼けた檜板《ひのきいた》。店全体がウッディーかつアダルティーなムードでまとめられていて、絵画や部族のお面なども飾ってある。

こうした「らしからぬ造り」の多くは、この店がインターナショナル・バーだった時代の名残りだ。かつてここは在福外国人たちのたまり場だった。その後、ドラァグクイーンたちが大挙して押し寄せるパーティーの会場になったりしていた時期もあったが、そういう変遷が何か独特の空気や情緒になってまだあちこちにうごめいている感じがする。なにはともあれ、これが僕らの愛する「ブードゥーラウンジ」の姿だ。今日もミラーボールが回転してフロアや壁に白銀色の光を乱反射させている。

＊

そんな「ブードゥーラウンジ」に遊びに来たことがある人間なら、きっと「ささち」を見たことがあるはずだ。ボギーくんがらみのイベントでは必ずと言っていいほど受付を担当し、僕らを丸い笑顔で迎え入れてくれる女性だ。アイボリー色の小型金庫とライブを告知するチラシの山、自分用のアルコールドリンクに、ささやかなおつまみ。雑多に散らばりがちなそうしたものが、彼女の前では実に美しく整頓配置されている。足繁く通うようになれば、ちょっとした会話を交わすことにもなるだろう。出番を終えたバンドマンや、遊びに寄ったミュージシャンたちが受付に集い、ささちを囲んで談笑しながら一杯やっている姿は、もはや「ブードゥーラウンジ」の日常的光景のひとつと言っていいだろう。

とにかく忘れちゃいけないことは、ささちにお金を渡すことだ。チケット代にプラスしてワンドリンクのチャージが五百円。ボギーくんが平日に企画する「ラウンジサウンズ」の場合、「総額二千円ポッキリでお一人様ご案内！」となるのが通常コースだ。一発天国行きの片道切符。ここはゴネたりせずに気持ちよく支払っていただきたい。

なお、観たいのは山々だが「どうしてもお金が……」という人は、恥ずかしがらずにこう告げてみるといいだろう。

「僕にはお金がありません！」

できれば大きな声でハキハキと。笑顔であればなおよろしい。人間、お金に困っているときほど、明るく無邪気でありたいものだ。

ボギーくんは「そうまでして観たい！」と足を運んでやってきた人間に寛大だ。むしろ、お金が払えないばっかりにルーベンスの絵を見ることができずにいた——そう、あの『フランダースの犬』の主人公・ネロのような少年を、もうこれ以上増やしてはならないと思っている。ボギーくんはきっと「おおっ！」と君を抱きしめながら、ツケで入ることを大歓迎してくれるだろう。機嫌と懐《ふところ》の具合さえよければ「一杯やらない？」とビールをおごってくれるかもしれない。ボギーくんとはそういう男だ。日本政府もこれぐらいの寛大さを持って福祉政策に取り組めば、世の中はぐんと明るくなることだろう。

ただし、これはあくまでもボギーくんのイベントに限定した福祉政策であって、他で通用するかどうかは不明だ。また、ツケはできるだけ早目に払うのが望ましい。ミュージシャンはおおむね財政難の極みの中で生活しているし、二千円のツケがそんなにグズグズ払えないようでは、この先愛される人間になるのも難しくなるだろう。

さて。例の長いバーカウンター内では、サングラスをかけた関西なまりの男が睨《にら》みをきかせているはずだ。その強面《こわもて》の男こそ、「ブードゥーラウンジ」の三代目店長・小屋敷《こやしき》さんである。小屋敷さんは不良性に満ちた僕らの兄貴分的存在で、ミュージシャンからの信望も厚い。自身もドク・ホリデイ&アパッチ・トレインというソウルフルなバンドのメンバーとして活動していて、ひとたびステージに立てば、ブリブリにサックスを吹きまくり拍手喝采を浴びている。しかしそれだけでは気が済まないのか、得体の知れない骸骨《がいこつ》人形を操ってみたり、大きなボンボンを両手に持ち、ワンツー、ワンツーとチアリーダー的ダンスを踊ってみたり、演奏以外のところでぜえぜえ息を切らすような真似をして笑いを取りまくっている。古き良き時代の愛すべき不良。滅びの美学を知る琥珀《こはく》色のダンディズム。朝から痛飲できるタフな肉体を持ち、財布のひもは信じられないぐらいゆるく、愛車は日産セドリック330で、美女と下ネタには滅法目がない。

夜がやってきた。

出演者はその日の流れや客席の雰囲気を読みながらセットリストを考え、これから始まるステージをどうやって見せようか、脳内でシミュレーションし始める。

頭からカマしていくべきか、それとも徐々に温度を上げていくべきか——。

対バンの演奏はもちろん気になっている。受けているようであれば当然負けたくないし、じゃあ何に一番負けたくないかと言えば、「自分自身に」ということになるだろう。

与えられた持ち時間の中で何が見せられるか？

究極的なことを言えば、見せられるものはいつだって自分の姿でしかない。みっともなかろうがなんであろうが、取り繕《つくろ》うことのできない今の自分をありのままにさらけ出し、それで勝負する以外に手立てはない。勝つか、負けるか、引き分けか。その勝負の行方こそが観客の求めているスリルやリアリティーの正体であり、そこに代金を支払う意味や理由が存在する。興奮の要素もまたそこにあるのだ。

何はともあれ、ライブハウスのステージは実にシビアだ。そこが小さなステージであるが故に、いろんなことが透けて見えやすい。自分に酔っているだけの人間。技術を見せびらかしたいだけの人間。媚びてばかりの人間。ぬるい真似をしてお茶を濁そうとする人間。流行に飛びついてその気になっている劣化コピー人間。そういう人間たちのさもしさは、尻の穴をじっくり見られるような恥ずかしさで実は観客に伝わっている。

その言い訳がきかない舞台で、自分というものを一種破滅的なまでに開放し、燃焼し、燃焼し、燃焼し、ついには燃え尽きて灰になり、そして崩れ落ちていくような苛烈《かれつ》極まりない表現者に、時として出会うことがある。

二〇一二年三月八日のことである。

僕はこの「ブードゥーラウンジ」で、そんな表現者に出会ってしまった。

3

その男のことは何ひとつ知らなかった。顔を見たこともなければ、名前を耳にしたこともなかった。どんな音楽をやっているのかも知らなかったし、普段どんな活動をしているのかも知らなかった。だから「何も期待していなかった」というのが本音だったのだろう。

その証拠に、僕は彼の出番が来るとトイレに立ち、ゆっくり用を足して念入りに手を洗った。エアタオルを使って濡れた手を存分に乾かしたりもした。「ブードゥーラウンジ」のエアタオルは、何かと悪目立ちする問題児だ。ひとたび使用すれば、調子のおかしい巨大掃除機のような爆音が、壁や通路を隔てたフロアまで鳴り響く。おまけに大して乾きもしないくせにセンサーの感度だけは抜群で、誤作動することもしばしばだ。今日もやる気満々のようで、手をかざしてもいないうちから爆音をまき散らしていた。

僕はバーカウンターに立ち寄るつもりでトイレを出た。あらたに飲み物を注文し、ぼんやり煙草でも吸いながらそこで少し時間をやり過ごそうと思ったのだ。

というのも、この日の僕のお目当ては、メインアクトを務める三上寛《みかみかん》であり、残酷な言い方をすれば、あとはもう一刻も早く三上寛のステージが見たい、そんな気分で一杯だったのだ。

会場の空気は温まりすぎるぐらいに温まっていた。『ハイコレ116　なんでもいいからぶち壊せ‼』と題されたこの日のイベントは、実に盛りだくさんの内容で、出演者はメインの三上寛を含めて総勢五組。ライブ前には秘蔵映像の上映会まで催され、三組が演奏を終えた時点ですでに二時間が経過、時刻は夜の九時台に突入して、僕は少し疲れが出始めていた。

フロアにはゴザが一面に敷き詰められていて、まるで見世物小屋みたいな雰囲気だ。DJタイムに流れる曲もド演歌ばかりで、場末の世界観構築に一役買っている。すべては三上寛の音楽をよりよく味わってもらうためのムード作りなのだろう。ボギーくんはこういうところにも絶対手を抜かない。そしていつも笑えるぐらいサービス過剰だ。

軽いストレッチをやりながらバーカウンターへ向かおうとしたその時である。屠殺《とさつ》される豚が放つ悲鳴のような声がフロアから聞こえてきた。

悲しいくらいに瓜《うり》二つの親子ぉ
育ちの悪さも遺伝かよぉ
「お前のDNAは伝染病みたいだなー」って
言ってやったぁ　言ってやったよぉ

サブステージと呼ばれる二畳ほどのお立ち台に、密入国してきたアラブ人兵士みたいな顔立ちの男が立っていて、ギターの弦をバチバチに弾《はじ》きながら歌っていた。

それでも俺は未来を描く
チラシの裏に未来を描く
つき返されたラブレターに
深夜のレンタルビデオ屋に
シミだらけのブリーフに
俺は未来を描いては破り捨ててきたぁぁ
うあああああああっ！

何かよっぽどのことがあったのか。それとも、この世のすべてから裏切られ、見離されてしまったとでもいうのか。感情のダムが決壊したようにして歌われているその曲は、歌というより呪詛《じゅそ》に近かった。

俺は一人で馬鹿騒ぎ
ねたんでなじってもんどりうって
「お前とお前とお前とお前が大っ嫌いだ！」って

言ってやったぁ　言ってやったよ
言ってやっても虚《むな》しさが残るだけだったんだよ
でも言いたかった　言いたかったよぉぉぉぉぉ！

アラブ人兵士みたいな顔をしたその男は、はっきり言ってどうかしているようだった。自分が知りうる世界の暗黒面すべてを暴露した上で、この場で刺し違えて死んでやるという、そういうただならなさを周辺にまき散らしていた。

ワン、ツー、スリー、フォー、
ファイブ、セックス、させろっ、テンっ！

男はギターを抱えたまま高々とジャンプすると、ゴザが敷かれたコンクリートの床に膝《ひざ》の皿から落ちていった。
ごん、という鈍い音がした。
事故のにおいがした。
フロアもざわついた。

なぜ一曲目からこんな無茶な真似をするのか、僕にはまるで理解できなかった。理解できなかったが、もう目が離せなくなっていた。僕だけじゃない。観客の視線はもはやその男に釘付けになって、どこにも動かせなくなっていた。

男はぜえぜえ息を切らせながらサブステージにゆっくり這い戻ると、よろよろと立ち上がり、腕や肩や膝の関節をぷらんぷらんぷらんぷらん、壊れたマリオネットのように動かした。どうやら骨折はしていない様子だ。それでも相応の痛みは感じたのだろう。顔を歪《ゆが》めながら自分に活を入れ始めた。

「まだまだだぁ！　まだ、まだ、まだまだだぁ！」

一曲終えたところで「まだまだ」も何もあったものじゃないと思うが、ペース配分を間違えていることは誰の目にも明らかだった。男はペットボトルの水をごぼごぼ飲んで息を少し整えると、マイクをつかんで叫んだ。

「俺はなぁ……俺の名前はなぁ……オクムラ……ユウスケだぁぁぁぁ！」

黄緑色の長い鼻水が鼻からぷんと飛び出して、振り子のように揺れた。揺れてちぎれたそれは、ジャカジャカとかき鳴らされるアコースティックギターの表面に着地すると、なめくじのように垂れてゆっくり滑り落ちていった。そうしてオクムラユウスケと名乗ったその男は、自らの無様《ぶざま》さや薄暗い過去を糧《かて》にして作ったと思われる楽曲を、次から次に叫び続けた。

サル山の園長がなぜ独身なのかと考えてたら
哀しくなったので考えるのをやめた
やめた　やめた　もう考えるのをやめた俺は
夕暮れどきに女子高生を追いかけた
追いかけた女子高生のスケブラは
果物みたいに赤かった

肘《ひじ》を固定して振り下ろされる激しい高速ストロークが、アコースティックギターをマシンガンに変えていた。ピックで削られていくギターの表面から、粉末がまるで薬莢《やっきょう》みたいに飛び散っている。

寝転んだ俺は死体だった
まるで死体みたいに寝転んだ
誰とも口をきかなかった

考えることもやめてしまった
輝ける過去は未来への影
くすんだ生活に打ち砕かれ
頭にできたのは十円ハゲ
うまくいってた当たり前の日々が
奇跡のように思えてくるぜぇ～
あーあーあーあー　おぉぉぉぉぉ！

そうすることで何かが解放されていくのだろう。あるいは、そうすることでしか保てない正気というものがあるのかもしれない。

俺の頭上にも……星が輝いてるって
お前は……言ったよなぁ！

毒と恥をさらけ出せばさらけ出すほど、オクムラユウスケは人々を圧倒し、その輝きとスピードを増していった。

堕《お》ちるところまで堕ちたはずなのに
なんでチンコは勃《た》つのかねぇ?!

もう誰も彼を止めることはできない。

生きてるっ　生きてるっ　生きてるっ　生きてるっ！
やったぁ　やったぁ　やったぁ　やったぁ！
チンチン勃ってる　チンチン勃ってる！
やったぁ　やったぁ　やったぁ　やったぁ！

僕はきっと笑っていたに違いない。すごいものを目にすると、笑わずにはいられない性質《たち》なのだ。ゴザの上に座っていた観客も次々に立ち上がり始めた。

生きてるチンチン　勃ってるチンチン！
(生きてるチンチン　勃ってるチンチン！)

やったぁ　やったぁ　やったぁ　やったぁ！
（やったぁ　やったぁ　やったぁ　やったぁ！）

巻き起こるコール＆レスポンス。観客はフロアに降りてきたオクムラユウスケを丸く取り囲むと、一緒に声を張り上げて歌いだした。

生きてるっ　勃ってる　生きてるっ　勃ってる！
（生きてるっ　勃ってる　生きてるっ　勃ってる！）
やったぁ　やったぁ　やったぁ　やったぁ！
（やったぁ　やったぁ　や

ったぁ　やったぁ！）

オクムラユウスケがそんな観客をなぎ倒しながら進んでいく。ある者は背負い投げにされ、ある者は払い腰にされた。そうして誰かがフロアに打ちつけられるたびに、世界が新しく生まれ変わっていくようだった。オクムラユウスケは完全に無敵だった。

僕はただただ感動していた。もうメインの三上寛なんかどうでもいい。僕がその日の三上寛について覚えていることは、「血の色をしたグレッチ・テネシアンを弾いていた」ことと、「マイケル・ジャクソンが死ぬ夜は丸亀の街に亀が出る、という歌を歌っていた」ことぐらいだ。それがどうした。そんなものは取るに足りない。オクムラユウスケに出会えたことの方が、僕にとっては何百倍もすごいことだったのだ。

＊

冷めやらぬ興奮というものは、とても一人では抱えきれないものらしい。たった今、目の前で起きたことでも誰かと共有したくなる。僕はボギーくんのもとに駆け寄っていった。ボギーくんも興奮していた。興奮のあまり、ＤＪブースに戻ることも忘れていた。

「いやあ、半年ぶりのライブであれっすよ！　俺が今まで見た中でもベスト！　もう弾き語りでは絶対あいつに勝てん！　悔しいけど勝てる気がまったくせん！」

しばしＢＧＭなしになっている場内には、騒然とした空気がまだ流れている。人々は顔を上気させながら口々に何かをまくしたてていた。

「ところであんなすごいやつ、どっから見つけてくるのよ？」

ＤＪブースに戻ろうとするボギーくんに僕はたずねた。ボギーくんは笑いながら答えた。

「あ、ユウスケですか？　あれ、俺の弟っす！」

弟？　そんなバカな。どこの世界にこれだけ持ち味の違う兄弟がいるというのか。今日は何かと衝撃的なことが起きる日のようだ。


燃え尽きて灰になったオクムラユウスケは、例の桟敷席的スペースで椅子に座っていた。汗だくでふらふらの彼に、乳飲み子を抱いた女性がタオルを渡している。二人は何事かをしゃべっているが、ここからでは何を話しているのかまではわからない。ただ、二人はとても満ち足りた顔をしていた。

汗を拭き終えたオクムラユウスケは、乳飲み子を女性からそっと託されると、膝の上であやし始めた。哺乳瓶をねだった乳飲み子は、中に入った液体をラッパ飲みしながら、両足をぶんぶんに動かしている。二人はその様子を見て笑っていた。ガラム煙草の甘ったるいにおいが漂うライブハウスの片隅にも、団欒《だんらん》のひとときはある。二人はあたたかい色をしたダウンライトの下でそうして過ごしていた。

二〇一二年三月八日。今思えば——そう、本当に今思えばの話だが——オクムラユウスケにとってのこのひとときは、もう二度と取り戻すことのできない「とても大切な家族の時間」でもあったのだ。

オクムラユウスケの家族は戦っていた。そして僕がその事情を知ることになるのは、もう少しあとになってからのことだった。

SOS UFO

3

オクムラユウスケのステージを観てからというもの、僕はどうにも落ち着かない日々を過ごしていた。身体の奥の方で冷めない熱のようなものがとろとろに火照《ほて》っていて、僕はいけない快楽を知ってしまった中学生のように、むずがゆい欲求を抱えて悶々としていた。

いったいオクムラユウスケの何が、僕をそんな気分にさせるのだろう？

正直よくわからなかった。自分のドス黒い内面をあれほどさらけ出して歌っていたというのに、目撃者の僕は少しも嫌な気分にならなかった。みっともないとも思わなかった。そんなことを思うどころか、その破格のおもしろさにひどく興奮し、心を動かされてさえいたのだ。

とにかくあの日僕が目にしたものは、マイナスのエネルギーを完全に反転させている人間の姿だった。彼の全身から放たれていた熱と輝きが、きっと僕の中の何かを大きく揺さぶってしまったのだろう。そうしてオクムラユウスケは、容易には消せない何かを僕の中に埋め込んでいったのだ。

今の僕にわかるのはそれぐらいだった。何はともあれ、オクムラユウスケにしか鎮《しず》めることのできない「飢え」や「渇き」が僕の中にあることだけは確かなようだった。

次のライブのアナウンスは、どれだけ首を長くしても届かなかった。「ブードゥーラウンジ」の入り口で渡されるライブ告知のチラシの束にも、彼の名前を見ることはなく、ただ待ちわびるような時間がいたずらに過ぎていった。

2

死んだやつらがみんな
生き返ったらいいな
死んだやつらがみんな
生き返ったらいいな
ジョンもカートもプレスリーも（ゾンビ‼）
ザッパもフェラクティもJ・Bも（ゾンビ‼）
マイケル・ジャクソンも（ゾンビ‼）
どんとも　アケミも　清志郎も　ミ！　ソ！　ラ！
……ひばーりも‼

ボギーくんが率いるバンド「ノントロッポ」が登場する夜は、「ブードゥーラウンジ」に常夏のリゾート地が降臨する。それはフロアで踊り狂う人間たちがドーパミンの力を借りてたどりつく幻影のリゾート地だ。極楽鳥がイナゴの大群のように空を舞い、血まみれのゾンビたちがハイビスカスの添えられた甘いカクテルを配り歩く。そんな脳内桃源郷だ。

死んだやつらがみんな
生き返ったらどうだ？
死んだやつらがみんな
生き返ったらどうするつもりだ？

ボギーくんが飛び跳ねながら歌っている。観客は勝手気ままな自分のダンスをでたらめに踊って騒いでいる。ステージ前方には人の波ができて、大きなうねりを見せている。

生きたふりしてるだけの屍《しかばね》（ゾンビ‼）
生きたふりしてるだけの屍（ゾンビ‼）
何もかんも何もかんも何も（ゾンビ‼）
ゴチャゴチャゴチャゴチャ混ぜ狂って（ゾンビ‼）
もうすぐそこまで来ているよ（ゾンビ‼）
人生の先輩が（ゾンビ‼）

ぐるぐるバターになるまで踊れ（ゾンビ!!）
ダンス！　ダンス！　ダンス！　ダンスダンスダンスダンス！

ボギーくんが自作の纏《まとい》をフロアに投げ込んだ。受け取った誰かが、それをくるくる回しながら突き上げて踊る。ヘッドに描かれている紋様は「め組」のものでも「い組」のものでもない。ヨコチンマークとおまんこマークが表裏で一体となった「アンドロギュヌス組」の紋様だ。馬簾《ばれん》と呼ばれるイカの足のような部分は、ピンクの荷造りひもでできていて、旋回するたびに美しく舞う。そうやってフロアにこもった熱気をかき混ぜるのだ。フエンダー・テレキャスターを構え直したボギーくんがマイクに向かう。歓声が上がる。バンドの演奏はもう絶頂に向かって一直線だ。

踊りだせ！　ダッセー踊りを!!
踊りだせ！　ダッセー踊りを!!
踊りだせ！　ダッセー踊りを!!
踊りだせ！　ダッセー踊りを!!

「ブードゥーラウンジ」が揺れている。体感震度は二から三だ。フロアで飛び跳ねる人々が、この雑居ビル全体を揺さぶっているのだ。

踊りだせ！　ダッセー踊りを!!
踊りだせ！　ダッセー踊りを!!
踊りだせ！　ダッセー踊りを!!
踊りだせ！　ダッセー踊りを!!

ノントロッポの演奏が終わると、「ブードゥーラウンジ」の

バーカウンターは俄《が》然《ぜん》騒がしくなる。汗だくになった人々が、渇いた喉をうるおしにわらわらと集まってくるからだ。注文の相場はおよそ決まっていて、リーバーから冷えた生ビールがじゃんじゃん注がれることになる。ひとつ、またひとつ。シルキーな泡をてっぺんに盛った黄《こ》金《がね》色のグラスが、カウンター越しにわいわいと手渡されていく。ひとつ、またひとつ。踊りまくった人間の顔は爽快感と開放感に満ちていて、翳《かげ》りなどひとつも見えない。当たり前だ。人をアンハッピーにしていたものは、汗と一緒に吹き出し、いったんどこかへ流れていってしまったのだ。あとは思い思いのピッチでグラスを空にするだけでいい。

演奏を終えたボギーくんが、少し遅れてその輪に加わる。バーカウンターはそれだけでにぎやかさを増す。声を上げながらハグを求めてくる常連客の・人一人に陽気な笑い声で応えながら、ボギーくんは今日何杯目かのビールで乾杯している。

そんなボギーくんの姿が僕にはまぶしい。そして音楽の世界をうらやましくも思う。何しろ音楽は理屈抜きの世界だ。ダイレクトな感応があり、時間と空間の共有があり、こころと身体を同時に踊らせるリズムがある。それはシンプルに人と自分を幸せにする行為だ。いったいそれ以外に何が必要というのだろう？　今、「ブードゥーラウンジ」のバーカウンターには、あんなにいい顔をした人たちがたくさんいて、ボギーくんを取り囲んで笑っている。年齢も性別も国籍も、生まれも育ちも置かれた境遇も関係なく、ただ余韻をわかちあうことでつながっている。その事実が編集者の僕を焦らせてしまうのだ。だったら僕は何をすればいい？　何を続けていけばいい？　どうすれば胸を張って生きていける？　どうにも踊れない日々を過ごしている僕は、「ブードゥーラウンジ」の片隅でまたそんなことを考えてしまっている。

＊

そのころの僕はまったく燻《くすぶ》ってるとしか言いようのない状態で、これといった仕事もなく、これといってすることもなかった。本業であったはずの雑誌編集の現場には、もう僕の居場所はどこにもなく、二つ折りの凝ったチラシをときどき作っては、なんとかお金を稼いでいるという情けないありさまだった。

福岡という街は、良くも悪くもグルメ情報に毒されている街だ。東京から戻ってきた僕は、そのことを強く感じる。テレビも雑誌も、デパ地下がどうとか、有名スイーツの店がやってくるだとか、おすすめランチはこれだとか、毎度毎度そんな話題をこぞって取り上げていて――そういう流れにうまく乗れないへそ曲がりの僕は、いつも反抗的な企画と挑戦的な態度でそれに対抗しようとしていた。
そんなフリーの編集者に仕事が来ないのは、当然と言えば当然の話かもしれない。企画を立てて持ち込んでも相手にはされないし、けんかばかりするものだから、最終的には持ち込む場所すらなくなった。

それでも俺は未来を描く
チラシの裏に未来を描く
つき返されたラブレターに
深夜のレンタルビデオ屋に
シミだらけのブリーフに
俺は未来を描いては破り捨ててきた

あきらめきれない何かがあったのだろう。僕は紙と鉛筆を使って、自分のための雑誌をよく作っていた。百枚も二百枚も緻密《ちみつ》で丁寧なラフを描く。こんなふうに写真を撮って、こんなイラストを入れて、こういうテイストの原稿を書いて、タイトルをこんな感じの書体で見せる。そんな設計図みたいなものを、思いつくままにどんどん描いてセロファンテープで綴《と》じていた。自分のための雑誌は基本的に何でもありだ。すべて妄想の産物だから、僕はすでにこの世にいない勝新太郎にも会えるし、すでにこの世にいない岡本太郎にだってイラストを発注できる。どんなページだって作れてしまうのだ。それは世界一おもしろい遊びと娯楽のカルチャーマガジン。僕は手を真っ黒にしながら作業に没頭した。百円ショップで買った2Bの鉛筆はすぐに短くなって、トンボMONOの消しゴムからは消しカスが山ほど出た。そうしてできあがったものを、僕は片っ端からくしゃくしゃにして全部ゴミ箱に捨てていた。

俺は一人で馬鹿騒ぎ
ねたんでなじってもんどりうって
「お前とお前とお前が大っ嫌いだ!」って
言ってやった　言ってやったよ
言ってやっても虚《むな》しさが残るだけだったんだよ
でも言いたかった　言いたかったよ

オクムラユウスケの叫んでいた歌が、また脳内で再生されている。でも、どうにもならないことで悶々《もんもん》としているのは、君だけじゃない。

3

ほんのひと言ふた言の挨拶ぐらいから始まった僕とボギーくんの会話は、いつのころからか少し長いものになり始めていた。ああ見えてボギーくんにはシャイなところがあり、僕にもやはりそういうところがある。僕らは少しずつ距離を縮めるようにして次第に仲良くなっていった。というより、「僕が一方的に惹《ひ》かれていった」と書いた方がより正確なのかもしれない。とにかくボギーくんのやることは底が抜けていて、どんどんハマっていく麻薬的な魅力があった。

職種こそ違うものの、ボギーくんの企画には何かと刺激を受けていた。謎なのだ。いったいどこからああいう発想が生まれてくるのか、編集者の僕はいつも唸《うな》らされてばかりいた。ボギーくんが「ブードゥーラウンジ」でやっていることは、僕が一番得意としている雑誌の編集にとても近かった。そして「なんでもアリ！」の中でうまく流れを作りながら爆発させていくやり方は、僕が目指す理想の雑誌編集術そのものでもあった。もちろん、一回や二回ならまぐれ当たりもあるだろう。でも、毎度毎度そんなことが起こせるというのは、彼に編集の才能がメチャクチャあるとしか考えようがなかった。

僕はそのことにとても興奮していた気がする。東京から福岡に帰ってきて十七年。やっと出会いたい人に出会えたと思った。それが嬉しかったのだ。僕は待っていたのだと思う。本当にずっと。そういう油断できない人間が目の前に現れて、思い切り僕を叩きのめしてくれることを。

＊

子どもが二人いるボギーくんは、音楽活動のかたわら、地元テレビ局でアルバイトをして生活費を稼いでいた。情報ワイド番組の音声アシスタントで、出演者やゲストにピンマイクをつけ、音量調整をするのが主な仕事だ。

「このバイトのいいところは――」

とボギーくんは言った。

「トイレの個室に籠城《ろうじょう》できるところです」

段取り確認のリハーサルが終わると、本番まで二時間ほど空き時間ができる。その間、ボギーくんはずっとトイレの個室にこもって過ごすらしい。

「書斎っすよ、書斎。そこはもう『ヨコチンレーベル』のオフィスと呼んでもいいかもしれない。考えることは山ほどありますからね。バイト代もらいながらバリバリ内職してます。トイレの個室で」

ボギーくんは何重にも折りたたまれた紙をポケットから取り出すと、「機密文書です」と広げて僕に見せてくれた。それは番組の段取りがプリントされたA４のコピー用紙だったが、問題の「機密」はそのプリントの裏面にあった。

バンドやミュージシャンの名前が小さな文字でびっしり書き込まれて並んでいる。それはところどころ丸で囲んであったり、棒線で消されていたり、日付が書き込まれてひとまとめにされたりしていた。どうやら「ラウンジサウンズ」のブッキングを練り上げるためのメモらしい。

「実験です。混ぜるな危険を混ぜたときに起きるスリリングな爆発事故。このバンドとこのバンドをこういう企画で一緒にブッキングしたらどんなことになるんやろうって。トイレでわくわくしながら組み合わせてね。何かが起きそうな夜は、メンツの並びが決まった時点でもうプーンと匂ってくる」

ボギーくんのブッキングは独特だ。同系色のバンドだけ固めて集客を狙うセオリー的なやり方はまあしない。サウンドの毛色や持ち味、そしてファン層もかぶらないバンドばかりをあえて選び、それを絶妙に組み合わせてドーンと展開する。

「俺、思うんすよ。いつも同じ顔ぶれのお客さんしか見に来ないようなブッキングは、バンドにとっても絶対よくないって。それじゃあいつまでたっても世界は広がっていかんし、バンドも甘えますよね。そういう馴れ合いみたいなライブ、俺は好かんし、見たいとも思わん。やっぱバンドはいつも緊張感がある中でヒリヒリしながらやり続けよかんと、どんどん腐ってダメになる気がする」

何度も何度もポケットから出して、開いては折りたたみを繰り返したのだろう。メモの折り目は破れかけていて、あちこちがしわだらけだった。これだけの数のバンドやミュージシャンと直接やりとりを交わしているボギーくんは単純にすごい。この街には僕の知らないバンドやミュージシャンが山ほどいて、今日もどこかで活動している。

「俺、思うんすよ」とボギーくんは言った。

「いろんなタイプのバンドがひしめきあって、初めて音楽の現場は活き活きしてくる。そういう活き活きした場があるからこそ、自分たちのバンドにも本当のチャンスが巡ってくる。だからそういう場をね、みんなで一緒にいつも作っていきよかんとダメって。場って油断してるとすぐ熱が下がって、ホントなくなったりするんすよ。まあ中には、自分たちのバンドさえ演奏できれば、あとのことは知らん。そういう考え方するバンドもおるし、みんなを出し抜いて早く有名になりたいってバンドもおる。おいしいとこだけいただきたい気持ちや、あせる気持ちもわからんではないけど、でもね、本当に音楽を長く続けていこうと思ったら、やっぱ長い目で見るしかないんすよね。

俺、もうずっと音楽の現場にいるからわかるんですけど、どんなジャンルの音楽でも本気でやり続けよる人の音楽はすごいし、たとえ世間的には無名でも、そういう人の音楽には必ず人が集まってくるんです。だってその本気には、間違ったところがひとつもないから。そういうモンスターたちをどんどんブッキングして盛り上げよるつもりなんですけど、『ラウンジサウンズ』も七年八年ぐらいじゃ、まだまだ道半ばっすよ。まあ、音楽で食っていくことは確かに難しいことやし、大変なことの方が圧倒的に多いけど、本当に音楽が好きでやりたいんなら、どうやったらやめんで続けていけるかを考えていけばいいだけやし、それに俺もまだ全っ然あきらめてないですからね。あきらめてないからこそ、活きのいい場をちゃんと維持しておくことが必要やし、なんだかんだ言って自分のためにやりよるだけの話っすよ」

ボギーくんのやっていることは、僕の百倍も有意義で前向きだった。教えられることも多かったし、正直なことを言えば、とても耳に痛かった。

その機密文書に目を通しながら、僕は少し気になるところを見つけた。オクムラユウスケの名前がどこにもリストアップされていないのだ。

「ユウスケは……」とボギーくんは言った。

「奥さんの具合がもうよくないんです――」

SOS UFO　オクムラユウスケ

UFO　来ておくれよ
ぼくらの　おうちへ
UFO　遠いとこへ
ぼくらを　連れてってよ　今夜
ワレワレハ　マッテ　イルノサ
UFO　青い光で

ぼくらを　つつんで
UFO　きみの星は
きっと　素敵なところなんだろうね
ワレワレハ　ノゾンデ　イルノサ

UFO　汚れちゃった
ぼくらを　ゆるして
UFO　裏の空き地で
きみを　待っているよ　今夜
ワレワレヲ　タスケテ　ホシイノサ

SOS SOS　メトロン　メトロン
聴こえますか　聴こえますか
応答願います　応答願います
こちら自分防衛軍　こちら自分防衛軍
SOS SOS　メトロン　メトロン

ぼくらはすでに壊滅状態であります　どうぞ
ワレワレハ　コノセカイヲ　ホウキスル……

4

電波の届かぬところで革命の音が鳴っている

その話を聞いてからふた月ほどたった二〇一二年七月十九日のことだった。ボギーくんが毎日のように更新している「ボギーの悪趣味音楽作法」というブログに訃報がアップされた。

昨夜、義妹であり長き友でもあった奥村裕美子（旧姓・石川裕美子）が永眠致しました。
あまりに突然のことで、まだ受け入れることが難しいですが、お世話になった方々へ、
生前のご厚誼《こうぎ》を深謝し、謹んでお知らせいたします。

病気がわかってからわずか一年足らず、あまりに早すぎました。

だけど彼女も、ささえる家族も、みんな頑張りました。かなしくてかなしくてたまりませんが、最後にたくさんの愛で見送ってやりたいです。

翌二十日にもブログは更新された。

昨日のバンド練習中に、おれのビーサンの鼻緒が切れた……。

いやな胸騒ぎがして家に帰ると、先ほど息を引き取ったとの電話。

慌てて会いに行って、現実を目の当たりにする。

でも握った手は温かかったし、やわらかだった。

その日の練習は、なぜか最後に急に思いついて久しぶりに「ファッキンガール・オン・ザ・テーブル」を演奏したんだけど、そういえばこの曲はムコちゃんがノントロッポで一番好きだった曲。

彼女とは十一年前に知り合ってからずっと友達だった。
ノントロッポのメンバーだった時期もあった。
それがいつしか親戚付き合いに変わった。

老後までずっと一緒に遊ぶ仲だと信じていた。

いろんなことを、今、ひとつひとつ思い出している。

大事な友人の訃報を、ネットで報告しなければならないのはとても心が痛い。
だけどひとりひとりに電話をかけ続けるのはさらに辛い。
今日は一日中、いろんな人が電話をかけてくれました。
みんな必ず「ユウスケは大丈夫?」と聞いてくれる。

ユウスケはほんとに気丈にふんばってます。

そんな姿見てたら、おれが落ち込んでどーする！って思う。

明日、明後日、しっかりお見送りしてきます。

そして二十二日にも更新――。

昨日、お葬式がおわって、家に戻って、奥さんとお酒を呑んだ。

二人ともこの三日間は、だいぶ泣いたので、あたまがぼやーっとなってた。

お酒呑んでさらにぼやーっとしてるおれと奥さんを、モンドが描いてくれた。

アップロードされていた画像は、破ったノートにサインペンで描かれた写生画だった。

ボギーくんの奥さんは、首元が伸びきったTシャツを着て座っている。ぼさぼさになった髪。泣きはらした目とうつろな瞳。その下瞼《まぶた》にはくっきりと隈《くま》ができていて、膝を抱きかかえている腕は少し筋張っている。指先に浮き出ている皺《しわ》、皺、皺。隣でうなだれているボギーくんの口の周りには、プツプツと無精ひげが生え始めていて、その目は静かに閉じられている。二人の姿をシンプルな線でとらえたその「一枚の絵」は、喪失と疲労を同時に描き出している不思議な魅力に満ちた絵だった。

子供にはちゃーんと見えとるんやねえ。
いや、モンドはもう立派な大人かもな。

この三日間で、ほんとに心から感じたのは、家族の素晴らしさ。
今までよりも、もっとだいじにしようと思う。

ボギーくんのブログはそう結ばれていた。

2

「夕凪《ゆうなぎ》ステージに集まったお前らは大正解ですっっ！」

（イェーッツッツ！）

「よくぞここを選んでくれたぁ！」

（イェーッツッツ！）

「俺たちロックンロールバンドがやるのは、全部こういうことです！」

（イェーッツッツ！）

「いいか、よく聞いてくれ！　リ、ク、ツは垂れずにク、ソ、垂れろっっっ！」


クソが……してぇ！　してぇ！

してぇ！　してぇ！

してぇ！　してぇ！

してぇ！　してぇ！

燃え盛る晩夏の砂浜で、革ジャンを着込んだ男たちが、ビーチにまったくそぐわない曲ばかり演奏している。その模様を記録した動画がさっそくアップロードされていた。モノクロに変換されたコントラストの強い映像はひどくザラついていて、拾っている音声もピーピーガーガーとたびたびハウリングを起こしている。

「じゃあ次は最高のラブソングを聴いてくれ！　キミの歌やし、キミの歌や！」

ボーカルの男は汗をだらだら流しながら、肌を露出させたビーチフルな女性たちを指さすと、とんでもない曲名を叫んだ。

「……巨峰みたいな乳首っ！」

まさか。そんなバカな。ザ・ボットンズが『サンセットライブ』の会場で演奏している。九州で一番メジャーなロックフェスの会場でだ。糸島の美しいビーチに、有名アーティストたちが続々と集まって豪華な演奏を披露する――そんなおしゃれで、素敵で、とっても人気が高い夏フェスに、ゲリだのクソだの乳首だの、めちゃくちゃ下品な歌しか歌わないバンドが出演できる可能性は限りなくゼロだ。

だから僕が今、ユーチューブで見ている動画は奇跡の映像だ。あの由緒正しき『サンセットライブ』で革命が起きている。

巨漢の男に肩車をされたボーカルのふーくんが叫んでいる。

「今日は『サンセットライブ』に来てくれてどうもありがとう！　俺たちはギャラいっさいもらいません！　ロックンロール！」

（ウォーッッッ！）

「じゃあなんのためにやってると思いますか？　ロックンロールが好きだから、あんたたちにもロックンロールの魅力わかって欲しくて、『サンセットライブ』の夕凪ステージにやって来ましたぁ！」

（ウォーッッッ！）


問題はふーくんがさっきから「夕凪ステージ」と呼んでいるその場所だ。ザ・ボットンズが立っているのは、厳密に言えばステージではない。海抜ゼロメートルのただの砂浜だ。ただの砂浜にアンプを持ち込み、ドラムセットを組み立て、マイクスタンドを並べて、ザ・ボットンズは革ジャンを着込んで演奏を続けている。もちろん公式プログラムには名前すら載っていない。ほぼゲリラに近いライブだから、オフィシャル記録に残るかどうかもあやしい。そんな世界で狂気のステージを展開している。


お前のかーちゃんデベソっ！（デベソ！）

お前のとーちゃんオカマっ！（オカマ！）

お前のねーちゃんヤリマンっ！（ヤリマン！）

お前は超不細工っ！（超不細工！）


有名か無名か。テレビに出ているか否か。そういう価値観で音楽を聴くタイプの人間には、彼らの演奏などきっと届かない。そんなことは百も承知で、それでもザ・ボットンズは『サンセットライブ』にやって来た。そしたらどうだ。決して少なくない数の観客が、ステージすらないこの場に集まって、彼らを熱烈に支持し、嬌声《きょうせい》を上げている。暴れている。


「おい、お前らいいかっ?!　アー・ユー・レディーはいいか?!」

（イエーッッッッ！）

「よし、じゃあいくでぇ！　ワン・ツー・スリー・フォーッ！」

ラストは必殺のナンバー「ロックンロール」だ。爆音で鳴らされるコードリフはE、G、A。リードギター・キラくんのフェンダー・ストラトキャスター・ブラッキーはすでに弦が切れていて、接続されているはずのディストーションペダルは砂に埋もれて姿を消している。

最高の酒と
最高の女ぁっ！

人、人、人。ハンディカメラの映像はもみくちゃになり、踊り狂う人々の顔をドアップで映し出す。最前列の観客はマイクを奪ってついに一緒に歌い始めた。

最高の酒と
最高の……ロックンロール!!

『サンセットライブ』のフェスティバル秩序はここに崩壊し、自由でアナーキーな人間の祭りが現出した。それはまるで「ええじゃないか」を思わせる光景だ。キラくんはフェンダー・ストラトキャスター・ブラッキーを、押し寄せてくる観客の中に投げ込んだ。もう演奏の精度などクソくらえだ。

汗だくのふーくんが二本のマイクをわしづかみにして叫んだ。

「お前らは！　お前らは！　お前らは百点満点ですっっ‼」

二〇一二年九月。この「夕凪ステージ」をプロデュースしていたのは、あかおかずのりという糸島在住のミュージシャンとボギーくんだった。実行委員会に「やらせてください！　お願いします！」と直談判した男の中の男はあかおさんだ。

二人は『サンセットライブ』に出演できない地元ミュージシャンに演奏の場を作るべく、会場の片隅に最低限の機材を持ち込み、「俺たちの解放区＝夕凪ステージ」を立ち上げた。砂浜に作ったそのアジト的スペースを、二人は「無法地帯」と呼んだ。もちろんそれだけでは飽き足らず、竹とすだれでデコレートしたリヤカーに、発電機とサウンドシステムを組み込んだ。そのジャマイカ式改造リヤカーを、二人は「ゲリラ戦用秘密兵器」と呼んだ。不測の事態に備え、例のヨコチン纏《まとい》も標準装備されている。

焼けた砂浜に車輪を大きく取られながら、改造リヤカーは会場のあちこちに出没してゲリラ戦を展開した。

「オーケー、エブリバデー！　『夕凪ゲリラステージ』へ、よーこそーっ！」

ボギーくんをはじめとする精鋭たちが、リヤカーの前で演奏を始める。あっちでも「エブリバデー！」、こっちでも「エブリバデー！」だ。ボギーくんは改造リヤカーを引いて砂浜を放浪する。ステージ転換のインターバルを狙い、演奏できる場をめざとく見つけると、発電機を駆動させて音を出す。

「オーケー、エブリバデー！　『夕凪ゲリラステージ』へ、よーこそーっ！」

自分たちの場は自分たちで作る。それが「はみだし者」の流儀だ。今までもずっとそうだったし、これからもずっとそうだろう。大切なのは、続けることをやめないことだ。ゲリラたちのキャラバンは強い日差しに焼かれながらビーチを行脚《あんぎゃ》する。東へ。そして西へ。

わずか十分足らずのゲリラライブが終わると、ボギーくんはすかさず告知を始める。

「俺たち自由！　どこまでも自由！　今日も自由！　明日も自由！　ずっと自由！　俺たち待ってる！　『夕凪ステージ』で待ってる！　キミたちを待ってる！」

ヨコチン纏が「火事場はここだ！」と宙を舞う。伝えたいことはひとつだけ。福岡にも素晴らしいミュージシャンがたくさんいる。だから聴いて欲しい。観て欲しい。

それだけだ。

3

この時期、僕にもひとつの転機となる出来事があった。引っ越し先に選んだ場所が、ボギーくんの住む家から「ゆっくり歩いても二分以内」という近所だったのだ。それは本当にできすぎた偶然で、僕らは以降、おたがいの家を行き来するようになった。

ボギーくんが引っ越し祝いを持って僕の家を訪ねてきたのは、二〇一二年九月十七日のことだ。まだテーブルもイスも座布団も揃《そろ》っていないリビングに、ボギーくんはいきなり家族全員を連れてやってきた。

「オクムラモンドです」

「僕、テンセイ！　四歳！」

ボギーくんの息子たちは、突然の来訪者におびえる猫たちをさっそく追いかけ回し、階段をのぼって二階に上がっていった。ボギーくんは日本酒の一升瓶をぶら下げてきたが、僕が体質的にまるで飲めないことがわかるとひどく残念がった。なんでもお祝い用に秘蔵していた上等な酒らしい。

「じゃあせっかくなんで……ここでもらっちゃおうかな」

なにが「せっかく」なのかさっぱりわからないが、ボギーくんはその上等な酒の封を切り、手酌で一杯やり始めた。そうして僕は、初めて顔を合わせるボギーくんの奥さんや息子たちと車座になり、いつしか宴会のようなものを始めることになってしまった。

シャイなボギーくんは、少し酒が入っているぐらいの方が人と話しやすいらしかった。昔は一滴もアルコールを口にせず、トマトジュースばかり飲んでいたそうだが、「そのころのボギーはちょっと間違ったトガリ方をしていた」と、ボギーくんの奥さんは言った。なんでも「俺には仲間なんて一人もいない！」と誰も聞いていないのにいきなり宣言してみたり、中村雅俊の主演ドラマ『俺たちの旅』の世界観にあこがれるあまり、自作のラッパズボンに下駄を合わせて街を歩いてみたり、まあいろんな方向で間違った個性を発揮して周囲を困惑させていたそうだ。二人は高校の同級生で、その後アート系の短大に揃って進学し、研究室で何度も顔を合わせているうちに恋人同士になって、一緒に「ひまわり」というバンドを組んだ。奥さんは「ベイビー」という名前で打楽器を担当していた。

「俺が奥さんのことをいまだに『ベイビー』って呼んでるのは、元はといえば下の名前で呼ぶのが恥ずかしかったからで、今でも下の名前ではどうしても呼べない」

ボギーくんの奥さんは、いわゆる学園のマドンナ的存在で、とても気軽に話しかけられるような女性ではなかったとボギーくんは言った。

「高校時代のベイビーは野球部のエースと付き合ってたんすよ。それって学校で一番ステイタスの高いカップルやないすか。一方の俺はといえば、毎日学校が終わるとダッシュで家に帰って一日中漫画ばっか描いてて、どっちかと言ったらクラスの冴《さ》えない女子からもダサいと思われているような男子だったんすよね。だから当時の俺からしてみりゃ、ベイビーは高嶺《たかね》の花もいいところ。あこがれの存在ですよ。そんな人とですよ、今こうして家族になっていることは、自分にとっては出世。それも奇跡の大出世。戦国時代なら下克上と呼ばれていい大快挙。ほんと、あのころのクラスメイトは一人残らず見返してやったような気分っすよ！　うははははは」

そんなどうでもいいような話のひとつひとつが、僕にはおもしろくて仕方なかった。酒が入るにしたがってボギーくんは饒舌《じょうぜつ》になり、いつしかどうでもいいような話の中に、どうでもよくない話が少しずつ混じるようにもなっていった。

「ベイビーとの付き合いもそうやけど、俺はいったん好きになって始めたことは、なんでも長く大事に続けていく性分なんすよ。だって俺、小学校入学のときに買ってもらった布地の筆入れも、短大卒業するまでずっと使ってましたもん。もう最後のころなんか、チャックの滑《すべ》りが信じられないぐらいスムーズになって、シャッシャッて。金属ってこんなになめらかになるんだって初めて知りましたよ。壊れてなかったら今でもたぶん使ってるな。『ラウンジサウンズ』をずっと続けてるのも俺にとっては同じことで、やっぱ長く続けてみないとわかんないことってたっくさんあると思うんすよ。十年、二十年、三十年。膨大に積み重なっていく時間が年輪やら地層やらになって、もしかするとそこで初めてうっすら何かが見えてくるのかもしれんし。まだそれはわからんけど、俺はその何かを見てみたいんすよね。まあ……始めることもやめることも簡単やけど、何が一番難しいかって、ずっと続けていくことですよね」

長男のモンドくんはスケッチブックを持参していた。さっきから僕の方をじっと見ながら、サインペンでじわじわと僕の似顔絵を描き進めている。そのまっすぐな視線にとらえられた僕は、なんだか射抜かれてしまいそうで落ち着かない。それは何かが裸にされていくときに感じる視線なのだ。僕は僕の見られたくない部分まで見られてしまっているような気分になってきた。

「いつも目から描き始めるの？」

「うん」

下描きなしの一発勝負。ポテトチップスをときどきつまみながら、油で汚れた指をズボンでぬぐい、モンドくんはものすごい集中力で僕をじっくり観察し、迷いのない線を描いている。

「まだ始めたばっかりなんすけど、モンドも今、『毎日絵を一枚描く』というのを日課にしてて。友だちはみんな塾に行ってるらしいから、じゃあ塾に行く代わりになんかやろうかって。俺がお題を出して、モンドが描く。まあ、親子でやってる大喜利みたいなもんすけどね。これも一枚や二枚じゃ面白くないけど、百枚二百枚になったら面白くなるんじゃないかなと思って」

ボギーくんによれば、モンドくんは三歳ぐらいのころから、家に転がっていた画材を使って遊ぶように絵を描き始めたらしい。その色使い。タッチ。誰に教わったわけでもない自在な絵が次々に生まれていく。絵筆がうまく使えるようになると、ボギーくんはあえて描きづらい割り箸を絵筆の代わりに渡してみた。するとモンドくんは遊びの中から独自の画法を編み出して、また面白いタッチの絵を描き始める。独創性と躍動感。何物にもとらわれないただ描くことの喜びに満ちた絵。

「それが小学校に行くようになって、モンドは途端につまらない絵を描くようになった」

土は茶色一色。木は緑一色。空は水色一色で、赤く塗りつぶされた太陽がお決まりのように輝く。そんなありきたりで凡庸《ぼんよう》な絵。それは描くことの楽しさを放棄した絵。世界が自分の筆先から生まれていく、あの新鮮な喜びを喪失した絵。学校でそういう絵を描き出してから、モンドくんは家で絵を描くことがなくなったらしい。

そういう状態が二年ほど続いたある日のことだ。二人が自転車で家に帰っていると、目の前にとてもきれいな夕焼け空が広がっていた。

「ねえ、モンド。今、空は何色？」

「……わからん」

「よう見てごらん。何色になってる？」

「赤とかオレンジとか……黄色とか……こっちには青い紫とか、うすい水色とか、透明なとこもある」

「ね、いろんな色があってきれいやろ？　どんなものでもよう見たら絶対おもしろいけん、モンドもよう見るようにしたらいいと思うよ」

それからしばらくして、モンドくんは思わぬ場所で再び絵を描き始めるようになった。

ときどき遊びに連れて行く「ブードゥーラウンジ」の片隅で、何やら真剣な表情で絵を描くようになったのだ。

「その辺にいるお客さんに声かけて似顔絵描いとったんです。で、その描いた絵をモンドは売ってた。勝手に店の中で商売して、小遣いを稼ぎ始めた」

モンドくんがサインペンに蓋《ふた》をして、画用紙をスケッチブックから切り離し始めた。

「できたよ」

どうやら僕の似顔絵も完成したらしい。床に置かれたその絵を「見せて！　見せて！」と、車座に座った僕らは先を争ってのぞき込む。

「似てる！　超似てる！　そっくり！」

はえぎわが明らかに後退している額。中途半端に伸びたボサボサの髪の毛。ハの字形に下がった眉。しょぼくれたまなざしの目。何か言いたげな口。小さなアリの大群のように見える無精ひげ。僕をのぞく全員がひいひい笑い始めた。モンドくんも一緒になってけたけた笑っている。きょとんとしているのは僕だけだ。

「ねえ、俺ってこんなマヌケな顔してる？　ねえ？」

僕はテープレコーダーに吹き込んだ自分の声を初めて聞いたときのような気持ちでその絵を眺めている。

「そのものっす！」

参った。「キミは自分が思っているほど立派な大人じゃないよ」と言われているみたいだった。それは必ずしも上手な絵ではなかったし、デッサンも少し狂っていた。だがその絵には、いわゆるプロが描く似顔絵的な絵とは決定的に異なる大きな特徴と味わいがあった。どこかを誇張して似せてるわけではない。よく描いてあげようという心遣いも感じられない。ただ見たまま、見えたままをシンプルな線で切り取り、普通なら見えなかったことにしてしまう皺《しわ》やほうれい線、顔のてかりやむだ毛なども漏らすことなく描かれていた。それは鏡で見る顔とも、写真で見る顔とも違っていた。油断と隙《すき》だらけ。もしかすると、ここに描かれている僕の顔こそが、僕が普段見せている「本当の顔」なのかもしれなかった。

「これ、モンドからの引っ越し祝いです。受け取ってください！」

こうして小学三年生の少年が描いた絵は、僕の宝物のひとつになった。

「あ、絵と言えば――」

ボギーくんはカバンの中からチラシを取り出した。

「このチラシの絵もいいでしょう？」

実に騒々しくてカラフルなイラストだった。七色に大爆発する富士山から、パンツ一丁のボギーくんが大開脚で飛び出している。そのパンツからはヨコチンがひょっこり顔をのぞかせている。両脇にはおっぱい丸出しのグラマラスな女性が二人、今にも腰を振りそうな勢いで描かれていた。モヒカンのパンクス。髪を染めたロックンローラーたち。アフロヘアを揺らすタンクトップ姿の男の股間は「ビーン!!」という漫画文字とともに勃起している。ざらざらした尻をTバックからはみ出させている超ミニスカの若い女。エレキギターをかき鳴らしているキュウリのような物体X。虹の上を飛ぶ鳩。笑っているパンダ。

それは『ヨコチンロックフェスティバル2012』の開催を知らせるチラシだった。

「いつもチラシを置かせてもらっている古着屋さんに、ものすごい地味な女の子が店番やってるんすけど、その子が『ボギーさん、私、お笑い芸人になるのはやめて、漫画も描けるイラストレーターを目指すことにしました。ミクシィにイラストをアップしてるから、よかったら見てください！』とか言うから、ちょっとこいつ変なヤツだなと思って。で、見てみたら『私は鮫肌尻子《さめはだしりこ》！』とか言って、メチャクチャな絵ばっか描いてて面白かったんですよ。『じゃあチラシの絵描いてみない？』って誘ったら、『やったーっ！』とか言ってさっそく描いてきたんですけどね。最初おっぱいと、アフロの男のチンチンが小《ち》っちゃかったんで、『チンロックはお祭りなんで、おっぱいはもっとでかく。チンチンはビンビンに』ってお願いしたら、素晴らしい絵に仕上げてきたので採用とさせていただきました」

わくわく、どきどき、インパクト。ボギーくんはチラシの出来に大満足している様子だった。なんと言っても『ヨコチンロックフェスティバル』は、ヨコチンレーベルが総力を結集して贈る年に一度の大祭だ。気合いの入り方が違う。ボギーくんはこの日を盛り上げるために、音楽漬けの一年を過ごしていると言っても過言ではない。その気合いにふさわしいイラストだった。

チラシの裏面には、出演バンドが写真付きで紹介されていた。愛に満ちた紹介文は、すべてボギーくんが自分の言葉でつづった文章だ。その中に、客席に飛び込んで吠えている髭《ひげ》づら男の写真があった。待ちに待っていたあの男の写真だ。


オクムラユウスケ。ギターを持った化け物である。弾き語りという表現の限界を軽く越える化け物。絶望的なユーモアと戦慄を覚えるほどの狂気をほとばしらせつつも、漲《みなぎ》る生命力に勃起する！　アコギ一本だけど完全にパンク!!


ボギーくんは言った。

「いろいろきついことがあったけど、こういうときのユウスケは絶対すごいことになる。

今年の目玉は間違いなくユウスケですよ」

『ヨコチンロックフェスティバル』開催まであと六日。いよいよだ。ボギーくんはこれからギアを徐々に上げながら当日を迎えることになるだろう。僕はもう待ちきれないでそわそわしている。

僕らが六日後に顔を合わせる場所。それはもちろん「ブードゥーラウンジ」だ。

5

ヨコチンロックフェスティバルⅠ

1

昼下がりのファミリーマート前に、またろくでもない連中がたむろしている。顔見知りを見つけては、「おぉ！」とか「うす！」とか、そんな挨拶から始まる他愛もないおしゃべりに興じて暇をつぶしている。そういう連中は当然のことながら店内にも大勢いて、買いもしないシュークリームをさわってみたり、エナジードリンクが並ぶ冷蔵庫に手を突っ込んで一番効きそうなやつを物色したり、ガムやのど飴のたぐいをだらだら見つくろったりしている。そうしてレジに並んだ連中のほとんどは、自分の番が回ってくると、陽気な声で番号を告げて煙草を買い求めるのだ。

「……七十五番をひとーつ！　いや、ふたーつ！」

「ブードゥーラウンジ」で大きなイベントが催されると、隣接するビルの一階にあるファミリーマートは少し迷惑なにぎわいを見せて必ず繁盛する。

開場するまでのひととき。たむろするろくでもない連中――。

そのうちの一人が僕、というわけだ。

昨日はうまく眠れなかった。寝床にもぐり込んだのは朝方で、昼前にのそのそと起き出し、何も食べずに家を飛び出して、なんというかこのざまだ。すきっ腹にレッドブルを一気に流し込み、灰皿のある場所で煙草を何本も吸って、おかしくもないのにへらへら笑っている。それが夜行性動物の見せる昼間の姿というものだろう。カフェインとニコチンをたっぷり全身に巡らせて「ようやく猿並み」といったところだ。

機材を積んだボロい車が狭い路地に横付けされる。バンドマンたちは慣れた手つきで積み荷を降ろすと、「ブードゥーラウンジ」のあるビルへ機材とともに姿を消していく。そうした光景を横目にちらちらさせながら、さて、そろそろ行きますかと煙草をもみ消す午後二時四十五分。『ヨコチンロックフェスティバル』始まりの時が近づいてきた。今度は僕がビルの中に姿を消す番だ。夏の終わりの太陽は少し眩《まぶ》しすぎるから、「ブードゥーラウンジ」の擬似的な夜の世界に突入して正気を取り戻すのだ。

ヨコチンレーベルが一年で最も熱くクレイジーに燃え上がる日
(((ヨコチンロックフェスティバル!!!)))
俺たちが欲しいもの。
もっと人間の根源に訴える祭りを!!
もっともっと生命をほとばしらせる歓喜の祭りを!!
難しいことも、理屈もいらない。
アホなくらい面白い音楽がある祭り
(((ヨコチンロックフェスティバル!!!)))

そこら中にビシバシ貼ってある「チンロックチラシ」の裏面には、ボギーくんの鼻息を感じるスローガンが書き記してある。その鼻息の荒さが通じたのだろうか。今日はやたらとにぎやかだ。受付は大混雑していて、入り口の外まで人が列を成して並んでいる。本日の受付担当もささちだ。予約者名簿に僕の名前があることを確認すると、前売り料金で僕を中に入れてくれる。さあこれから約十時間、僕は基本的に「ブードゥーラウンジ」の薄暗い店内で過ごすことになる。なかなかの長丁場だ。手の甲にスタンプされた「ブードゥーラウンジ」のロゴマークは、再入場の際に入り口で見せるためのものだ。たまには外の空気も吸いに出たくなるだろうから、これは消さないように注意が必要である。なお、入場者にはもれなく、ドリンクチケットとパンフレット代わりの「ハイコレ通信」が手渡される。僕はこの「ハイコレ通信」が楽しみで仕方ない。

ごったがえしているバーカウンターをすり抜け、奥の桟敷《さじき》席的スペースにたどりつくと、僕は薄暗い照明の下でさっそく「ハイコレ通信・第一一九号」を読み始める。大きなイベントの際に発行・配布されるこのウェルカムファンジンもまた、ボギーくんのお手製品だ。A4サイズの紙を四つ折りにした簡素なものだが、毎号デザインが違うし、とにかくクレイジーな熱量に満ちたテンションの高い小冊子だ。

今号の表紙はラフなタッチのイラストだった。白いブリーフからヨコチンをはみ出させたボギーくんが、自らの愛器・フェンダー・テレキャスターに火を放ち、もっと燃えろと煽《あお》っている。まるで『モンタレー・ポップ・フェスティバル』のジミ・ヘンドリックスだ。イラストのわきには、本日の出演バンドが出演時間順に並べてあって、「進化しすぎた人々の、進化しすぎた人々による、進化しすぎた人々の為《ため》の祭り」というキャッチコピーが躍っている。たまらないセンスだ。わくわくする。裏面は今後のライブスケジュールと見所の紹介が、ポップな手書き文字でびっしり書き込んである。誌面右下に「今日は祭りだ！　明日のことは忘れよう！」という極太メッセージがズドーンと書き殴ってあって、北島三郎を取り上げた新聞記事の一部も貼り付けてある。ニッコリ笑うサブちゃんの写真の下に〈「まだまだはみ出していたいんです」とお茶目に笑う北島三郎さん〉というキャプションのついた新聞記事だ。もういちいちおかしい。

お楽しみの中面には、「編集後記」という題名の文章が見開きで掲載されている。これはイベント前日の夜、または当日の朝、テンションがマックス状態になったボギーくんが、思いのたけを一気につづって仕上げる直筆エッセイだ。細字と太字のマジックを何度も持ち替えながら書かれた文章は、文体も見た目もボギー節炸裂《さくれつ》で活き活きとしている。後半になればなるほどびっくりマークの連打・多用が目立つようになるのだが、「ブードゥーラウンジ」の暗がりで読んでいると、むくむく力がわいてくる。

【編集後記】 元気!元気!**死ぬほど元気**!!って言うやつおるやん? 日本語としては、死ぬほど元気って変だと思うでしょ? でもさー元気すぎて死ぬやつは絶対いるよね! 「俺は元気だから大丈夫!」って**全裸でエベレスト登って凍死**するやつとか、「私は元気だから大丈夫!」って**ロープなしでバンジージャンプ**するやつとかね!(いねーか)。

元気すぎてケガするやつは最近多いかもなー。一銭めしやのダメ介くんは新年早々ステージから投げ飛ばされて**腰骨を折っちゃったし、**z／nz《ずっとなぞ》のトーリちゃんは腕相撲大会で**腕の骨ポッキリ**いっちゃったし、かく言うボギーも**ボットンズ**のライブ中に**ダイブしてひじの骨**やっちゃったもんね。死ぬほど元気ゆえに。痛かったけど、みんな**メッチャ笑ってくれたからね**（笑）。

最近バラエティ番組でよく芸人がケガするやん。で、**「ムチャやらせすぎだ」**とか世論のクレームに対して番組制作者が**謝罪**とかするやん。あれ、**何で世の中に謝罪する必要あるの？**　シラケるよね。お笑い作ってる人間がさ。野暮だよ。**ＡＫＢ48のあっちゃん**がさ、**泥酔**して**ケツ丸出し**で男に抱っこされた姿が写真誌にスクープされた件も、ＴＶのコメンテーターが偉そうに「ファンを裏切るようなことはして欲しくないですネ」とか言ってやんの！　あんなの**スキャンダルじゃないし！**　まだお酒の呑み方も知らない21才の女の子がハメ外しすぎてベロンベロンに酔うなんて**可愛いじゃない！**　誰だって最初は**そーやってお酒の呑みかた覚えていくんじゃない！**　なんでもかんでもクレームだ謝罪だって言うやつらが**世の中つまんなくしてるよ。** **勝新**みたいに**豪快**で、**岡本太郎**みたいに**ブッ飛んでて、** **上岡龍太郎**みたいに**キレのある総理大臣いねーかな。**

やっぱりさ、今の日本の総理大臣になるのは**一番元気なヤツ**がいいと思う。世界中のどの国より**声がデカいヤツ**とか（笑）。**日本で一番チンポがデカいヤツ**でもいいかもしんない（笑）。首脳会談でチンポをぽろ〜んと出したらさ**アメリカも中国も態度変わる**かもしんないじゃない!!!　言葉も文化も全くちがう民族だけど、**チンポ**とか**おっぱい**とか**ウンコ**ってのは万国共通だと思うんよね。昔、ノントロッポで韓国行ったとき、韓国人とアメリカ人と日本人であんまし言葉は通じなかったけど、チンポとおっぱいとウンコの話だけで**朝まで盛り上がったもんね!!**　同じ人間なんだよ！　中国で反日デモやってるやつらだって、社会へのうっぷんの晴らし方がまちがってるだけでさ、**とんでもなくエネルギッシュな国だな**って、そりゃあ人口増えるわってね（笑）。3・11以降、さまざまなエネルギー問題が叫ばれてるけどまずは**人間そのもののエネルギーの向上**だと思ってる!!!　昨夜、ツイッターで秋葉原CLUBグッドマンのカシマ店長が「お金ないんじゃなくて、来る元気がないんだよなー。来て元気になってもらいたくても、来る元気がなかったらどうにもなんねーわな」とつぶやいてた。そーなのよ！　そこなのよ！　**人間のエネルギーまで省エネしちゃダメよ！**　お金使わずに家でチマチマとネットして社会の愚痴言ってるやつが**一番ダメ!!!**　**ジャニーズ**とか**AKB**とかのライブ行ってグッズやCD買いまくって、おもいっきり大声だして応援してるファンが**最も日本の経済支えてる**んだ。

そして先週**北島三郎のGIG**に行ってきたよ。そりゃあ**ブッチギリ**の**エネルギッシュな祭**だった‼　俺は今年、エネルギッシュなものに対して、強烈なシンパシーを覚えている！　**ヒカシュー！**　**エンケン！**　**三上寛！**　すさまじいほどの人間力を見せつけられた。円盤夏祭り！　メテオナイト！　サンセットライブ！　すさまじいほどのイベントエネルギーを体験した‼　そして今夜!!!　**ヨコチンロックフェスティバル**だ!!!　チラシの絵からも**エネルギーの爆発**を感じるだろう。そう！　ライブはエネルギーの爆発なのだ‼　小さなハコにギュウギュウに押し込められた中で**バンド**と**お客さん**が**核分裂**を起こし**爆発する!!!**　その爆発の瞬間こそ**生の証し**だ。**今年のチンロックは最強のメンツ**が集まった!!!　いつどこで爆発してもおかしくないし、ヘタすりゃ**爆発しっぱなしだ!!!**　死ぬ気で来いよ。**どーせ死なねーし!!!　俺たちは今ビンビンに生きてるんだコンチクショウ‼**

北島三郎の「まつり」が大音量で流れ始めた。主催のボギーくんは今日もエネルギッシュに立ち回っている。店内の飾り付けからチラシの折り込み、司会進行、ＤＪ、ＶＪ、自分のライブもやれれば、果ては打ち上げ会場の手配まで、何から何まで一手に引き受けて大忙しだ。ライブが始まればコロナビールを片手にフロアで踊りまくり、きっと誰よりも夢中になってお客さんの役まで楽しむことだろう。朝までギンギンに盛り上がる気マンマンだ。

ボギーくんがハイビスカスとフラミンゴで飾り付けられた特別仕様のＤＪブースを飛び出し、ステージに駆けのぼった。

「オーケー、エブリバデー！『ヨコチンロックフェスティバル』へ、よーこそーっっっ！」

フジロックフェスティバルに対抗するつもりなのだろう。ステージ後方の壁には、山脈の書き割りが一面にはめ込まれている。気分だけでも大自然。夏フェス感はこれでいただき、というわけだ。その絵のド真ん中に「ヨコチンレーベル」の巨大なシンボルマークが粘着テープでドーンと貼り付けてある。これは大きなイベントの際には必ず掲げられる、いわば国旗のようなものだ。ボギーくんはそのシンボルマークの下で叫ぶ。『ヨコチンロックフェスティバル２０１２』へ、よーこそーっっっ！

「いやもう、楽しみで仕方ないよね！　今日はね、待ちに待った一年に一回のお祭りだからね！　夜の十二時までどんどん盛り上がってね、その山頂を目指して行くわけだけども、みんなね、『ヨコチンロックフェスティバル』は甘くないから！　十時間ぐらいぶっ通しで山登るから！　山登りなめてたら高山病にかかるから！　ほんと、ヤバイから！　無事山頂を目指すために、まずはラジオ体操をみんなでやって、身体をほぐしてから開幕したいと思います！　ほら、うしろにたむろしてる人たちも、出演者もどんどん前に来て！　いい？　準備はいい？　オーケー！　じゃあミュージック、スタート！」

ラジオ体操第一ぃ～
腕を前から上に上げて
背伸びの運動ぉ～
ハイ、いち、に、さん、しっ！

ライブハウスでまじめに取り組むラジオ体操はシュールそのものだ。そのシュールさは「足を戻して両足跳び運動」の「開いて閉じて開いて閉じて」で絶頂を迎える。調子に乗ってテキーラをあおり、それでもなお体操したがる人間がいるのも祭りならではの光景だろう。早々に離脱することはもう誰の目にも明らかだが、本人だけがそれを知らずに「開いて閉じて開いて閉じて」のシークエンスに熱中している。
僕らは深呼吸して「ブードゥーラウンジ」の空気をたっぷりと身体の中に入れた。煙草のけむりとほこりの微粒子がカクテルされた僕らの空気だ。Tシャツに汗染みを作った人間がすでに何人かいる。アイドリングは完璧だ。

「オーケー！　じゃあ遠慮なく今年も始めさせてもらおう！　トップバッターはこのグループだ！　カモンッ！　チェーンソーTV！　チェーンソーTVっ！」

ボギーくんがステージから飛び降りた。二本のエレキギターが挨拶代わりのロー・コードを暴力的にかき鳴らす。打ち鳴らされるバスドラとシンバル。ステージの照明が赤く青く明滅を始めた。ベーシストは押弦《おうげん》した指をハイポジションまですべらせている。チェーンソーTVは若いバンドだ。変拍子のビートに不協和音の混ざりこんだギターリフが炸裂して、『ヨコチンロックフェスティバル』は開幕した。

2

時間の経過とともに、「ブードゥーラウンジ」の店内は混雑の度合いを増してきた。フロアはもちろんのこと、バーカウンターや通路、そして例の桟敷席的スペースにも人があふれ始めている。あちこちに放置された空のグラスは玉の汗をかき、灰皿は折れた煙草の吸い殻と丸められたガムの包み紙でいっぱいになりつつある。

フェスティバルと言っても、別に広い楽屋があるわけじゃない。出演者たちも客に混じって店内をうろついている。すでに演奏を終えたバンドマンは、すっかりリラックスしてライブに見入っていたり、一杯やりながら誰かと笑い合ったりしているが、これからステージに立つバンドマンたちはそうもいかないようだ。いつもより少し硬い表情をしていて、どこか落ち着かない様子である。アルコールを入れて演奏するタイプの連中も、今日ばかりは緊張をほぐす程度にしかやっていない。

みんな本気なのだ。

『ヨコチンロックフェスティバル』のブッキングには打算や八百長がない。誰かのバーターでとか、何かのプロモーションでとか、そういう裏取引で出演が決まった者は、この場には一人もいない。ボギーくんがこの一年、音楽の鳴っている現場に身を置き、自分の目で見て、「これはたくさんの人に見てもらいたい！」と心震えたバンドやミュージシャンのみが「ブードゥーラウンジ」に集結している。友だちだからとか、借りがあるからとか、そういう人情的忖度《そんたく》もゼロだ。つまりここにいるのはガチで選ばれた精鋭たちなのだ。確かな信頼と実績。ヨコチンレーベルの掲げるモットーは伊達《だて》じゃない。

出演者も「それがどういうことなのか？」をよく知っている。そして足を運んだ客の僕らが「いったい何を見たがっているのか？」もひりひりに感じている。求められているものは「すべてを出しつくす最高のパフォーマンス」と「本気の勝負」だ。馴れ合いや仲良しごっこではない。

ステージではザ・キャンプズの演奏が佳境を迎えている。

夢は　まぼろし
はかないや　はかないやぁ
でもそんなに　はかなくもないよぉ
君よりも高く
何よりもしなやかに
ああ　それは自由さ
自由っ！　自由〜っ！

巨漢の安増《やすます》くんが、顔をぐしゃぐしゃにしながら歌っている。それはお世辞にもスマートとは言えない姿だ。むしろ不細工なのかもしれないが、その姿にはひどく胸を打たれるものがある。そうして歌が心の襞《ひだ》に染み入ってきたとき、僕らはザ・キャンプズの世界に深く入り込んでしまうのだ。メンバーもその歌心に吸い込まれてしびれ出し、まるで心中するかのような演奏を見せる。ザ・キャンプズはとても情熱的なバンドだ。そして繊細である。ジャガーとジャズマスター。フェンダー社製の二本のエレキギターが、まるで縦糸と横糸のように折り重なり、時にはもつれあって、曲にふさわしい色と柄をつむいでいく。

「いいぞデブ！」

声援が飛ぶ。リバーブとディレイのかかったギターソロが始まる。安増くんは贅肉《ぜいにく》のついた腹の上で鳴らしていたフェンダー・ジャガーをそ

っと床に置くと、太極拳のような動きでうっとりと踊り出した。

もはや電気の力など必要ない。安増くんはマイクスタンドから一歩、また一歩と離れ、ついにはアンプラグド状態になって声を振り絞った。

悲しみは　たくさんだ
悲しみは　たくさんだ
喜びは　たくさんだ
喜びも　たくさん　あるよ

＊

会場のテンションは少しもだれることなく、見事なまでに右肩上がりの盛り上がりを見せている。出演バンドによる最高に次ぐ最高の演奏が連発し、ここまで襷《たすき》がつながった。期待値という名のハードルは、リアルタイムで一段、また一段と上がっている。もう下手な真似は許されない。そういう空気が「ブードゥーラウンジ」に充満している。

「ゲロ吐きそう……」

出番の近づいたバンドマンたちが、目をギラつかせながらステージ前室へと向かう。食うか食われるか。殺《や》るか殺《や》られるか。恥をさらしたくないなら、真剣を抜いてステージに立つしかない。それが『ヨコチンロックフェスティバル』の根底に流れる暗黙の了解であり、祭りの作法なのだ。

六時三十分。殺気立ったザ・ボットンズが登場し、フロアが熱波に包まれた。嵐の海のように人が波打つ強烈な二十分。ダイブ&モッシュに興じる連中の中には、もちろんボギーくんの姿もあった。

3

メインステージでは汗だくになったザ・ボットンズと入れ替わるようにして、次のバンドがセッティングを始めている。アンプが入れ替えられたり、ドラムセットの細かい位置変更が行われたり、モニターの角度が変えられたりと、作業は暗がりの中で慌ただしく進行中だ。エフェクターに電力を供給するための延長コードがするすると伸ばされ、真空管アンプのスタンバイスイッチがオンになる。パイロットランプが赤く光って通電を知らせる。シールドがジャックに差し込まれ、チューニングの最終確認が始まり、セットリストの書かれた紙がガムテープで固定され、マイクスタンドの高さが微調整されて……とまあ、そんなことが粛々《しゅくしゅく》と進む準備の時間だ。

その空白とも言える時間を、僕らはサブステージの演奏で楽しむことになる。フロアにはまだザ・ボットンズの連中が残していった暴動の余韻が熱と汗になってこもっていて、「さあ、その革ジャン的な熱気をどう超えていくか？」が、僕を含めた観客の関心事だ。

回転するミラーボールが光の粒のシャワーをフロアにまき散らし始めた。

「オーケー！　じゃあ次は大やばーいサウンドでお楽しみいただこう！　我らがノントロッポのベーシストが今夜はＤＪスタイルで登場！　カモン、ノンチェリーっっっ！」

ボギーくんが煽《あお》りのＭＣを入れた。サブステージはメインステージの対面、フロア後方にある二畳ほどのお立ち台だ。すでにスタンバイは完了していて、さっそく音出しが始まった。その音につられるようにして、観客はサブステージの周りを囲み出す。

シュビ・ドゥビ・ドゥー
シュビ・ドゥビ・ドゥ……

ノンチェリーが南国ジャマイカの風をフロアに送っている。前戯的にかけているバックミュージックはゆるゆるのロックステディーで、すきまの多い脱力したサウンドだ。そこにディレイとリバーブを使ったダブ処理が加えられていく。
音像にかげろうが立ち、世界の輪郭が曖昧《あいまい》になった。

シュ……ビ……ドゥ……ビィ……ドゥー……
シュビ……ドゥ……ビィ……ド……ゥー……

幻影として浮かぶ椰子《やし》の木。その葉を揺らす生ぬるい潮風。縦ノリから横ノリへ。「ブードゥーラウンジ」の空気がノンチェリーによって徐々に書き換えられていく。そうしてゆるいレゲエ的世界観に僕らが心地よく揺れ始めた、その刹那《せつな》である。
ノンチェリーが旧式のスプリングリバーブを思いきり蹴り飛ばした。内蔵されている長いバネがガシャンガシャンに揺れて、落雷を思わせる爆音が鳴り響いた。爆音はスプリングリバーブ特有の「ピチョピチョ」という水漏れのような音をオマケにつけ、揺らぎながら減衰《げんすい》していく。

リズムボックスのスイッチが入った。

シュビ・ドゥビ・ドゥーがシンプルなビートに切り替わった。

割れた重低音が「ブードゥーラウンジ」の床を震わせる。

ノンチェリーがマイクをつかんだ。

ジャマイカンスタイルのラップが始まった。

ナマの　サカナを　ナマづかみ
プーン！
ナマの　サカナを　ナマづかみ
プーン！
ナマの　サカナを　ナマづかみ
したら　ヌメナメ　ヌメなめろう！

ノンチェリーの「ヌメナメ節」に、汗でヌメナメした連中が、両わきをパコパコさせながらヌメナメと踊りだす。人間の身体が放つ熱は、じっとりとからみつくように蒸す。それは、ダクトがむき出しになった大型空調機をフル回転させても冷ますことが難しい。

メー　ナメナメナ

メー　ナメナメナ

メー　ナメナメナ　ろうッ！

近鉄バファローズの帽子をかぶった超不審人物がジーンズをズリ下ろし、金玉を片方だけ出して腰をひこひこ振り出した。黒いブリーフのわきから露出させた金玉は、見事なまでにツルツルでまるでビワの実のようだ。その金玉をミラーボールの光の粒が次々に舐《な》め上げていく。

メー　ナメナメナ

メー　ナメナメナ

メー　ナメナメナ　ろうッ！

「シゲちゃんだ！　シゲちゃんだ！」と周りがざわつき始めた。確かにこの金玉には見覚えがある。九州ロッカーズのシゲちゃんの玉だ。シゲちゃんはそのままサブステージに飛び上がると、ビートに合わせて金玉ダンスを始めた。

「シゲちゃんだ！　シゲちゃんだ！」

スポットライトを浴びたシゲちゃんの姿に、みんなひいひい笑っている。

ノンチェリーも短パンを脱いで、梅の実のような金玉を一個出した。歓声。ビワの実と梅の実の競演は、「ヌメナメ節」を即興のラップへと転じさせた。

あ　ふくらんで　ふくらんで
フグリっ！
ふくらんで　ふくらんで
フグリっ！
ふくらんで　ふくらんで
フグリっ！
ヌメナメ　ヌメナメ　ろうッ！

玉と玉をぶつけ合って踊る人間アメリカン・クラッカー。その雄姿を写メで記録しようとする物好きたちが、男女の別なく前へ前へと押し寄せてくる。

ソンポ　ヤイソン　ポー
ヤイ！
ソンポ　ヤイソン　ポー
ヤイ！
ソンポ　ヤイソン　ポー
ヤイ！

えらいことになってきた。
今ここにいる連中の脳みそには、間違いなく、このろくでもない光景がローディングされていることだろう。ごったがえすサブステージ周り。そ

の人いきれに息苦しくなった僕は、新鮮な空気を求めていったんフロアから脱出した。スタートからすでに三時間半が経過。それでもまだプログラムの約三分の一が終わったに過ぎない。『ヨコチンロックフェスティバル』は過酷で楽しい。そして暑い。猛烈に喉が渇いてきた。なにか冷たい飲み物が欲しいところだ。ステージの演奏が終わるたびにバーカウンターは順番待ちの列ができる。スムーズに買うなら今しかない。

ソンポ　ヤイソン　ポー　ヤイ！
ソンポ　ヤイソン　ポー　ヤイ！

バーカウンターへ向かった僕は、そこにオクムラユウスケの姿を見た。背中にリュックサック。右手にギターケース。そして左腕にはまだ幼い子どもを抱きかかえている。会場入りしたところにちょうど出くわしたらしい。

カシミールナポレオンのＫくんがオクムラユウスケに声をかけた。Ｋくんはやさしい悪魔だ。長身をかがめて子どもの顔をのぞき込んでいる。そうして二人は短い会話を交わして笑い合った。その笑顔の中に通じている細やかな情のようなものを、遠巻きに眺める僕は感じている。いろいろあってオクムラユウスケは今日ここに来た。ここにいる多くの人たちがおそらくその事情を知っている。ただ今日は年に一度の楽しい祭りだ。オクムラユウスケがこの場に来て演奏することを望んだ以上、しめっぽい態度で彼を迎えるのはふさわしくない。スマイル。そういうことだ。オクムラユウスケとその左腕に抱かれた幼い子どもは、スマイルマークがプリントされたおそろいのTシャツを着ていた。

ソンポ　ヤイソン　ポー　ヤイ！
ソンポ　ヤイソン　ポー　ヤイ！

オクムラユウスケは桟敷席の奥にある狭い控え室に姿を消した。僕はバーカウンターでジンジャーエールを受け取ると、氷のたくさん入ったそれを手にフロアへと戻った。

「みんな飲んでる？　楽しんでる？　ん？　そろそろお腹もすいてきた？　オーケー、そんなみなさんにＤＪボギーから素敵なお知らせ！　ただいまバーカウンターでは『ゲンさんのタマネギ三十個カレー』を絶賛販売中。『ブードゥー』スタッフのゲンさんが腕によりをかけて作った特製カレーだからね！　一杯五百円ははっきり言って安いよ！　そしてうまーい！　売り切れ御免の数量限定やから、食べたい人はバーカウンターへ４６４９《ヨンロクヨンキュー》！」

　タマネギ三十個カレーの登場を楽しみにしている観客は多い。たちまち人だかりができて、すでに順番待ちだ。ようやく僕の順番が回ってきた。欧風のビーフカレーだ。きっちり煮込まれたルーに、よく炒められたタマネギの甘みが深く溶け込んでいる。ひとくち、またひとくち。僕にとってはこれが本日の第一食。文句のつけようがないカレーだ。

　時刻は夜の八時を回っている。熱演が多いせいかプログラムはかなり押し気味に進んでいて、およそ一時間遅れでザ・なつやすみバンドの演奏が今始まったところだ。

　この日初めて耳にする女性ボーカリストの声がとても新鮮だ。スティールパンのカリビアンな響きも、きらきらとした涼感に満ちている。『ヨコチンロックフェスティバル』のプログラム構成は絶妙だ。まるでベクトルが違うものを「ここぞ！」というタイミングですっと差し込み、場の空気や景色を見事にスライドさせていく。

フロアの雰囲気は変化していた。演奏に耳を傾けて浸《ひた》る。それもまた音楽の楽しみ方のひとつだ。ここにいる観客はそのことをよく心得ている。ザ・なつやすみバンドの音楽はまるで染み渡るようにして広がっていった。僕は桟敷席の手すりにもたれながら、そのステージを眺めている。緩と急。静と動。光と影。その振り幅の中に多様性というものが存在し、世界の豊かさも隠れている。夕焼け空と一緒だ。美しい夕焼け空ほど、色のグラデーションに満ちている。

＊

ボギーくんをはじめとするノントロッポのメンバーが、狭い控え室から出てきた。四人は楽器や機材を手に、ステージ前室へと向かっていく。全十九組中、十一番目の出番。いよいよノントロッポの登場だ。持ち時間二十分の演奏がまもなくスタートする。

スローでメローなイントロだけで、もうそれと気づいた観客が飛び上がって喜んでいる。

ノントロッポは「ナイト・オブ・トロピカリア」から始めるつもりらしい。カリブとラテンとアジアのフレーバーを溶き混ぜた奔放《ほんぽう》な楽園サウンド。その魅力と持ち味があちこちで爆発する必殺の大ダンスナンバーだ。

早く！　早く！　踊り出したくてどうにもたまらない連中は、むずむずしながら例のタイミングを待ちわびている。

ドラムのチャンさんは、そんなフロアのちょうだいムードを察知すると、少し焦《じ》らし気味にマーチ風のリズムを叩き始めた。チャンさんはエロい。見た目こそ「とっちゃん坊や」そのものだが、手練《てだ》れ中の手練れだ。ひとたびスティックを握れば、万事心得たドラムマスターに変貌する。

ボギーくんがフェンダー・テレキャスターを斜《はす》に構えた。いよいよ例のタイミングがやってくる。

♪チャラララララララ……

軽快なカッティングが一発入って、曲調はノリノリのトロピカルモードに転換した。さあ祝祭の始まりだ。バネの弾けた観客たちが跳ねるようにして踊り出す。

イッパク　トーカの旅ぃ〜
ギリギリ　ギリギリ
ギリギリギリギリ

ベースのノンチェリーが生み出す活きのいい低音がブンブンに唸《うな》っている。腰がほいほい動くようなグルーヴだ。

ブンカジンが　ブンカロン説《と》ーく
ダンシン　ダンシン　熱帯夜っ！

バンドの秘密兵器・ピカピカくんの演奏も冴《さ》えに冴えている。彼の改造フェンダー・ストラトキャスターには、ギターシンセ用のピックアップが増設されていて、手元と足元のコントローラーを巧みに操ることで、変幻自在の音色を引き出すことができる。ホルンやトロンボーン、トランペットの音も出せるし、スティールパンやキーボードの音にすることも可能だ。その詳しい仕組みについては誰も知らないが、知ったところでどうなるわけでもないだろう。

♪チャララララララ……

ボギーくんはすでに無敵だ。この場に満ちたエネルギーを完全に掌握《しょうあく》している。どう転がすかはボギーくんの気持ち次第。それは二十分間だけ許された神の座だ。
ステージに本物の獅子舞が乱入してきた。誰の仕業《しわざ》なのかは知らないが、長いたてがみを振り乱しながら「えいやあ！」と跳ね、金歯の並んだ口をパッコンパッコン開閉している。毎度おなじみヨコチン纏《まとい》もフロアに投げ込まれた。キャッチしたのは上半身裸の男だ。お祭り好きのお調子者に違いない。お調子者は纏をくるんくるん回したり、突き上げたり、勢い余って隣の男の首を絞めたり、投げ飛ばされたりしている。「ナイト・オブ・トロピカリア」は多幸感に満ちたカラフルなナンバーだ。長尺の曲は一段、また一段とじわじわ勢いを増していく。大爆発の時は近い。
チャンさんがアグレッシブなビートをズダダダダダダと叩いた。それはアドレナリンが吹き出す音だ。曲の展開も大きくうねって激変する。洪水のような音がステージからあふれ出し、フロアは完全に歓喜の坩堝《るつぼ》と化した。観客がグチャグチャになりながら前に後ろに踊り狂う。脱げてしまった誰かの靴が宙を舞った。お調子者の靴かもしれない。ボギーくんが激しいジェスチャーで煽りを入れている。「もっと来い！　もっと来い！」。赤、青、黄。ステージの照明が激しい明滅を繰り返す。ビルが揺れていた。うそじゃない。このビルは本当に揺れるのだ。

シーズシーズ　ナイトオブ
トロピカリア！
シーズシーズ　ナイトオブ
トロピカリア！

唸るベース。疾駆《しっく》するギター。弾けまくるドラム。メンバー四人は完全に覚醒している。ボギーくんはギターを投げ捨て、ある種の部族が踊るようなダンスを始めた。そうして最前列で踊っていた屈強な男たちに騎馬戦の馬を作らせると、アオアオアオアオというインディアン式の雄叫びを上げながら馬にまたがり、狂乱のフロアに飛び込んでいった。

セックスセックス！

セックスセックス！
セックスセックス！
セックスセックス！

騎馬戦の馬がもみくちゃになりながらフロアを進んでいく。まるで祭りの御輿《みこし》だ。ボギーくんはヨコチンの神様だ。狂った指揮者のように両腕をぶんぶんに振っている。獅子舞もうしろに続いて進んできた。ヨコチン纏は人の波に飲まれ、もう役目を果たしていない。オイ、オイ、オイ、オイ、オイ、オイ。そこら中の人間が嬌声《きょうせい》を上げながらでたらめに飛びはねて、身体から湯気を立ちのぼらせている。白く発光しているステージ。いよいよ昇り詰めていく演奏。あちこちで突き上がっている拳《こぶし》が、そして騎馬戦の馬が、逆光でシルエットになった。

6

ヨコチンロックフェスティバルⅡ

踊りつぶれた連中がさすがに目につくようになってきた。連中は桟敷席にふらふらと足を運ぶと、そのままテーブルに突っ伏したり、椅子に身を投げ出すようにしてもたれかかったり、そうやってしばし息を整え体力の回復にいそしんでいる。首をおかしな角度に曲げたままピクリとも動かないのは度を超えて飲み過ぎた連中で、彼らの戦線復帰はもう難しそうだ。誰にいたずらされたのかは知らないが、鼻の穴に煙草を突っ込まれたり、まぶたに目玉を描かれたりして、だらしなく開いた口からよだれを垂れ流しながら撃沈していく。そういう連中がいる一方で、時間の経過とともにどんどんテンションが上がっていく連中もいる。爆音の浴びすぎで耳もバカになりかけているのだろう。総じて声は大きく、あちこちでガアガアかしましくやっている。今や「ブードゥーラウンジ」の店内には三百人以上の人間がいるはずだ。フロアにも通路にもバーカウンターにも人がざわついていて、それは年に一度のお祭りにふさわしいにぎやかさである。

カシミールナポレオン、ドイ・サイエンスとプログラムは進み、時刻は夜の十時を回った。『ヨコチンロックフェスティバル』もいよいよ終盤戦に突入だ。メインステージではパニックスマイルのセッティングが始まった。その準備段階からステージ前にはもう人だかりができ始めている。久々に福岡に帰ってきたパニックスマイル。多くの観客がそのステージを心待ちにしている様子だ。

パニックスマイルは特別なバンドだ。そう話す人間は多い。ある者は「雲の上の存在だ」と語り、ある者は「カリスマだ」と語る。そして彼らは必ずと言っていいほど、『チェルシーQ』というオールナイトイベントの話を持ち出して、それが「いかに画期的で先鋭的だったか」について語り始める。

『チェルシーQ』は一九九四年に天神のライブハウスで始まったシリーズイベントである。月に一回、夜から朝までのオールナイトで開催され、九七年まで続いている。といっても、僕はそのころのことを何も知らない。福岡にいなかったせいもあるし、音楽そのものに少し嫌気がさしていた時期でもあって、そうした現場に寄りつくことがなかった。だからすべて人から聞いた話しか書けないのだが、この『チェルシーＱ』を境に、福岡の音楽シーンが激変していることだけは確かなようだ。専任のデザイナーがビジュアル的に優れたチラシを作り、ステージ転換中にはＤＪが爆音でかっこいい音楽を鳴らす。今では当たり前になったそうしたシステムをシーンに持ち込んだのは、『チェルシーＱ』を主催していたナンバーガールの向井秀徳であり、パニックスマイルの吉田肇《はじめ》だった。

ステージが始まった。

複雑な展開と絡み合うリズム。パニックスマイルの演奏は一筋縄ではいかない。音と音とがぶつかりあう一期一会の瞬間・瞬間が、ひりひりしたスリルになって背筋を這《は》いのぼってくる。ひとつ間違えば空中分解するような緊張感。そのスレスレのところで綱渡りを続ける変拍子とポリリズムが、観客の目と耳をきりきりに縛りつけて離さない。

そんな演奏が展開されている中、サブステージでは静かにセッティングが整えられていた。ギブソン社製の古いアコースティックギターが一本、ギタースタンドに立てかけられている。ガムテープでピックアップがベタ付けされたエレキ出力の改造ギターだ。出番を次に控えたオクムラユウスケは、シールドをジャックに差し込み終えると、ＰＡブースに軽く会釈《えしゃく》した。そして狭いサブステージ上で仁王立ちになると、あとはただパニックスマイルの演奏を凝視《ぎょうし》し続けた。

目をぎらつかせたオクムラユウスケがそこにいた。髪の毛はずいぶん伸びて、白髪の混じった無精ひげが、頬とあごを覆い始めている。スマイルマークの入った黄色いTシャツは、サイズを間違えたとしか思えないほどぶかぶかで、なで肩のせいもあってか、袖が二の腕をすっぽり隠している。

そうしてオクムラユウスケは復活のステージを待っていた。

＊

オクムラユウスケには、謎の活動休止期間がある。誰にも行き先を告げずに失踪し、その後、四年間ほど完全に消息を絶っていた。京都に身を置いていた時代には、ホームレスをやっていたこともあるようだ。日雇いの仕事で食いつなぎ、公園で寝泊まりをしていたらしい。その後、取り壊し寸前のアパートに住むようになり、少し気持ちも持ち直したころ、京都の街で偶然再会したのが、昔の音楽仲間だった「ムコちゃん」こと石川裕美子さんだった。失踪から三年以上が過ぎ、郷里の福岡では死亡説まで流れていた時期である。

それからの二人に起きた出来事について、僕はうまく語れそうにない。

【オクムラユウスケのブログ・二〇一二年七月二十五日より抜粋】

二〇〇六年四月二十一日、京都にて
ムコちゃんの飼ってたウサギのグリコのお墓を一緒に作った時、グリコを弔《とむら》うかのように、突然夜空に無数の花火が上がりました。見物客もいない宝が池公園に打ちあがる花火がとても切なくて、美しくて、二人でボロボロ泣きました。

付き合いはじめて僅《わず》か半年でプロポーズして、一緒に福岡へ帰ってきました。
西鉄グランドホテルで本人たちも驚くほど豪華な結婚式を挙げました。

新婚当初、無職だったので仕事をさがしていたところ、ひょんなことからたこ焼き屋をすることになりました。たこ焼きなんて一度も焼いたことなかったけど、毎晩毎晩試作を繰り返し、連日たこ焼きを食べ続け、本場・大阪まで行ってひたすらたこ焼きを食べ歩いたりして、ようやく理想の味にたどり着いたときはほんとに嬉しかった。

店の内装も全部二人で作り上げました。
店名は「ポーポー軒」。たこ焼きと鉄板焼きと駄菓子のお店。
連日、子供たちがわんさか遊びに来る楽しいお店でした。ポーポー軒はムコちゃんの魅力がギュウギュウに詰まった夢の世界だったように思います。

長期旅行をするため、僅か一年で店を閉めて二人でバックパック背負って中南米へと旅立ちました。九か月半もの長旅でした。二人で路上で似顔絵屋したり、ヒッチハイクしたり、パタゴニアの大地に放り出されて途方に暮れたり、パイネ国立公園で十日間におよぶトレッキングを敢行したり。
アマゾン川を渡る船での五日間は最高に楽しかった。

市場で買い物して、その土地の食材でムコちゃんはほんとに美味しい料理をたくさん作ってくれました。ムコちゃんは、どこへ行っても人気者でした。ムコちゃんの周りはいつも楽しい空気に包まれていました。

ムコちゃんとなら、どこででも生きていける。

どんなに貧しくても、楽しく幸せに暮らしていける。

そんな生命力に満ち溢《あふ》れたムコちゃんのことを、妻としてではなく、一人の人間として尊敬していました。

語りつくせないほどの旅の思い出と一緒に帰国したかと思ったら、程なくして赤ちゃんを授かりました。

二〇一一年四月二日　有斐（アビ）くんが誕生しました。

いままで二人でひとつだったのが、三人でひとつの家族になって、家の中は笑顔であふれかえりました。

僕が仕事から帰ってくるのを、アビ君と二人で夕飯の支度などをしながら待っている時間が、ムコちゃんはすごく幸せだったと言っていました。給料日には三人でささやかながら、ちょっとした贅沢で焼き鳥屋に行ったりするのが楽しみでした。

つつましく、小さな幸せを大切に大切に抱きしめるような日々でした。

病気がわかったのはアビ君が生まれて六か月を過ぎた頃でした。幸せの絶頂から奈落の底へ突き落とされ、あまりにも過酷な現実が僕らに襲いかかってきました。それでも一生懸命、病気と闘いました。

闘病中、お互いをどれほど大切に想っているか、どれだけ愛しているのかを、きちんと声に出してたくさん話しました。いままで照れくさくて言えなかったことも、ちゃんと声に出して伝えておきたかったからです。

寄り添い、支え合い、心の底から想い合える正真正銘の家族になれたんだと思います。

ムコちゃんは誰よりも僕のことを理解してくれてたし、いつも味方でいてくれた。自分が一番きついのに、最後の最後まで僕の体を気遣《きづか》ってくれた。

ムコちゃん、ほんとに幸せやったよ。

いつ、どの瞬間を切り取っても楽しいことばかりやったね。

すべてが奇跡みたいやね。

ムコちゃんの歌声が大好きやったよ。

ほんとに楽しそうにわらう笑顔も、なんでも美味しそうに食べるのも、こだわりの食べ方がいっぱいあるのも、話が上手で、微妙な光景や繊細な感情を胸がキュンとするようなムコちゃんらしい言い回しで話すのも、用心深く、ダンドリ上手なのに、突然大胆で無計画に走り出してしまうとこも、猫好きなとこも、やさしくて、オシャレで、たまに毒舌で、面白くて、かわいいとこもたくさんあって、全部ムコちゃんらしくて大好きです。

車の運転も上手かったね。愛車のハイエースでどこまでも走って、車の中で寝泊りして、美味しいものたくさん食べて、ほんとに楽しかった。

ムコちゃんのいない暮らしは想像ができなくて、さみしくて、さみしくてしかたないけど、絶対に俺とアビ君のそばにいてくれてるだろうから、これからもアビ君の成長を一緒に見守っていこうね。なかよし三人組やもんね。

いつかそっちにいくから「ユウスケくん」って、迎えにきてね。

ありがとう。

いっぱい愛を込めて。

2

スポットライトがサブステージを照らした。決して明るいとは言えない光の筋に、オクムラユウスケの姿が半分影になって浮かぶ。客席に背を向け、ジャカジャカとギターをかき鳴らしながら、出音《でおん》の具合を確かめているようだ。そのサブステージを取り囲むようにして、観客が一人、また一人と、体育座りをしながら場所取りを始めた。なんとか三列目あたりに陣取ることができた僕は、コンクリートの冷たい床に尻をもぞもぞさせながらステージを見上げている。

この日が来るのをずっと待っていた。そう思っているのはきっと僕だけじゃないだろう。あちこちで嬌声《きょうせい》を上げている連中も、思いは似たりよったりのはずだ。

オクムラユウスケがゆっくりと向き直り、マイクスタンドの前に立った。

「……久しぶりのライブなんで……」

そう言うとオクムラユウスケは、なぜかギターを降ろして床に置いた。

「……ちょっとぉ……体操しようと思いますっ！」


シャキーン！

ぱわわっぷぅ！


間髪を入れずに場内に流れ始めたのは、『おかあさんといっしょ』でおなじみ、「ぱわわぷたいそう」の軽快な音楽だった。

ぱらら　ぱわわあっぷ、ぱわっわっ！

ぱらら　ぱわわあっぷ、ぱぁわぁー！

オクムラユウスケは幼児向けの体操を全力で始めた。身体のキレ。ポーズの決め。表情の過剰さ。どれをとっても「十一代目たいそうのおにいさん・小林よしひさ」をはるかに凌《しの》ぐ異常なクオリティーと運動量だ。

（さあー、かおをあらうよっ！）
かおをあーらって　ぼくのてーのひら
おひさまぁにみせてぇー（ポン！）　ぱわ、ぱ、わわぁー

もはやこれは幼児向けの体操ではない。成人指定のハードコアエアロビックスだ。

ぴーよぴーよ　ぴよぴよ、ぴぃーよ
ぴーよぴーよ　ぴよぴよ、ぴぃーよ
ぴーよぴーよ　ぴよぴよ、ぴ、き、き

「ぱわわぷたいそう」は細部にいたるまで完璧だった。オクムラユウスケの手がひよこの群れに見える。そうして完全にパワーアップしてしまったオクムラユウスケは、ちょっとあり得ない高さの開脚ジャンプまで披露した。

ぱーわっ　ぱわぱわ、ぱーわっ！
げんきなこえで　ぱわぁー！
ぱーわっ　ぱわぱわ　ぱわ、ぱわわー
しあわせ　ぱわーわ　ぱわわわっ！
（せーの）わっ！

躍動感みなぎる三分間。バンザイ着地を決めたオクムラユウスケは、大歓声を全身に浴びながら体操を終了した。ぜえぜえ息を切らしている。そりゃそうだろう。急激かつ過激な運動で体力を消耗させてしまったのは誰の目にも明らかだ。常人ならワンステージ分のエネルギーを使い果たしている。バカだ。でもバカを承知でそれをやることが、彼流の復帰挨拶だったのかもしれない。

体操を終えたオクムラユウスケは床に置いてあったギターをもう一度構え直すと、息を整えることなくマイクに向かってしゃべり始めた。

「……本日はぁ、デカチンロックカーニバルに、よーこそぉっ！　今日もぉ、全国からチンコがでかいバンドマンたちがいっせいに集まって、チンコでかい自慢をぉ、繰り広げているわけですけどもぉ！　みなさんもぉ、そんなうらやましそうな目で見てないでぇ、自分のチンコがでかいと思ったらぁ、今すぐバンドを組みましょう！　そしてこのぉ、デカチンロックカーニバルのぉ……オーディションを勝ち上がってきてくださいっ！　なお審査委員長はぁ……福岡で一番チンコがでかいとされている……ボギーでーすっ！」

嬌声と爆笑と爆笑と嬌声。フロアの反応はとてつもなく良好だ。

オクムラユウスケは場の空気を完全につかんだ。

「……じゃあムラムラしてきたんで曲やります！　8月のキャミソォォール!!」

アコースティックギターの弦がウルトラハードに弾《はじ》かれ始めた。そのザクザクと刻まれるリズムと強烈なビートは、まったくパンクそのものだ。セルロイド製のピックと鉄弦の摩擦往復。オクムラユウスケの胸の内に充満していた気化ガソリンが、一気に点火爆発し始める。

一人で　しりとり　やったってぇ

いつまで　たってもぉ　終わらないよぉぉー
りんごぉ！　ゴキブリっ！　りんごぉ！　ゴキブリっ！
りんごぉ！　ゴキブリっ！　りんごぉ！　ゴキブリっ！
りんごゴキブリりんごぉ！　りんごゴキブリりんごぉ！

複雑にこじれた情欲。晴れることのない鬱屈。できれば秘匿《ひとく》しておきたかった獣性。オクムラユウスケの歌は、封印された光の差さない世界からやってきて、火のついたマグネシウムのようにまぶしく発光する。

りんごっ！　ゴミタメっ！　メスブタっ！　タンツボっ！
ボンクラぁ！　ランチキぃ！　嫌いだぁぁぁ！　大嫌いだっっっっ！

オクムラユウスケはのたうち回るように歌い上げると、そのまま後ろ向きに倒れ、したたかに尻もちをついた。激しいカッティングのせいで、ギターのチューニングはすでに狂っている。三弦、二弦、一弦。ペグを回しチューニングを元に戻すと、オクムラユウスケはすぐに立ち上がって二曲目の演奏を開始した。ミュートされたまま高速ブラッシングされている弦は、激走する騎馬隊のようなリズムでかすれた摩擦音だけを伝えている。

「……さぁひとつになるぜ……ひとつに……ひとつになるぜーいっ！」

コール＆レスポンス。コール＆レスポンス。

「あああああああああ」

ギアがまた一段上がった。弦をミュートしていた指がヘビのように動き、カッティングによる怒濤《どとう》のイントロリフが始まった。まただ。また僕はオクムラユウスケの姿に釘付けになってしまっている。

うまくいってた当たり前の日々が
奇跡のように思えてくるぜぇ〜
あーあーあーあぁ　あーあーあーあーっ　おぉぉぉぉぉ！

オクムラユウスケの人間エネルギーは、もう爆発しっぱなしだ。

生きてるっ　生きてるっ　生きてるっ　生きてるっ！
やったぁ　やったぁ　やったぁ　やったぁ！

オクムラユウスケは身体を何度も「くの字」に折り曲げながら、掻《か》きむしるようにギターをストロークした。ぶんぶんに振られている頭から汗の粒が散弾のように散っていく。

【オクムラユウスケのブログ・二〇一二年九月十一日より】

四十九日が過ぎ、いつの間にか季節は秋になろうとしています。
時間ばかりが容赦《ようしゃ》なく過ぎ去っていく中、
毎日ムコちゃんに語りかけ、ムコちゃんの好きだったご飯を作り
一瞬でも考えない時はありません。

アビ君にはムコちゃんの姿がちゃんと見えているらしく
時々どこか宙を指差し「ママ、ママ」と教えてくれます。

いつも側《そば》にいてくれているんだと思うような出来事も
何度となくありました。

それはまったく不思議なことでもなんでもなく
ただただ嬉しくて、
体の深いとこにポッと灯がともるような気持ちになるのです。

病気だとわかった時、ムコちゃんは家族に寄せる想いを
とてもムコちゃんらしい表現で言いました。

「病気って知らされたとき、私をとりまくいろんな物や人や欲とかが
大きなフルイにかけられて、それがパラパラ落ちていって
最後にぽつんとユウスケくんとアビ君だけが残っとったと。
あぁ、私が守りたいのはそれだけなんやって……
そのイメージだけがはっきり頭に浮かんで、本当に大切なものがわかったとよ」

生まれた時は他人同士だったはずなのに
巡り巡って、ようやく出会って、家族になって
ぶつかったり、いたわりあったりを繰り返しながら絆《きずな》を深めて

やがて体が消えてしまっても、こうしていつも側にいてくれる。

家族ってすごいな。

アビ君、家族ってすごいぞ！

オクムラユウスケが歌い叫ぶ言葉は、いつしか意味を超えた鼓動になっていた。

生きてるっ　生きてるっ　生きてるっ　生きてるっ！
やったぁ　やったぁ　やったぁ　やったぁ！

激しくかき鳴らされている古いギブソンのギターは奥さんの形見の品だ。

生きてる勃《た》ってる　生きてる勃《た》ってる！
（生きてる勃ってる　生きてる勃ってる！）

鼓動が生むバイブレーション。誰からともなく観客も歌い出し、それは波紋のように広がって大きくなった。

やったぁ　やったぁ　やったぁ　やったぁ！
（やったぁ　やったぁ　やったぁ　やったぁ！）

オクムラユウスケがギターをかなぐり捨てた。そして両腕をぶんぶんに振り回しながら歌い叫んだ。生きてるチンチン。勃ってるチンチン。マイクスタンドがなぎ倒され、オクムラユウスケは足元のバランスを崩した。生きてる勃ってる。生きてる勃ってる。オクムラユウスケがフロアになだれ込んできて、体育座りをした観客の中を進んでいく。生きてるチンチン。勃ってるチンチン。歌い叫びながらフロアの中心まで到達すると、立ち上がって手拍子をする観客と合唱し始めた。やったぁ生きてる。やったぁ生きてる。フロアに客電がついた。三列目に座ったまま後ろを振り返って見ている僕は、その客電に照らされたオクムラユウスケの姿に、ただただ圧倒されている。やったぁチンチン。やったぁ生きてる――。

ふらふらになったオクムラユウスケは、よろよろと這うようにしてサブステージに戻ると、仰向けに寝たままギターをかき鳴らして曲を終えた。巻き起こる拍手と嬌声の中、芋虫のように横たわってなかなか動けないでいる。

「……」

それでもオクムラユウスケは、ノックアウト寸前のボクサーみたいに立ち上がり始めた。荒い息をしながらギターストラップを肩にかけ、倒れていたマイクスタンドをなんとか元通りに直すと、それを支えにして息を整えた。

オクムラユウスケが声を絞り出してたずねる。

「——生きてるかぁ？」

嬌声。嬌声。嬌声。嬌声。

握りしめたマイクスタンドに身をゆだね、ぐったりと下を向いたオクムラユウスケが歯を食いしばって震えている。嬌声。

「……」

オクムラユウスケは顔を上げることなく、黒い床に向かって大声で叫んだ。

「——生きてる時間がみんな一緒だと思うなよ、この野郎っ!!!」

フロアに一瞬、電流のようなものが走った。

＊

ボギーくんはかつて僕にこんなことを話してくれたことがある。

「白い紙に白い皿を描こうとすれば、影を描くしかない。その白い皿をもっと白く見せたければ、影をより濃く描くしかない――」

ラストチューンの「動物大図鑑」が始まった。

君からもらった　別れの手紙
破いて食べたぁ
メェー！　メェー！　メェー！　俺はヤギっ！

ボギーくんのしてくれた話がよみがえってくる。

「ユウスケと俺は、子どものころから『陰と陽』みたいに言われてて。俺はどこにおっても中心になって大騒ぎするガキ大将タイプやったけど、弟のユウスケは少し暗い感じのする大人しいタイプで、ちょっといじめられたりもしとった」

気味が悪いと　唾を吐かれたぁ
その唾飲んだぁ
モォー！　モォー！　モォー！　俺はウシっ！

「中学に上がってからは、おたがい口もきかんくなって、会話といえば『少年ジャンプ買った？』ぐらい。そういう時期がけっこう長かった。それが変わったのは、俺が『照和《しょうわ》』っていうライブハウスにレギュラー出演するようになって、しばらくたってからですよ。ユウスケが俺に聞いてきたんですよね。『ねえボギー。照和に出るには、どうすればいいと？』って。そっからは兄弟というより、音楽の仲間みたいな関係になって――だから音楽やってなかったら、俺たち兄弟は今でもバラバラのままやったと思う」

悔しくてぇ　悔しくてぇ
声あげ泣いたぁ
ブゥー！　ブゥー！　ブゥー！　俺はブタっ！

「でも俺が実家を出たあとぐらいのころから、ユウスケはだんだん荒れるようになってしまって。たまに実家帰ると、二階の部屋から叫び声が聞こえてきたり、床をガンガン踏みならす音がしたり。正直怖くて近寄れんかった。壁とかボコボコに穴あいとったし。そういうことがあって、どうしたんかなって思いよったら、音楽も仲間も家族もみんな捨てて、ある日突然失踪してしまった」

お前の首に腕を巻きつけ
絞め殺してやった！
シャーッ！　シャーッ！　シャーッ！　俺はヘビっっ！

「だから京都でムコちゃんに出会えたのは本当に奇跡みたいな出来事で、ムコちゃんがおらんかったら今のユウスケは多分ないと思う」

うちに帰って　パンツを脱いで
シゴいて眠ったぁ
ああっ！　ああっ！　ああっ！　俺はっっ?!

「ムコちゃんが亡くなったとき、ユウスケはもう立ち直れんくなるんやないかなって心配やった。気丈には振る舞っとったけど、ムコちゃんはユウスケの最大の理解者やったし、結婚して、子どもも授かって、幸せ一杯で、本当に『さあ、これから』っていうときやったから。これからのことを考えるにしても、まだ小さい子どもを男手ひとつで育てていくことになるわけやし――」

メェー！　メェー！　メェー！
モォー！　モォー！　モォー！

「でもそんなときやからこそ、俺はユウスケに音楽をやってほしかった。『チンロック』のステージに立ってほしかった」

ブゥー　ブゥー　シャーッ　シャーッ
あぁっ！　あぁっ！　あぁっ！　俺って何っっっ?!

圧倒的な密度を持つ二十五分の演奏が終わった。サブステージの照明が落ちる。それでも満場の拍手は手拍子になってやまない。

「もっとやれーっ！」

観客は薄闇の中にいるオクムラユウスケに、強く激しくアンコールを求めた。

オクムラユウスケが後ろを振り向く。ＤＪブースで一部始終を見ていたボギーくんが笑顔でうなずく。

ピンスポットが再点灯して、大きな歓声が湧いた。

「……なんにも用意してないんですが……」

マイクスタンドをぐっと下げ、オクムラユウスケはステージにあぐらをかき始めた。

「……欲しがるのう」

フロアが笑いに包まれた。

「じゃあ……やる予定、なかったんすけど……」

ひざにギターを抱えたオクムラユウスケが、少しためらうようにして言った。

「ちょっと新曲を……『ゆめのつづき』という曲を……」

オクムラユウスケがギターの弦をそっと爪弾《つまび》き始めた。ゆっくりとした旋律が、アルペジオで奏でられていく。静かで、どこか哀しい響きを持つ旋律だ。

オクムラユウスケは目を閉じて歌い出した。

ウサギは土の中　重たい石の下
始まりも終わりも目を伏せたまま
ただ　小さな奇跡がひとつ
生まれたことだけを知っている

飼い主を忘れた猫も
今日はじっとして動かない
その小さな頭の中で
愛された記憶を辿《たど》っている

切々と歌うオクムラユウスケの姿に、多くの観客が何かを感じ始めている。事情を知る者は、この新曲が何を歌っている歌なのか、もうはっきりわかっている。
オクムラユウスケの声が、むせぶように震え始めた。

ただ続くだけでいい
漂うだけの空気
そこだけが温かくて
それだけで……　そのままで……

すすり泣く声と流れる涙の気配がフロアに広がっていく。

ランラン　ラーララ　ラーラ　ラン
ラーラ　ラララ　ラララ……

僕の揺らいでいる瞳には、メリーゴーラウンドの木馬に乗った家族三人の姿が見える。
それは白いもやのかかった夢の世界でゆっくりと回転している。三人の乗った木馬は静かに上下しながら僕の前を通り過ぎると、まぼろしのように視界から消えていった。
静まりかえった「ブードゥーラウンジ」に、アビくんの「ママ」という声が小さく響く。
オクムラユウスケの顔がゆがんだ。

ただ続くだけでいい
漂うだけの空気
そこだけが……温かくて
それ……だけで……　その……ままで……

かすれ始めた声に、もう歌詞がうまく乗らない。それでも歌い続けるオクムラユウスケの姿に、僕らは本来見えるはずのないこころの色を見て共鳴している。

あぁ　果てぬ想いは　そこに宿るという
あぁ　宿る想いは　君に届くはず
そしていつかまた　日々が歌い出せば
あの日途切れた夢の　続きに帰る……

僕はもう涙をぬぐうのをあきらめた。

ラン……　ラン……　ラララ　ラーララ　ラ

ラン　ラ　ラーラララ
ラララ　ララララ……

アルペジオが柔らかなストロークに変わった。ギブソンのアコースティックギターが温かな音を出して、演奏は静かに高まっていった。
Gのコードが鳴り響いて、オクムラユウスケのステージは終わった。

3

後日、オクムラユウスケのブログにこの日のことを記した文章がアップされた。

＊

なんだか拍手が鳴り止まないと思ったら、アンコールだった。

どうしようかと思ったけど、新曲「ゆめのつづき」を演奏した。
ムコちゃんのために作った曲。
アビくんが寝静まったあと、
毎日ムコちゃんと語り合うように曲を作り、歌っていた。

ほんとはセットリストに入れる予定だったけど
しめっぽくなるの嫌だったから演奏するのはやめようと思った。

けど、まさかのアンコール。

やっぱり想いは宿るし、ちゃんと届くんかな。
こういうかたちで歌うことができて、よかった。

歌ったというより、歌わせてもらったんだと思う。

曲に命が吹き込まれたような気がした。

ありがとう。

アビくんはお父ちゃんのライブをじっと静かに見てて最後の曲の途中で眠ってしまったらしい。

アビくんにとっては子守唄やったんかね。

ウィ・アー・ダイナマイト！

7

「紙芝居、鮫肌尻子っ！」

ミニのワンピースにゴーゴー・ブーツ。六〇年代ファッションに身を固めた「Ｏｈ！モーレツ！」ルックの女の子が、肉付きのいい太ももを丸出しにしてステージで吠えまくっている。彼女が抱えている赤いテスコの復刻版エレキギター・Ｋ－56は、グループサウンズ臭がプンプンに漂う昭和のデザインだ。チープでレトロでビザール。あちこち妙なところだらけのトチ狂ったギターなのだが、まあそんなことよりもだ。いま目の前で展開されているライブは、ちょっと目が離せないおもしろ状態になっている。

「『ブードゥーラウンジ』にお集まりのみなさま！　こんばんはぁぁ！　我々はぁ、ここ福岡からぁ、世界征服を目指して立ち上がった、ロックンロールな、四人組ですっ！」

歪《ひず》んだ演奏をバックに、一枚、そしてまた一枚。「鮫肌尻子」と名乗ったその女の子は、大判のスケッチブックに描かれたキッチュでカラフルな似顔絵をめくりながら、バンドメンバーを一人ずつ紹介しはじめた。

地獄のメガネギタリスト・アビー（ギター）。ライブハウスで出会った生意気な女・マンナミ（ドラム）。そして謎の結婚詐欺師・モクヘン（ベース）。

「そんな我々の名前は――」

スケッチブックがまた一枚めくられた。サイケな文字でデザインされたバンド名がドーンと目に飛び込んでくる。

「『鮫肌尻子とダイナマイト』だぁ！　さぁ、君も仲間にならないか?!」

スケッチブックがスカスカのフロアに投げ捨てられた。

「ワン、ツー、スリー、フォーッ！」

ハチャメチャな曲が始まった。


うっせえ！　だまれよ！　クソジジィ！

私は鮫肌尻子っ！

常識はずれのクレイジーガール！
今日も仲間とクレイジーパンク‼

世界征服をもくろむ鮫肌尻子は、しかし完全にテンパっていた。眉根《まゆね》に深い皺《しわ》を刻み、目と歯は剥《む》き出し。カエルのように開いた足をジタバタさせながら歌詞をがなっている。メロディーの概念は放棄。それは歌というよりゴリラの雄叫びに近い。かき鳴らされている愛器・テスコK－56もおかしな案配になっていて、そもそものチューニングが狂っているのか、それともコードの押さえ方が根本的に間違っているのか、ハズれまくったゲバゲバな音を吐き出している。

ウィー・アー・ダイナマイト！
ウィー・アー・ダイナマイト！

女性ドラマー・マンナミもどうやらテンパっているようだ。目つきの悪いカラクリ人形のような顔で、バカスカドンドンと落ち着きのないリズムを力まかせに刻んでいる。この二人の女性メンバーは、誰がどう見ても楽器を始めたばかりの初心者だろう。青い衝動に突き動かされ、そのがむしゃらさだけでステージに立っている。

ウィー・アー・ダイナマイト！
ウィー・アー・ダイナマイト！

演奏はグチャグチャのカオスだった。もはや修正不可能と見たのだろう。リードギターの地獄メガネがシビレを切らして大暴れを始めた。マイクを口に咥《くわ》えたまま、ステージから脱走。客の少ないフロアを走り回りながら爆音を鳴らし、スライディングなどをかましている。マイクを吐き出し、客を睨《ね》めつけ、血まみれになった歯茎をヌメヌメ露出させながらレロレロ舌を出している。ある

いはフロアに並べられていたテーブルに飛び乗って、生白い尻をぷりぷり振っている。


私の時代が始まるっ！

一緒にやるのはこいつら！

復讐劇を　始めるぞっ！


二〇一三年のことである。活動を始めたばかりの「鮫肌尻子とダイナマイト」は、およそこんな感じのバンドだった。何はともあれ、頭のいかれたグループがまた誕生して、「ブードゥーラウンジ」はますますおもしろい場所になってきた、というわけだ。


誕生といえばもうひとつ、この年の五月におめでたいことがあった。

ボギー家に子どもが生まれたのだ（奇遇にも、誕生日は僕と同じ日だった）。三人目にして初めてとなる女の子は、「今《いま》ちゃん」と名づけられた。素敵な名前だ。紙おむつを山ほど抱えてさっそくお祝いに出向くと、小さなベビーベッドに寝かされた今ちゃんは、びっくりするぐらい整った顔立ちの赤ちゃんだった。

「かわいい！　この子、かわいい！　かわいいよ！」

正直な感想は大抵バカみたいな言葉の連続である。ボギーくんはその感想に「そうすかねぇ……」と照れまくっていた。「病院で見たよその家の女の子より……ちょっと……ちょっとかわいいかなとは思ったんですけど……」とかなんとか、まんざらでもない様子だ。やっぱりそうやって比べてしまうものなのだろう。子どものいない僕にもその気持ちはなんとなくわかる。

だが、そう喜んでばかりもいられないようだった。出産・育児にはお金がたくさんかかる。三人の子持ちになったバンドマンはそれなりの覚悟を持って、よりシビアに生活と向き合わなければ生きていけない。

ボギーくんはツテをたどり、日銭の稼げそうなライブを山ほど入れるようになっていた。テレビ局のバイトも入れられるだけ入れて、ほぼ休みゼロで働いている。奥さんがパートに出られなくなった今、一家の命運はボギーくん一人にかかっている。「貯金残高が五万円しかなくて、さすがにあせった」とボギーくんは笑っていた。

「俺、長男のモンドが生まれるときに、実は一度だけ、ちゃんと就職しようと思ったことがあったんすよ。奥さんのベイビーには『三十歳までに芽が出なければ音楽はやめる』って言ってあったし、ちょうどそのタイムリミットやったし……」

ボギーくんは今ちゃんのおむつを換えながら、そんなことを言い出した。

「そんで就職情報誌を生まれて初めて買って、最初のページから最後のページまで、一日かけて全部じっくり読んだんです。ずいぶんいろんな仕事があってびっくりしたけど、でも、ひとつとしてやりたいと思える仕事は載ってなかった。そんとき、音楽でメシを食うってどういうことなのか、家族を養っていくってどういうことなのか、初めて本気で考えたような気がする」

台所で野菜を刻む音がしている。冷蔵庫から新たな食材が取り出され、扉が閉められた。卵を割ってかき混ぜる音。ガスコンロに火がつけられる音。それは確かな生活の音だ。

「俺、いろいろ考えた末に、ベイビーに言ったんすよ。『ごめん。音楽はやめれん』って。やっぱり音楽が俺の仕事なんやし、その仕事だけで食えんのやったら、皿洗いでもなんでもして働いて、生活できるだけのお金はちゃんと稼ぐけんって」

モンドくんとテンセイくんの二人は、テレビの前に座って『ドラえもん』のアニメを熱心に鑑賞中だ。のび太とジャイアンがまた揉《も》めていて、それは毎度おなじみの展開になるのだろう。おむつの交換を終えたボギーくんは、ロンパースのスナップボタンを留めている。育児も三人目ともなると、手慣れていて無駄がない。

「そんで俺、『ブードゥー』に行ってみたんすよ。カツさんっていう当時の店長に事情を話して、『雑用でもなんでもするんで、なんか俺に仕事をもらえませんか?』って。そしたらカツさんが『それやったらボギー、平日のブッキングしてくれん？』って仕事世話してくれて。そっから『ラウンジサウンズ』っていう企画が始まっていくんすよね」

そういえば——とボギーくんは立ち上がって自分の部屋に入っていった。ボギーくんの部屋は居間のすぐ隣にある。ガラスの入った引き戸は開けっ放しで、部屋は丸見え状態だ。六畳間には大量の物が詰め込んであり、ごちゃごちゃに散らかっていた。床にも物が散乱していて、文字通り足の踏み場もない。

赤い表紙のついたクリアファイルを手に、ボギーくんが部屋から出てきた。

「これ、モンドが最近描いてる絵です」

ファイルされていたのは著名人の似顔絵だった。北島三郎、内田裕也、マイケル・ジャクソン。似顔絵はどれもA４のコピー用紙にサインペンで描かれていた。

不思議でおもしろい絵だった。デッサンは狂っているのだが、特徴はきちんと押さえられている。下書きのない一発勝負の描線には迷いがなく、どこかユーモラスだ。それは子どもの絵というより、ポップアートに近いテイストだった。それにしても人選がかなり変だ。岡本太郎、ジャック・ニコルソン、キャプテン・ビーフハート、灰野敬二。どう考えても小学生が選んで描くような人物ではない。

「お題は俺が出してるんすよ。モンドは誰だかわからない人の似顔絵を毎日描いてる」

ボギーくんはそれを「大喜利」と呼んでおもしろがっていた。

2

「あたしがなんで『漢方先生』と呼ばれるようになったか、まあそれはね、話せば長くなるけれども、クラスメイトがあたしのこと見て『あんた、漢方に詳しそうな顔しとるね』とか言うもんやけんさ。まあそっからよね、みんなが漢方、漢方って、あたしのこと呼ぶようになったんは。でもあたし、漢方のことなんかホントひとっつも詳しくないし、普通の人は知らんやろ。知っとる？　知らんよね。なのによ、『ずっと下痢が続いてるんですけど、どんな薬を飲めばいいですか？』とか真顔で聞かれてもさ、『早く病院に行ってください』としか返しようがないし、それでがっかりされてもよ、あたし知らんて！」

漢方先生と初めて言葉を交わしたのも、この年のことだった。場所はボギーくんの家で、その日行われた「セレブのつどい」という名の飲み会は、参加条件が「仮面をつけてくること」だった。遅れてやって来た漢方先生は、シャイで人見知りをするタイプらしく、はじめはしおらしくしていたが、それもアルコールが回るまでの話で、ひとたび酔っ払ってしまえば果てしなく陽気になり、人懐っこくなっていった。

「あ……つけまつげ、かたっぽ取れた……ま、いいか、いいね。飲も飲も！　飲んで忘れよう！　ん、飲めん？　うそー、うそやん、めっちゃ飲めそうな顔しとるのにぃ！」

そうして漢方先生は酔えば酔うほどおもしろくなっていった。とろとろになった大きな目が半分まぶたにかくれ、肉厚のくちびるが半開きになるころになると、ひとまわり大きくなった鼻の穴に極細の紙縒《こよ》りをコチョコチョ入れられて、「あっあっ、んあああああっ」などと悶絶《もんぜつ》していた。

「ああ、またお嫁に行きそびれるぅ！」

その日の「セレブのつどい」には、武闘派のにおいを漂わせた用心棒風の男も来ていた。レスラーのような体つきをしていて、髪は地肌が見えるほど短く刈り込まれている。浅黒い肌。鋭いまなざし。その名もチカラくんである。

チカラくんはやって来るなり缶ビールを一気に飲み干すと、「よぉし！」と準備を始めた。持参したクーラーボックスの中から、サーモンのマリネ、生ハム、ホタテ貝の刺身などを次々に取り出してテーブルに並べていく。

「さあ、ガンガン食ってくれ！　そのへんの店より断然うまいぜ！」

チカラくんは美食の用心棒だった。特殊なルートを使ってとびっきりの食材を手に入れることができるらしく、「これも食ってくれ」と給仕にいとまがない。しまいには「ボギー、台所借りるぞ」と料理を始め、Ａ５ランクの和牛をレアで焼いたステーキまで振る舞った。

そんなチカラくんのことを、ボギーくんは「ああ、肉神様《にくがみ》！」と拝んでいた。

その漢方先生は、ソロ活動と並行するかたちで「漢方先生」というバンドもやっていた。バンド版・漢方先生でギターを担当しているのが、肉神様のチカラくんだ。

「ほら、演奏はじめるよぉ！　みんな前おいで前！　今夜はポロリがあるかもよ！」

漢方先生はダイナマイトボディの持ち主だ。ドッジボールを半分に割ったような両の乳房が、陰影に富んだ深い谷間を胸元に刻んで揺れている。横揺れ、縦揺れ、ななめ揺れ。その暴れ乳の表面には蝶のリン粉のようなラメが薄く塗られていて、毛穴から汗が噴き出すころになると、「ブードゥーラウンジ」に昭和ブルージーなフェロモンが漂うことになる。

あたしの名前は誰も知らないの
あたしの名前は誰もしらない

声量もダイナマイトだ。パンチが強くてよく伸びる。バンドの生命線はその太い歌声で、演奏に活力とソウルをたたき込む。照明がステージを赤く染めれば、そこはもう場末のキャバレーだ。生まれる時代を間違えた歌姫が、ド派手な振り袖をびらびらに乱しながら、まるで闘魚のように歌い踊る。

かぶっていた山高帽が振り落とされ、赤毛のウイッグも弾け

て飛んだ。そこにチカラくんの弾くフェンダー・ストラトキャスター・ブラッキーがブーストして吠え出す。特殊な回路が組み込まれたエリック・クラプトンモデルは、漢方先生の歌声同様、野太い音がよく伸びる。プログレにも、ハードロックにも、歌謡曲にも通じているサウンド。血肉化されたものはその遺伝子解析がもう難しい。

ステージ前方に陣取った女性ファンたちが、どさくさに紛れて漢方先生の乳を揉んでいた。何か御利益があるのかもしれないが、もしそうだとしたら漢方先生は乳神《ちちがみ》様だ。

3

「あなたたちは、ロックンロールが嫌いなんですかっ?」

ザ・ボットンズのふーくんがマイクをつかんで観客を挑発している。

「どうなんですかっ?」

観客はしらけきった態度でそれを無視している。

「どうやら聞こえてないようですねっ！　音が小さいですかっっっ？」

どうもこのライブハウスに集まっている人々は、ザ・ボットンズのことがお気に召さないらしい。笛吹けど踊らず。馬の耳に念仏。壁にもたれて座り込んでいる連中は、一曲も聴かないうちからスマホいじりにご執心である。「ブードゥーラウンジ」では無敵のザ・ボットンズも、このライブハウスでは完全に雑魚《ざこ》扱いだ。

「あんたたちは――」

ふーくんはアンプのボリュームを全開にした。

「どうせ俺たちのことが嫌いなんだろうっっ？」

ふーくんの黒いフェンダー・テレキャスター・カスタムは、これで出力最大になった。

ふーくんが上げれば、キラくんも上げる。二人が上げれば、ヘドロくんも上げる。スマホをいじってシカトを決め込む連中はおそらく何も知らないのだ。

いいかい。きみたちの耳は、お目当てのバンドが出てくる前にまともな聴力を奪われることになる。ザ・ボットンズの爆音は柔《やわ》じゃない。鼓膜の奥までびりびりに腫れ上がって、二日たっても耳鳴りはやまないだろう。

ふーくんの目は殺気に満ちていた。テレキャスター・カスタムも、すでにピーピーガーガー、駄々っ子のようにハウリングを起こし始めている。キレたザ・ボットンズ。完全アウェイ状態のザ・ボットンズ。「ブードゥーラウンジ」ではなかなか見ることができないステージが始まりそうだった。
「おいお前らぁ！　お前らのお望み通り、今からクソみたいな演奏すっから、気にくわないヤツはさっさと帰れっ！　ほんじゃいくでえ、ワン、ツー、スリー、フォーッ！」

おれたちゃそこらの犬（イヌっっ！）
わけあって誰かに捨てられた犬
おれたちゃそこらの犬（イヌっっ！）
あんたの残飯がおれの主食っ！

「犬・ダニ」が始まった。彼らのレパートリー中、もっとも高速のナンバーだ。

あんたに付いてる立派な血統書なんか
おれには関係ない
ケツ拭く紙にもなりはしない
何故ならば　おれたちゃ犬だから　犬だから

ケツは拭かずに　舐《な》めるもの

かつてブーツィー・コリンズは「なぜ、そんな大きな音でベースを弾くのですか？」という質問にこう答えた。「それはね、さびしいからだよ」と。そうかもしれないと僕は思う。捨てられた子猫は喉がかれるまで大きな声で鳴き叫ぶ。暴走族の改造バイクはけたたましい音を立てて夜を切り裂く。それでどうなるわけでもないのだろうが、そうでもしないとどうにもやりきれないものを根源的に抱えてしまったヤツが、この世の中にはいるのだ。

ザ・ボットンズは、誰よりもでかい音で演奏するロックバンドだ。彼らはかつて炭坑で栄えた街、田川からやってきた。今はもうなにもない街。生活保護の受給者が日本一多いと噂《うわさ》されている街。パチンコに負けた客が大型トラックで店に突っ込んでいく街。ボタと呼ばれる石炭にもなれなかったクズが、巨大な山となって遺跡のように残る街。

この日のザ・ボットンズは焦《じ》れてひりひりしていた。どれだけやっても手応えのない連中に手を焼き、最後の最後までケンカを売り続けた。結局、不完全燃焼のままステージを降りたが、そんな不器用な真似しかできないザ・ボットンズが僕は好きだ。

4

この年のボギーくんは、『ボギーのネバー・エンディング・ライブ』と題したツアーを企画し、頻繁に出稼ぎに出ていた。どこかの街からお呼びがかかれば、その近辺に住む知り合いに声をかけ、ライブの数をどんどん増やして一週間ほどのツアーに仕立てていく。そうして全国を回っていた。

音楽でメシを食おうと思えば、精神的にも肉体的にもタフでなければ務まらない。CDやTシャツといった物販品をキャリーバッグにたくさん詰め、ときおりコインランドリーで洗濯をしながら日銭を稼いで積み上げていく。寝泊まりは知り合いの家でゴロ寝だ。そうして宿泊にかかるお金を浮かせながら、次の街へと駒を進めていく。

そこには多少の図々しさも必要だろう。もちろん、愛嬌はもっと必要になる。神経質で薄暗い顔をした者や、ただ図々しいだけの輩《やから》を泊めたいと思う人間はまずいない。けれどなにより大事なのは人の縁だ。そのつながりがなければ、そもそもツアーなど組めないし、ひと肌脱ごうという人間だって現れやしない。

　ボギーくんはその点において、傑出した才能を持っていた。どこの街に行っても歓迎され、そこでまた新たな縁を自然に結んで、気がつけば世界をひと回り大きくして帰ってくる。そうやって築いていくボギーくんの人間関係は、どこか車寅次郎的というか、ビジネスや損得を超えた情の世界に根を下ろしていた。街に人と人の結び目ができれば、そこには温もりが生まれ、知らなかったはずの街が、もう知らない街ではなくなっていく。

　何はともあれ、ボギーくんには今、お金が必要だった。子育てに奮闘し、身を粉《こ》にして働く。ボギーくんの「お父ちゃん」としての姿は、とてもたくましくてまぶしかった。そのまぶしさが「食べていく」ということなのかもしれなかった。

　僕はボギーくんと何度かまじめに話をしたことがある。フリーの編集者とミュージシャン。職種は違っても、おのれの腕一本、才覚ひとつで生活していることにそう違いはない。それは胸を張っていい生き方のひとつだろう。けれど僕はこのころ、仕事がうまくいってなかったし、もっとはっきり言ってしまえば完全に干されていた。そのことで忸怩《じくじ》たる気持ちというか、これからどうしていくのかとか、いろいろ思うこともあって、だんだん胸も張れなくなってきていた。

「二十代の終わりのころは」と、ボギーくんは僕に言った。

「とにかく結果が欲しくて、あせってました」

そして今に至るまでの話をこんなふうに話してくれた。


「ナンバーガールとパニックスマイルが上京して——まあ、パニックスマイルはメジャーとは契約せんかったけど、次に誰が福岡からメジャーに行くかみたいな話が出ると、それは間違いなく『ノントロッポとフォークイナフ』って言われてた時期があったんすよね。もちろん俺もメンバーもそういうつもりでおったし、とにかく音楽一本で一日も早く食っていきたかったから、そのころはどうやったらデビューできるか、そのことで頭がいっぱいで、東京に乗り込んで行く気も満々やった。

そんで準メジャーみたいなところからアルバム二枚出して、いよいよ次はメジャーだってとこまで来たときに、バンドが空中分解するんすよ。まずは海外でデビューして、逆輸入的に国内デビューみたいな、そんないい計画もあったんすけどね。そのプロデューサーと俺の間で意見が全然合わんくて。まあそれが引き金になって、結局は全部パーです」

ベーシストとドラマーはバンドから去っていった。

「真剣やったから、当時はすっごい落ち込んだりしたけど、でも俺、あんときデビューせんでよかったって、今は思うんすよ。仮にあのままデビューできとっても、自分の納得いかん形でやり続けとったら、遅かれ早かれ同じことが起きたやろうし、もしそうなっとったら傷が深すぎて、もう音楽やめとったかもしれん」

目標と目的は違うと思った、とボギーくんは言った。

「いったい何のために音楽やっとるか。確かにメジャーでデビューすることは目標やったけど、それが目的になってしまったら、その一番大事なところがおかしくなるんすよ。音楽でメシが食いたいから、言われたとおりになんでもやりますになったら、確かにメシは食えるようになるかもしれんけど、その時点でそういう音楽はもう自分の『やりたいこと』じゃなくなってしまうわけでしょ。俺にとって音楽は何よりも『やりたいこと』やし、その『やりたいこと』を『自分のやり方で続けていくこと』の方が、メジャーどうこうよりも大事なことなんやないかって。そんな風に考えが変わっていったんすよね」

僕はさっきから静かにうなずいてばかりだ。

「今、全国あちこち回りながら、いろんなとこで歌わせてもらいよるけど、そういうとこでおもしろい人たちと知り合って、酒飲んで意気投合して、『ボギー、今度来るときはうちでも歌ってよ！』とか『なんか一緒に楽しいことしようや！』とか、そんな話から広がっていくことの中に、すごいおもしろいことや大事なことがいっぱいあって。やっぱ、人なんすよね。おもしろい人とのつながりの中から、おもしろいことは生まれていくんですよ。不思議なことに、最初からビジネスありきの人だと、なぜかおもしろいことにはならんし、つながりも生まれん。長い付き合いにもならんっていうか……うん」

ボギーくんはなんだか僕のずっと前を歩いているようだった。

ボギーくんとそんな話をすると、僕は決まってつらつらと考えをめぐらせることになった。人の懐《ふところ》にすっと飛び込んでいくボギーくんのあの感じ。何事にも寛容で壁を作らない大らかさ。見ているだけで周りも元気にしていくようなバイタリティー。転んでも引きずらず、笑いながら前に進もうとするエネルギー。僕にもかつてあったはずのそうしたものが、いつのまにか僕の中から失せているように思えて仕方なかった。

(それとも、そんなものは最初から持ち合わせていなかったのだろうか——)

僕はなんだか導火線も雷管もなくしたダイナマイトのような気持ちになっていた。どんなに火薬が詰まっていても、これじゃあ爆発のしようがないし、その火薬だってとうに湿《しっ》気《け》てしまっているのかもしれなかった。

そうした薄暗い気持ちになる一方で、まだパチンと火花が散る場所があるのも確かなことだった。このまま終わってたまるかという気持ちが、僕のどこかに眠っているのかもしれない。火花は振り子が揺れるたびにパチン、パチンと散って、僕の目を覚まさせる。

僕はときどき「ブードゥーラウンジ」の片隅でこんなことを思うことがある。客の数よりもステージに上がる人間の数の方が多い、そんなさびしい夜などにだ。どれだけ活動を続けても報われることのない人たちは、いったいどうやって折れずにやっているのだろう。安い出演料しかもらえず、それどころか、客が呼べなければノルマを払わなければいけなくなるというのに、それでも音楽を続けようというモチベーションはどこから来るのだろう。事実、自分に見切りをつけてやめていく人間だって少なくないのだ。やめる人間と続ける人間。それを分けるのは単純に音楽への愛情の濃さ薄さの問題なのだろうか。それとも生き方の問題なのだろうか。お金のためじゃないというのなら、じゃあなんのためにやっているのだろう。どんな人間にも表現欲求というものがあるにせよ、そうまでして見せたいと思う気持ちはいったいどこから生まれてくるのだろう。存在証明だろうか。生き甲斐だろうか。承認欲求だろうか。誰かが「君の歌はいいよ」と言ってくれるからだろうか。それが気持ちいいからだろうか。それとも、もう引っ込みがつかないという意地みたいなものだろうか。もしそれが意地だとしたら、それはなんのために張らなければいけない意地なのだろうか。あるいは、いろいろ揺れる中でまだ火花がパチンと散っているからだろうか。

どれも正解のような気がするし、どれもまた不正解のような気がする。あるいはそんなことを頭に浮かべている時点で、すでに大間違いなのかもしれなかった。

客が入らない日の「ブードゥーラウンジ」は、ひんやりとして静かだった。

5

ボギーくんがまたおもしろいことを始めた。

モンドくんが日課として一日一枚描いている著名人の似顔絵が、「あまりにおもしろすぎるから」と、専用のブログを開設して公開したのである。

『モンド今日の絵』と題されたブログは毎日更新された。失敗作だろうが何だろうが、ボギーくんはかまわずアップしていく。早く遊びに行きたかったのか、著しく集中力を欠いた似顔絵もあったし、色気のある女性の似顔絵はうまく描けないという致命的な弱点もあった。でもそれが十歳という少年のリアリティだろう。とにかく、親子の大喜利的なやりとりから生まれる作品が次第に増えていくさまは、もうそれだけでおもしろかった。

「キャンバスにハナクソを一個くっつけただけでは、それはただの汚いハナクソにしか過ぎん。やけど、毎日一個ずつ、一年三百六十五日ハナクソをくっつけ続けたら、そのキャンバスはきっと立派なアート作品になると思う」

ボギーくんの言う通りかもしれなかった。数が揃《そろ》ってくるにつれ、『モンド今日の絵』には固有の世界が立ち上がってきた。

モンドくんの描く似顔絵は、たとえそれが誰であろうとまったく容赦がなかったのだ。目尻のしわやほうれい線は、それが見えている限り間違いなく描かれていたし、ホクロはホクロとして、シミはシミとして、きっちり描かれていた。そこにはお世辞や忖度《そんたく》もない代わりに、悪ふざけ的な誇張もなかった。

ただありのままを淡々と描く。それがモンドくんのスタイルだった。

「これ、絵はがきとかTシャツにしたら絶対売れるよ！」

そんな話でボギーくんと盛り上がっていた矢先のことである。

モンドくんに取材の依頼があった。

取材を申し込んで来たのは都築響一さんだった。「ロードサイダーズ・ウィークリー」という有料メールマガジンを主宰している都築さんは、まだ誰もその魅力や値打ちに気づいていないカルチャーやアート作品を紹介することに長《た》けた著名な編集者で、世界を股にかけて取材することでも知られていた。アンテナの感度は抜群で、その守備範囲も広かった。都築さんの視点で語られると、ものごとは新しい価値を帯びて輝くようになる。影響力も強かった。つまり「ロードサイダーズ・ウィークリー」に取り上げられることは、モンドくんの似顔絵が、今までとは規模も様子も違う形で広がっていくことを意味していた。

*

それからわずかひと月後のことである。長いこと鳴かず飛ばずだった僕にも、弾みのつくような話が飛び込んできた。

「雑誌を作ってくれないか？」というオファーが舞い込んだのだ。

話をくれたのは、「宅老所よりあい」という小さな介護施設だった。

「介護の話とかそげなんはどうでもいい。あんたが見ておもしろいと思ったことだけを雑誌にしてくれたらそれでよか。あたしはあんたが作る『よりあい』の雑誌ば読んでみたい」

下村恵美子という人物が僕を呼んでそう言ったのだ。

この下村恵美子なる人物が立ち上げた「宅老所よりあい」という施設は、とにかく変わった介護施設だった。あちこちで問題を起こし、「うちではちょっと……」と放り出されるような要介護老人たちを（好きこのんで……なのかどうかは知らないが）積極的に引き受ける。当然のことながらまったく言うことを聞かないぼけ老人だらけになるわけだが、「これが人間ちゅうもんばい！」とおもしろがり、そこで巻き起こるドタバタにとことん付き合う。まあ、介護施設というより「ぼけた老人パンクス」のつどう「ライブハウス」だと思ってもらった方がイメージとしては近いかもしれない。そんな施設だからだろう。働いている職員も変わり者やはみだし者が多かった。

僕はひょんなことからこの「よりあい」に出入りするようになり、完全に巻き込まれるような形で、伸《の》るか反《そ》るかの大バクチにいつしか付き合うようになっていた。「よりあい」は「日本一貧乏」を自称している介護施設だ。そんなお金のない施設が、総額三億円もかかるような老人ホームを新設しようとしていたのである。下村恵美子はこともあろうに、その建築資金を「みんなで集めよう」と言い出した。大規模なバザーをやり、ジャムを手作りして販売し、東に町内の夏祭りがあると聞けば光るおもちゃを子どもに売りつけ、西に催しがあると聞けば焼きそばの屋台を出し、寄付を募るためにあちこち頭を下げて回ってお金を作る。僕はそのなりふりかまわない資金集めの手伝いをなぜかしていた。

下村恵美子は、「はみだし者」の親分みたいな人である。親分は言った。

「雑誌はみんなでバンバン売りさばいて建築資金の足しにする！　とにかくおもしろいもんば作るのがあんたの仕事！　どうね。やってくれるね？」

十年ぶりに雑誌が作れる。その喜びもさることながら、くさりかけていた僕に仕事を作ってくれたその気持ちにしびれていた。

やってやる。

雑誌を作るに当たって僕がまずやったことは、ボギーくんに相談することだった。

「ボギーくん。俺はこれから誰も見たことのない雑誌を作ろうと思っている。そこでボギーくんにお願いだ。モンドくんの絵を雑誌の表紙に、そして中面に、バンバン使わせてはもらえないだろうか？　たとえば、こんな感じで」

僕はあらかじめ作っておいた表紙のデザインラフを、ボギーくんの前に差し出した。

モンドくんの描いた宮崎駿の似顔絵の上に、『ヨレヨレ』という雑誌タイトルがでかでかと躍っている。破壊力は強烈だった。ボギーくんはひいひい言いながら笑っている。

「一応断っておくと、この雑誌には宮崎駿の『み』の字も出てこない」

当たり前だ。僕はスタジオジブリの雑誌を作るつもりなどない。

「もし宮崎駿に怒られたら、そのときはそのときだ。みんなでスタジオジブリに謝りにいって、それを特集記事にすればいい。ボギーくんも一緒にいこう！」

世界の見え方を変えていくのはいつだって「はみだし者」だ。僕の作る雑誌で、モンドくんの描く絵で、それができたら最高だ。

僕は久しぶりに高揚《こうよう》していた。

マザーファッカー

8

雑誌『ヨレヨレ』は二〇一三年十二月に完成した。

創刊号は初版三千部で定価が五百円。完売すれば六十万円の黒字を生む設計になっている。当面は手売りで売りさばき、その上がりはすべて建築資金に充填《じゅうてん》される仕組みだ。

問題は「三千部も売れるのか？」ということだ。僕の作った雑誌は、「宅老所よりあい」という小さな介護施設で起きたドタバタのみを扱った「何の役にも立たない雑誌」である。ぼけた老人がめちゃくちゃな会話をしているとか、職員同士がばかばかしいケンカをしているとか、強烈なおばちゃんたちの驚くべき生態とか、まあろくでもない話しか載っていない。真剣に介護を学びたい人は、絶対に読まない方がいい雑誌だろう。念のためにスタジオジブリには三冊贈呈しておいた。いろいろと怒られる気まんまんである。

不思議なことに下村恵美子は「こういうのば待っとった！」と大喜びで、身内の恥みたいな話しか載っていないこの雑誌を、さっそくあちこちに売りつけにいっていた。さすがは「はみだし者」の親分だ。僕もこうしてはいられない。行商だ。

完成した雑誌をボギーくんの家に届けると、思いがけないお誘いがあった。

「鹿子さん、年末に『40人弾き語り』っていうイベントを『ブードゥー』でやるんで、そこでこれ売りましょうよ！　モンドも似顔絵屋さんやるし、みんな酒飲んでバカになってるから絶対売れますよ！」

願ってもない話である。僕はバンドマンたちが自分のCDやTシャツをテーブルに並べて売っている姿をたびたび目にしてきた。それは農家の人々が自分で作った野菜を自分で売る姿にとても似ていた。CDが売れないとか、音楽は斜陽産業だとか、ニュースではいろいろ言われているけれど、そこでがっかりしているようでは道は何も開けない。音楽には音楽が鳴っている現場＝マーケットがちゃんとあるのだ。お客さんに「アルバムが出ました！　一枚いかがですか？」と声をかけ、買ってくれたお客さんとおしゃべりを交わす。そうした物の売り買いの姿に見え隠れする健全さと豊かさを、僕は彼らから教えてもらっていたような気がする。なにより、資本にたよらない独立独歩の姿勢と、自分でできることは自分でやるというＤＩＹ精神は、僕の目にまぶしく映っていた。

僕は「ブードゥーラウンジ」の片隅で、モンドくんと一緒に雑誌を売った。ちょっと照れくさくて、大きな声を出すことはできなかったけれど、持参した二十冊はあっという間に売れてしまった。ほとんどの人は、これがどういう雑誌なのか知らないで買ってくれたのだと思う。それでも僕はうれしかった。「ブードゥーラウンジ」にやってくる感度の高いお客さんなら、この雑誌のおもしろさや斬新さ、そしてスピリットはきっと伝わる。なんてったって僕が作った『ヨレヨレ』は「介護施設を舞台にしたロックンロールな雑誌」なのだ。

モンドくんの似顔絵屋さんも大盛況だった。投げ銭を入れる缶にお金がどんどん貯まっていく。モンドくんは気合いが入っていた。というのも「この日稼いだお金は、全額お小遣いにしていい」というお許しがボギーくんから出ていたからだ。僕らはいくらになったかを何度も計算してニヤニヤした。モンドくんは『ドラゴンボール』のカード集めにはまっていて、今日の稼ぎは全部それにつぎ込むつもりだという。自分の力で稼いだお金だ。欲しいものを欲しいだけ買えばいい。僕も似顔絵を描いてもらった。眉毛は相変わらずハの字形に下がっていて、総合的に言うと「なかなか情けない顔」をしていた。これが二〇一三年十二月の僕の姿というわけだ。僕は苦笑いしながら投げ銭を入れる缶に千円を投じた。

＊

やはりと言うべきか、モンドくんがブレイクするのにそう時間はかからなかった。パルコ出版から画集出版の話がきて、二〇一四年早々にはその制作プロジェクトもスタートした。春には京都、大阪、東京の三都市を巡る「モンドくんの似顔絵屋さんツアー」が企画され、ボギーくんとモンドくんの二人は旅行カバンを持って出かけていくことになった。京都は恵文社一乗寺店、大阪はスタンダードブックストア心斎橋店、東京は荻窪の6次元と渋谷のパルコ。

描きためていた似顔絵の展示と、似顔絵屋さんがセットになったこのミニツアーは評判になり、夏には画集『モンドくん』も無事完成した。同時進行的に全国放送のテレビや、新聞雑誌でたびたび取り上げられたこともあって、モンドくんはあっという間に広く一般に知られる存在になっていった。

「モンドの方が有名になってくやしい」

ボギーくんは半分冗談、半分本気でそんなことを言っていた。このまま息子の方がどんどん稼ぐようになったら、お父ちゃんの面目は確かに丸つぶれだ。身内に強力なライバルができたことで、ボギーくんの音楽活動はさらに旺盛になった。僕だってぼんやりしてはいられない。「モンドくんの似顔絵で雑誌が売れた」とか言われるようでは、編集者の沽《こ》券《けん》にかかわる。僕らはかなりムキになって、モンドくんの背中を追うようになっていた。

「まあ、君たちもがんばりたまえ」

モンドくんはそんな大人を尻目に、毎日淡々と似顔絵を描き続けていた。

2

ミチさんがフロア最前列で踊っている。ずんぐりと分厚いクマのような身体が跳ね、太い腕と足が豪快に躍動している。不規則にカールした天然パーマのもじゃもじゃ頭は、水をかぶったように濡れ、ところどころ地肌が見え始めている。

ダンス。ダンス。ダンス。齢《よわい》四十をとうに超えているのに、ミチさんのスタミナは無尽蔵だ。へたばっている姿を見たことがない。重い体重を支えるスニーカーの靴底は悲鳴を上げてつぶれ、飛び散った熱い汗がフロアの床に黒いシミを作っていく。ミチさんの踊りは自由だ。そして誰にも似ていない。それは心から音楽を愛する者が、音楽を浴びた喜びを全身で表す肉体のレスポンスだ。

バンドはそんなミチさんのダンスに触発され、演奏の温度をぐんと上げていく。むずむずと踊りたくなった観客が、ハイボールの入ったグラスを放置してフロアになだれ込む。それは「ブードゥーラウンジ」の日常的な光景のひとつであり、残されたグラスの中で氷が溶け崩れていく姿もまた、音楽が鳴る夜のひそやかなルーティーンである。

踊るミチさんがステージに引っぱり上げられ、マイクが手渡された。ミチさんのキャラクターは強烈だ。声量もこの上なくハイカロリーで、野太いシャウトはバンドのボーカリストを凌駕《りょうが》してしまうこともしばしばだ。今夜のステージもミチさん色に染まり出した。バンドはそうしてミチさんに食われていくことになるわけだが、異物が混入したバンドの演奏は、一期一会の高揚感を生んで「ブードゥーラウンジ」を震わせていく。

ダンス。ジャンプ。シャウト。毛穴から音楽を吸い込んだミチさんが、無敵状態になって輝いている。ステージ下でその雄姿に喝采を送るバンドマンたちは、ミチさんが生活費を削りながらライブハウスに通い続けていることをよく知っている。ミチさんは見たいバンドがあれば、それが週五、週六になろうとも音楽の鳴る場所に顔を出す。そしてたびたび終電を逃しては、街の片隅で一人、朝が来るのを待っている。特急電車でも片道一時間。ミチさんが住む大牟田《おおむた》は、天神からおよそ百キロ離れた場所にある。そんなミチさんにどれだけの数のバンドが陰ながら支えられ、また救われているかは、おそらく数値化できないことのひとつだろう。

目を引く常連のお客さんは他にもいる。

中でもひときわ異彩を放っているのが、ＰＡブースの右横でビデオカメラを回すおばちゃんだ。

まあ、おばちゃんといっても、たとえば鋲《びょう》つきの革ジャンを着ているとか、ヒールの高いブーツをはいているとか、毛髪がいろんな意味で爆発しているとか、そういう不良タイプのおばちゃんなら、ライブハウス界隈《かいわい》にはいくらでもいるし、別段珍しくもない。だが、このおばちゃんは近所のスーパーマーケットにママチャリで買い物に行くような格好で、醸し出している雰囲気も極めて善良。セックス・ドラッグ・ロックンロールの世界から遠く離れた、どちらかというと通学路で小学生を見守る「みどりのおばさん」タイプのおばちゃんなのである。推定年齢は六十代後半。ボギーくんがらみのライブイベント出現率は驚愕《きょうがく》の九割九分で、ほぼ完璧な「おっかけ」だ。右手に家庭用のハンディカメラを構え、出演バンドの全演奏をきっちり終演まで記録すると、あとは風のようなスピードで去っていく。

ある日の夜のことである。

僕はそのおばちゃんにとても丁寧な挨拶をされて、腰がくだけそうになった。

「いつも息子と孫が大変お世話になっております。ボギーの母でございます」

＊

「もうね、うちの母親はね、昔っから『集める』とか『まとめる』とかに対しての熱量が尋常じゃないんすよ。一度始めたら最後、とまらなくなる」

ボギーくんによると、どうもそういうことらしい。

たとえば印刷物に少し変わった図案やロゴマークを発見する。何かの拍子に「あら、なんかおもしろいじゃない！」と興味を持つ。興味を持ったから、とりあえず切り抜いてみる。その「とりあえず」が運のつきで、一度切り抜いてしまうと「あら、こっちにも！まあ、こっちにも！」と、見たことないものがどんどん出てくる。それがこの道の常であり、また始末に負えないところでもあるのだが、そうして収集と整理は次第にエスカレートしていくことになる。

それから幾星霜《いくせいそう》。ふと気がつけば「スクラップブックが山ほどできている」状態になるわけだが、特に使い道があるわけでもないため、そのスクラップブックの山を前に「一体これをどうしたものか」と当の本人が困り出す。しかし今さら何をきっかけにしてやめればいいのか、それもわからないものだから、「あら、こっちにも！ まあ、こっちにも！」はその後も続いて、いつしか無限の大事業になっている。

「それと同じことが起きていると思ってもらえればいいんすけど、『ヨコチンレーベル』を軸にしたここ二十年ぐらいの福岡音楽シーンの移り変わりは、うちの母親が撮影した映像で『ほぼ網羅されている』と言っても過言じゃないんすよ。うちの実家に来てもらえばわかるんですけど、母親が撮影して編集したビデオテープが壁一面、床から天井までびっしり、黒い要塞みたいになってそびえ立ってる部屋があるんすよね。で、ＤＶＤに焼くようになってからのヤツも、おそらくそれと同じぐらいの量は余裕であるわけですから、全部見返すのはもう不可能です」

その膨大なアーカイブの中には、「今となっては貴重な記録と呼べるお宝映像もたくさん含まれている」とボギーくんは言う。一度、ヨコチンレーベルから発表しようと試みたこともあったが、とても手に負えず早々に挫折、断念したらしい。

「まあそんぐらい映像の量がすごすぎるってことなんですけど、うちの母親がやってることはそれだけじゃないんすよ」

ボギーくんは「たとえば、こういうやつ」と、「ラウンジサウンズ」の月間スケジュールを手に取った。ボギーくんが毎月作って配布しているおなじみのチラシだ。

「俺が歌い出して以降、こういうチラシのたぐいは山ほど作ってきたんすけど、うちの母親はそのすべてを集めてる。俺が作ってないチラシだって、俺が出演者に名前を連ねてたら集めてる。ライブチケットの半券もとってあるし、ネットがなかった時代にライブをお知らせするために作っていたDMや会報も全部持ってる。雑誌に載ったこんなちっちゃな記事でも見逃さずに切り抜いて、順番におもしろくレイアウトしてスクラップしてある。場合によっては縮小コピーをかけて色まで塗ってある。ネットが普及してからはさらにエスカレートして、俺のインタビュー記事やらお客さんがブログに上げたライブの感想やら、そういうものまでとことん探し集めて全部ファイルしてある。その分厚いファイルブックが、俺の知ってるだけでもう五十冊以上は完成している」

母親による「ボギーのアーカイブ化」は日々進行していて、それは「どちらかがこの世を去るまで終わらない戦いになっている」と、ボギーくんは言った。

「言っときますけど、俺のだけじゃないすよ。ユウスケの分もちゃんとありますからね」

この一家は、親兄弟揃って、少しどうかしているのかもしれない。

3

どうかしていると言えば、ボギーくんに某有名保険会社から「どうかしているとしか思えないオファー」が舞い込んだのも、この年のことだった。

ボギーは今までいろんなお仕事を依頼されました。
イベントプロデュース、音楽学校特別講師、結婚式の司会、
アイドルコンサートの総合司会、商業施設こけら落としの余興、などなどなど。
そして遂にこのような依頼が来ました。
まさかの「子育てセミナー」講師！
果たしてボギーの子育ての話が誰かのお役に立つのでしょうか？

そもそもボギーは、セミナーの意味がよくわかっていません。

主催者作成のチラシには、「独自の個性を伸ばすコツ！」と大きな見出しがつけられ、その説明文には「福岡を代表するシンガーソングライター・ボギーさんがやって来ます。わずか十歳にして似顔絵で注目されるモンドくんの『お父さん』です。独自の個性をどうやって伸ばしたか？　五人家族の大黒柱として音楽一本で家族を支えています。そんなボギーさんの子育て奮闘記が聞けます！」と記してあった。「少年画伯・モンドくんの父親」という肩書きでテレビにもたびたび登場していたから、「きっと、いい話を聞かせてもらえるに違いない！」と企画されたセミナーなのだろう。

受講料千円。限定二十名の完全予約制で、午前十一時からスタート。

物好きな僕は、ボギーくんに内緒で予約を入れた。子どもがいない僕に子育ての知識はまるで必要ないのだが、ボギーくんがいったいどんな話をするのか、ちょっと興味があったのだ。

会場となったのは、オフィスビルの清潔な会議室だった。受付を担当しているのも、清《せい》楚《そ》なスーツ姿のちゃんとした会社員である。まちがってもここにアルコールのにおいは一切しない。煙草のけむりが立ちのぼることもないだろう。椅子もテーブルもオフィス仕様のちゃんとしたもので、（当たり前の話だが）天井にミラーボールは発見できなかった。

限定二十名という話だったが、当日会場に現れたのは僕も含めて十名だった。僕以外の参加者は全員子育て中の女性のようで、赤ちゃん連れのお母さんも数名いた。誰もおしゃべりをしない会議室は静まりかえっていて、場違いにもほどがある僕は完全に不審者だった。

「……それではお時間になりましたので始めさせていただきます。本日ご登壇いただくのは、福岡を中心に活動されている音楽家であり、最近ではご子息のモンドくんが大変な人気を呼んでいらっしゃるボギーさんです。二男一女、三人のお子さんの父親であるボギーさんに、今日はどんなお話をしていただけるのか、わたくしどもも大変興味を持っております。さあ、それでは早速ご登壇願いましょう。ボギーさんです！」

司会者が指し示したドアに、参加者十名の視線が集まった。

「……」

およそ三十秒の沈黙があった。ドアは音もなく少しだけ開いて、開いたかと思うとまた閉まった。さらに十数秒の沈黙。再び開いたドアからおそるおそる顔をのぞかせたのは、西川きよしのお面をつけたボギーくんだった。

「……」

西川きよしのお面が無言でこちらをじっと見ている。

「……」

そうしてボギーくんは壁伝いにゆっくり横歩きしてはときどき立ち止まり、そのたびにこちらを振り向いては「西川きよしのお面でじっと見る」という行為を繰り返した。

「……」

どう反応していいのかわからなかったのだろう。セミナー参加者はシュールな演劇を見せられている観客のような顔で押し黙っていた。

およそ二分かけて登壇したボギーくんは、マイクを握って第一声を発した。

「チラシに『独自の個性を伸ばすコツ！』とありましたので、独自の個性を発揮して登場してみました。小さな事からコツコツと！　おはようございます、三児の父・ボギーです！」

特に拍手はなかった。ただ一人、僕だけが下を向いて笑いをかみ殺していた。あのお面には見覚えがある。ボギー家で催された「セレブのつどい」という仮面必携《ひっけい》の飲み会で、ボギーくんがつけていたお面だ。ボギーくんはお客さんが来るたびに、西川ヘレンのお面をつけた奥さんとソファーに並んで座って「……」と僕らを出迎えたのだ。

（お面、使い回しかよ……）

こうしてボギーくんの子育てセミナーは、主催者の思惑や予想とはまったく別のベクトルでずんずん進行していった。

「はい、あーん……」

現在行われているのは「目隠しで『うまい棒』の味をズバリ当てるクイズ」で、「いかに人間は視覚からの情報で物事を判断しているか」を身をもって知るという体験型授業である。ボギーくんは「五感のひとつを奪われるだけで、人間は『まさか！』と思うような間違いを犯すことがあります」などともっともらしいことを言いながら、厚手の布で目隠しされた若奥様の口の中に「うまい棒」を嬉々として挿入している。さすがは「セミナーの意味がよくわかっていない」男だ。主催の某保険会社は、自らの企画にこそ保険をかけておくべきだったのかもしれない。

「うーん……チーズ味ですか？」

「ブッブー。正解はチキンカレー味です」

「えっとぉ……コーンポタージュ味でしょうか？」

「ブッブー。正解はなっとう味です」

しかし不思議な事はあるもので、不正解が出れば出るほど、このクイズに挑戦したいと名乗りを上げる若奥様の数は増えたのである。

「あ……これ、たぶんサラミサラミ味ですっ！」

「おおっ、正解！　サラミ味は難問中の難問。こちらの奥さんは舌の感度が相当いい！」

やんやん小躍りしている若奥様に、参加者一同が一緒になって小躍りしている。こういう空気になってくると、あとはもうボギーくんの独壇場である。

「じゃあ次は、『キン肉マン』の消しゴムで真剣勝負をして遊びましょう！」

若奥様たちはすでにやる気のようだ。ボギーくんがテーブルにぶちまけた大量のキン消しコレクションの中から、「これぞ！」という超人を見つくろっている。

＊

「モンドに絵を教えたことは一度もありません。俺の家には絵の具とか筆とか、そういう画材がたくさん転がっていたから、モンドは遊び道具のひとつとして、ごく自然にそれを手にするようになったんだと思います。三歳のころでした。三歳の子どもにはモラルとか体裁とか、絵とはこう描かねばならないとか、そういうものがまだありません。プリミティブでとてもアナーキーです。モンドも描きたいときに描きたいだけ、それこそ夢中になって描いてました。まさに遊びに熱中するときのやり方です。俺はそんなモンドと一緒になって、ひたすら本気で遊んでたんだと思います」

ボギーくんが自身の子育て体験を話し出したのは、セミナーも残り二十分を切ったあたりからだった。モンドくんの絵をスライドで見せながら、ボギーくんは「子育て」というより「子どもとの接し方」について語った。

「こと『遊び』に関して言えば、うちは子どもだからといって、子ども扱いするようなことはまるでしません。トランプで遊ぶにしろ、人生ゲームで遊ぶにしろ、手加減もしないし、常に本気です。遊びって本気でやらないと全然おもしろくありません。だから俺も本気でやるし、子どもたちが本気で遊んでないときは叱ります」

アルコールなしでまじめな話をするボギーくんは少々照れくさそうだった。

「こんな言い方をしたら変に聞こえるかもしれませんが、俺は仕事でも勉強でも、なんでも遊びだと思って本気でおもしろがる方がいいんじゃないかと思っています。モンドが絵を描くことも遊び。俺が音楽をやることも遊び。だからモンドも俺もその遊びを本気でやってます。俺がみなさんにお話しできることがあるとすれば、たぶんそれぐらいです」

普段のボギーくんなら、ここで芋焼酎のロックをぐいっとやって、ちょっと間を置くところだ。

「でも俺はね、本気でおもしろがってやれば、たいていのことは伸びていくし、うまくいくようになるって信じてます。そしてその本気でやってることで、周りの人が喜んでくれて、それが運にも恵まれて仕事になっていくんやったら、それこそが本物で言うことなしだと思ってます。それって、きっと幸せな人生です。俺はそういう人生を送りたいと思ってるし、できれば子どもたちも、そういう人生を送ってくれたらいいなと思ってます」

ボギーくんはかたわらに置いてあったハーモニカホルダーを装着すると、愛用のアコースティックギターを手に取った。

「じゃあ最後は、俺の遊びでこのセミナーを終わりにしたいと思います。自分のことを歌った『ミュージシャンのうた』という曲です」

軽快なフィンガーピッキングで曲が始まった。

ミュージシャンなんか　ちっとも偉くないよ
ミュージシャンなんか　ただのロクデナシ

音符が楽しく跳ねて踊っている。ボギーくんはギターに気持ちを乗せるのがうまい。

ミュージシャンなんかよりも　ちゃんとお仕事をする
きみのお父さんの方が　立派だとおもう

でもそのお父さんを支えている　お母さんはもっと立派

だからいつか　きみがミュージシャン　なんかになったとしても

「マザーファッカー!」なんて　歌わせない

セミナー講師を無事に務めたボギーくんは、リュックサックから西川きよしのお面をはみ出させたままバイト先のテレビ局へと向かった。ボギーくんは忙しい。

「ここだけの話なんですけど、今日は午後から『コンプライアンス研修会』という本物のセミナーを受講しなくちゃいけないんです」

と、ボギーくんは僕に言った。

4

ボギーくんがセミナー講師を務めた日から数日後、オクムラユウスケの自主制作アルバム『ぼくエイリアンなんだ』が発売された。定価二千円。八年ぶりの新作は主に手売りと通販で売っていくのだという。僕は「ブードゥーラウンジ」に遊びに来ていたオクムラユウスケに声をかけ、本人から直接買った。

「鹿子さんで三人目です」

いつどこで呼び止められても対応できるように、いつも数枚持ち歩いているのだとオクムラユウスケは僕に言った。「持ってる?」と声をかけられれば「あります」と答える。そうやってお金とブツをひそかに交換するなんて、まるでヤクの売人みたいだ。オクムラユウスケは「ブードゥーラウンジ」の暗がりで僕に新作アルバムを手渡しながら、「でもこうやって少しずつ売れていくのが一番いい」と言って喜んでいた。

「ずっと売っていこうと思えるアルバムがやっとできたんで、できればたくさんの人に聞いてもらいたいけど、いっぺんにたくさん広がるんじゃなくて、時間かかってもいいから届く人にちゃんと届いていった方が俺としてはうれしいんすよ」

完成までに三年かかったそうだ。それだけの時間がおそらく必要だったのだろう。

「ムコちゃんが生きてる間に仕上げたいって思ったこともあったんすけど、こうやって形にしてみると、無理に完成させせんでよかったです。この三年間は、ほんとにいろんなことがあって、それをどうにかこうにか越えてきて、今こうしてまた歌えてる……なんかうまく言えんのですけど、そういうことを全部いい形にできたような気がします」

オクムラユウスケは「これ、よかったら」と小さなバッジをくれた。CDジャケットと同じイラストを使った手作りのバッジだ。

店内を走り回っていた息子のアビくんが、フロアの床に映るミラーボールの光に気づいて立ち止まった。しゃがんだアビくんは、虫のように這《は》って動く光のかけらを指でつまもうとしている。つまめそうでつまめない光は、アビくんの指をすり抜けていった。

「そういう作品だったら、きっといろんな人に響くと思うよ」

アビくんの姿を目で追いながら、オクムラユウスケは「そうだといいなぁ」と言った。

僕らのやりとりをどこかで見ていた人がいたのだろう。その後すぐ、何人かのお客さんがオクムラユウスケのもとを訪れ、アルバムを買い求めていた。

＊

「ブードゥーラウンジ」から終バスで帰宅した僕は、オクムラユウスケの新作をノートパソコンで聴くことにした。夜も深い時間帯になりつつある。早寝早起きの家人はとっくに寝静まり、三匹の猫たちもすっかり夢の中だ。ステレオで音を鳴らすのはさすがに気が引けた。朝まで待てばそれで済むのだろうが、はやる気持ちにそれは難しい相談だった。ディスクドライブにCDを挿入し、ウィンドウズ・メディアプレーヤーの再生ボタンをクリックする。安物のノートパソコンはただそれだけのことで冷却ファンを始動させた。出力された音が、ヘッドフォンの少し長すぎる接続コードを伝ってやってくる。鼓膜をダイレクトに刺激する最初の一音が鳴った。

＊

一曲目。二曲目。三曲目。トラックを聴き進めるにつれ、僕は一対一でオクムラユウスケの音楽と向き合わざるを得なくなっていた。ヘッドフォンでの鑑賞環境がそうさせているのではない。鳴っている音が、声が、そうすることを求めてくるのだ。

そういう音楽が僕にはある。そういう映画やそういう写真やそういう本が僕にはある。

それは作り手のちゃちな自己満足や甘えた承認欲求とは絶縁している表現だ。誰かに聴かれること、見られること、読まれることを真摯《しんし》に必要として渇いている。裁きを受けてもかまわないという濁《にご》りない覚悟と勇気を持っている。

オクムラユウスケの歌はそういう種類の表現だった。少なくともこの新作には、そういう歌しか録音されていなかった。どれも救いようのない人間の歌だ。自らの救われなさに叫んでしまっているような歌だ。ひとつ間違えば、陰々滅々とした気分を残していくことになるだろう歌だ。だが、これはそうなっていない。救われなさを突き抜けた向こう側に、ひどく澄んだオクムラユウスケの姿が見えるのだ。

僕を励ましてくれる作品は、いつだってそういう姿かたちをしている。激しい痛みや、深い悲しみや、最果てのあきらめから生まれてきたような光が、僕の目を開かせ、僕の手を握ってくれる。ときには僕の頬を打ち、僕の転んだ尻についた泥を払ってもくれる。

いっぽんばし　こちょこちょ
たたいて　ちゅめて
かいだんのぼって　こちょこちょこちょ

アビくんのつぶやき声が聞こえてきた。たどたどしい言葉使いが、やわらかな波形になって鼓膜をくすぐり、張り詰めていた時間の流れをふっとおだやかにする。そのつぶやきをイントロダクションにして、九曲目の「ＳＯＳ ＵＦＯ」が静かに始まった。

ＵＦＯ　汚れちゃった
ぼくらを　ゆるして
ＵＦＯ　裏の空き地で
きみを　待っているよ　今夜
ワレワレヲ　タスケテ　ホシイノサ

誰にも言えない胸の内をそっと明かすようにして、オクムラユウスケは「ＳＯＳ ＵＦＯ」を歌っていた。Ｃ、Ｇ、Ａｍ《マイナー》、Ｇ、Ｅ。抑えたストロークで静かに刻まれるコードの響きに、僕はいつしか誰もいない世界に取り残されていく。まるで広大な星空をぽつんとひとりで眺めているような気分だ。おもちゃの笛の音が、鋭い北風のような音を立てて、左の耳から右の耳へと吹き抜けていった。

ＳＯＳ ＳＯＳ　メトロン　メトロン
聴こえますか　聴こえますか

応答願います　応答願います
こちら自分防衛軍　こちら自分防衛軍
ＳＯＳ　ＳＯＳ　メトロン　メトロン
ぼくらはすでに壊滅状態であります　どうぞ

ワレワレハ　コノセカイヲ　ホウキスル……

カズーをくわえたオクムラユウスケが何かしゃべりはじめた。ドナルド・ダックの鳴き声に聞こえるそれは、およそ判然としない。聞き取ることができる言葉はほんのわずかだ。

（……ママ？）
（ねえ、ねえ、ママ……）

カズーをはずしたオクムラユウスケの独白がそれに続く。

いつか　この世界に終わりが来ても

ぼくたちは　宇宙にぽっかり浮かぶ
ぼくたちは　宇宙にぽっかり浮かぶ
星になりたいんです

エフェクトのかかったエレキギターがフェイドインしてきて、宇宙空間をゆらゆらと漂うような音を出し始めた。ただ浮かんでいるだけでいい。そうやっていつまでもいつまでもつながっていたい——オクムラユウスケの独白はささやかな願いをつぶやき、そして地球に別れを告げることになる。

さよなら　僕はもう宇宙人です
僕は　宇宙人です
僕は　宇宙人です

繰り返される「僕は宇宙人です」の独白。それは次第に熱を帯び、ついには絶叫になった。ドラムが乱打され始め、エレキギターは爆音を鳴らすカオスなマシンへと変貌する。

僕は宇宙人です！

ギターはパニックスマイルの吉田肇《はじめ》。ドラムはミウマウの松田美和子。演奏は緊迫の度合いを一気に高めていく。強烈なジェットサウンド。生身の人間が空に吸い込まれて急上昇し、大気圏に突入していくようだ。肉体はずたずたに刻まれ、ばらばらに飛び散り、無力な塵《ちり》になって燃えつきていく。それでも上昇をやめない魂が、笛の音を鳴らして宇宙空間に到達し、ぽっかり浮かぶ名もない星になって、「ＳＯＳ ＵＦＯ」は終わった。

静寂。

十曲目の「ゆめのつづき」が始まった。この曲を耳にするのは『ヨコチンロックフェスティバル』以来二度目だ。オクムラユウスケはなかなかこの曲をライブで歌おうとしない。

飼い主を忘れた猫も
今日はじっとして動かない
その小さな頭の中で
愛された記憶を辿《たど》っている

奥さんと過ごした日々をつづったひどく個人的な歌は、人前で読むわけにはいかない日記のような歌なのだろう。たった一人のために作られた歌を、オクムラユウスケはたった一人で自宅録音していた。ホワイトノイズが多いのはたぶんそのせいだ。

あぁ　果てぬ想いは　そこに宿るという
あぁ　宿る想いは　君に届くはず
そしていつかまた　日々が歌い出せば
あの日途切れた夢の　続きに帰る

癒《い》えることのない痛みは、癒えないことで何かを残していく。語り合うことがかなわなかった言葉。交わされるはずだった情愛。ともにわかち合うつもりだった喜び。もう二度と会えない大切な人は、そうしたかけがえのないものを託して去っていったのだ。
おもちゃの鉄琴の音が、やさしいチャイムのように鳴り始めた。夜露がはじけて転がり、浄化された朝の光が、薄いカーテン越しに差し込んでくる。感傷的な夢は朝靄《あさもや》とともに姿を消し、真新しい一日がまたやってくる。それはオクムラユウスケとアビくんが、これから送ることになる「ゆめのつづき」と「約束の日々」を映した音像だろう。

アルバムはそうして終わった。再生を終えたディスクドライブが停止して静かになった。沈黙に包まれた部屋の中で、眠れなくなった僕がひとり、椅子に座って宙を見ていた。

5

チャイルドシートを装着した婦人用自転車で疾走するオクムラユウスケの姿を、僕は何度か目撃したことがある。アビくんを保育園に預け、職場にダッシュで通勤する。仕事を終えると、今度は保育園にダッシュで迎えに行く。その行き帰りの姿だ。

シングルファーザーは忙しい。スーパーで買い物を済ませ、食事を作り、洗濯物をたたんで、風呂を沸かす。シャンプーハットをかぶったアビくんの頭を洗ってやり、パジャマに着替えさせ、絵本を読んで聞かせて寝かしつける。日々やることは山のようにある。五時に退社できるパートタイムの仕事は、そう悪くない仕事だとオクムラユウスケは言っていた。保育園で顔を合わせる園児の親たちともちゃんと良好な関係を築いているらしい。「ブードゥーラウンジ」で見かけるオクムラユウスケの姿にも変化の兆しを感じるようになった。音楽仲間が彼の肩に手を置いて乾杯のグラスをかかげている。一人、二人、三人。そうしてにぎやかな談笑につつまれているオクムラユウスケに、かつての近寄りがたいムードはもう見当たらない。そしてそこには、息子・アビくんの姿が必ずある。

「トッキュウ、チェンジ！」

アビくんが左腕につけている『烈車戦隊トッキュウジャー』の変身ブレスレットは、オクムラユウスケの手作り品だ。実物同様、遮断機が可動し、トッキュウレッシャーが取り外しできるようになっている。二人は『烈車戦隊トッキュウジャー』の熱烈なファンなのだ。

トッキュウ1号に変身したアビくんは、僕らを相手に戦闘を始める。いかがわしいムード満点の「ブードゥーラウンジ」は、悪の帝国・シャドーラインの秘密基地そのものだ。悪人顔をした輩《やから》は掃いて捨てるほどいるから、正義の味方も暴れがいがあるのだろう。トッキュウ1号は今夜も大活躍だ。僕らはもれなくフロアに転がされ、とどめを刺されて絶命する。強面《こわもて》の店長・小屋敷《こやしき》さんも、アビくんの強さにはたじたじだ。早々に白旗を掲《かか》げて降参し、お菓子やソフトドリンクを献上している。

当然のことながら、小さなトッキュウ1号の活躍ぶりは映像で記録されている。ビデオカメラを回しているのはもちろんボギーくんの母——つまりオクムラユウスケの母であり、アビくんの祖母でもある奥村隆子《りゅうこ》さん、その人である。

「オーケー、エブリバデー！」

ボギーくんの声がフロアに響いて、今夜も「ラウンジサウンズ」が始まった。

9

ウィ・ウィル・ロック・ユー

1

あとから考えると——そう、まったくもって「あとから考えると」なのだが、二〇一五年は僕とボギーくんにとって、新しい一歩を踏み出す一年になった。なにかが大きく動きだすときというのは案外そういうもので、始めたときにはまさかそんなことになるとは夢にも思っていない。目の前のことに夢中で、周りを冷静に見渡すことなんかひとつもできずにただひたすら走っている。けれど、なにかが芽吹いたということは、そこに種があって、土があって、水があったということだ。そしてそこには温かい空気と光があった。

僕の記憶が正しければ、僕はこの年の一月五日から本の執筆を始めた。自分から進んで始めたわけではない。雑誌『ヨレヨレ』を読んだナナロク社の川口恵子というおかしな編集者が、ある日僕のもとを訪ねてきて「本を書きませんか？」と言ったのだ。それは前年の初夏のころのことで、彼女は畳に正座して僕にその話をした。

「わたし、鹿子さんの文章が好きなんです。だからもっと長い文章を読んでみたいんです」

「……」

正直なことを言えば、それは僕にとって少し困ったお願いだった。少なくとも、二つ返事で引き受けますと言えるものではなかった。映画監督と脚本家の仕事が違う領域にあるように、編集者と著者の仕事もまた違う領域にある。僕は一介《いっかい》の雑誌編集者だ。二十年以上それ一本でやってきた。一冊の雑誌を編集する仕事ならできるが、一冊の本を書き上げる仕事となると、それはできるかどうかわからない未知の領域にある。それに僕の書いた本なんか誰が手に取ってくれるんだろうという気持ちが、何より一番大きかった。

だからこの依頼がもし、電話やメールでなされていたなら、僕は丁重に断っていたと思う。期待に応えられるかどうか、わかったもんじゃないからだ。しかし川口さんはわざわざ東京から福岡まで足を運び、僕に会いに来た。しかもなにかのついでに立ち寄ったのではなく、執筆の依頼をするためだけにやって来たのだ。

「……わかりました。ちょっと書いてみます」

それは引き受けたといったより、断れなかったといった方がいいだろう。断れなかったのは相手が女性だったということも少し関係している。遠路はるばるやって来た女性を、がっかりさせて帰すのはなんだか忍びなかったのだ。それに女性から面と向かって「あなたの書く文章が好きです」とか言われると――そういう告白をされた経験がない僕はお尻がムズムズしてきて――要はいいところを見せようと思ってしまったのである。

（まずいことになったぞ……）

僕は返事をしたそばから後悔していた。なぜなら僕は原稿を書くのがとても遅いのだ。すらすら書けた例《ため》しはないし、行きつ戻りつでなかなか進まない。喜びよりも苦痛を感じることの方が多く、なにより面倒くさくて億劫《おっくう》だ。雑誌に掲載するそう長くない原稿ですらそんな気分で書いている。痛い目に遭うのはもう目に見えていた。

年明け早々に始めた執筆は、当然のようにすぐ暗礁に乗り上げた。気が散りやすく堪《こら》え性《しょう》のない性格は、そう簡単に直るものではないらしい。少し書いては嫌になり、横になって本を読む。当てずっぽうで書いているのもいけないのだろう。すぐに話があちこちに飛んで収拾がつかなくなる。軌道修正の仕方もわからないから、また横になって本を読む。

どうにも書けない自分の非力さに耐えられなくなると（まあ、すぐにそうなるわけだが）、僕はそこから逃げるようにして「ブードゥーラウンジ」に通った。そうでもしないと、ぐずぐず弱音ばかり吐く嫌な人間になりそうだったからだ。

ボギーくんがプロデュースしている「ラウンジサウンズ」には、相変わらず我が道を行く出演者がたくさんブッキングされていた。

ハウリングセッタ。一銭めしや。オサダアツトシ。２９０７８３１《ニーキューゼロナナハチサンイチ》。林まゆ。ブルーズビル。乾いて候《そうろう》。ファリナ。〇《マル》菌。河内和彦。フリーダムセット。電子たくあん。吉浦優希。ブラウンベムズ。ＤＸ《デラックス》集団下校――。

ゴールデンブラザーズ。世界のザキ。宇宙サービス。ＩｎとＯｕｔ逆菩《ぎゃくぼ》薩《さつ》。イフマサカ。ドラびでお。白痴。瀬戸口恵。トーマス。ライトニングデリバリーズ。木藤《きとう》和也。紫川カナシミ合唱団（仮）。小林ボードウォーク。ヒゲＬＯＯＫ。八洲《はっしゅう》――。

名前を挙げ始めたら本当にきりがない。彼らは、あるときは平日とは思えない数の観客の前で、あるときはがっくりと肩を落としたくなるような数の観客の前で、自分たちの今をぶつけていた。わずか三十分ほどの短い持ち時間の中で、プリミティブな表現欲求を燃やし尽くそうとする。誰に遠慮するわけでもない。ただ歌いたいことを歌い、出したい音を出す。それは原始から伝わる自由で骨の太い表現だ。

「ブードゥーラウンジ」のステージには、そうした演者の音がどっぷりと染みこんでいた。そしてフロアにはその音に耳を傾けた人々の、あるいはその音で踊り狂った人々の息吹もどっぷりと染みこんでいた。そうしたものを五感を通して感じることで、僕はどれほど勇気づけられたことかわからない。

僕は帰宅と同時にノートパソコンを開いて原稿のつづきを書き始める。僕も自分の見たこと、聞いたこと、感じたことを書けばそれでいいのだ。僕が好きだと思った人間の姿をありのままに書き綴《つづ》っていけば、いつしかドラマが現れて必ず動き出す。少しぐらいいびつでも、少しぐらい下手くそでも、そんなことよりもっと大事なことがあるはずだ。他の誰にも書けない、自分にしか書けないものをとらえて書くこと。きっとそれが何より尊いのだ。僕はそんな当たり前かもしれないことを、まだ耳鳴りがやまない頭の中で反芻《はんすう》する。

ボギーくんはボギーくんで大きな勝負に出ていた。「ヨコチンレーベル」を会社組織にして、家族を養う決意をしたのだ。長年続けていたテレビ局のバイトもすっぱりやめて、これからは音楽一本でやっていく。創立記念日は一月一日。ボギーくんは自称社長から晴れて本物の社長になった。社屋もオフィスもない家族経営の小さな会社だが、それでも一国一城の主《あるじ》であることに違いはない。そのことを僕らは自分のことのように喜んだ。

社長になったボギーくんは、まったく新しいプロジェクトを立ち上げようとしていた。「家族五人でツアーを回る！」という計画だ。車に荷物を詰め込んで、演奏活動を続けながら街から街へと渡り歩く。雑魚寝《ざこね》も車中泊もどんとこい。気分は完全に旅芸人一座だ。ボギーくんは全国各地に散らばる仲間に声をかけ、一か所、また一か所と話を決めていった。

「おもしろいことをやりませんか？」

「うん、やるやる！」

個人と個人のつながりの中で行われるブッキングは、ビジネスの話からは決して始まらない。むしろそこから一番遠いところで始まる。飲食店に雑貨店、酒場に八百屋に普通の民家。大道芸人よろしく、芸を見せる場所はどこだってかまわない。第一部・モンドの似顔絵屋さん。第二部・ボギーのライブ。第二部のライブでは、家族全員参加の演奏を二曲披露する。ツアーの構成は決まった。ボギーくんはそのプロジェクトを『夏休み！ボギー家族ツアー』と命名し、着々と準備を進めていた。

2

二代目マツダ・デミオに、その荷物量はさすがに酷である。コンパクトなファミリーカーのラゲッジスペースは、決して広いものではない。その決して広くないスペースに、家族五人分の着替え一式と、かさばる楽器、物販品のびっちり詰まった大きな段ボール箱がぎゅうぎゅうに詰め込まれた。そこに「もうひと声！」と、今ちゃんのパンツ型オムツ「ムーニーマン」の巨大パックが追加で押し込まれる。デミオのリアウインドウは今にも割れて砕けんばかりだ。その過剰積載のデミオに家族五人がわらわらと乗り込んでドアが閉められる。車内はもう窒息寸前の密室だ。

七月二十七日、夜半。ボギーくん一家はこうして初めての家族ツアーに出かけていった。まるで夜逃げを思わせる門出《かどで》だが、こんな時間帯に出発したのは、高速道路の深夜割引を有効活用するためだ。

これから約二週間、型落ちのマツダ・デミオは東へ西へと陸路を駆ける。三重を皮切りに、山梨、埼玉、東京、静岡、愛知、兵庫、京都と回って福岡に帰還する。運転はボギーくんの奥さんが一人で担当だ。いささかシャープすぎるハンドルさばきと、いくぶん暴力的なアクセルワーク。負けず嫌いの走り屋スピリットで往復数千キロの完全走破を目指す。免許を持っていないボギーくんは助手席でアシスト役を担当だ。道のナビゲーションと、車内環境の整備、その他もろもろの雑用にあたる。快活なおしゃべり、心地いいＢＧＭの選定、子どもたちのしつけ、休憩地の確保などなど。それはそれで気の抜けない大変な任務である。

家族ツアーの様子は、ボギーくんが自身のツイッターなどで逐一報告する。きっとそれはＳＮＳを使ったロードムービー的ドキュメントになることだろう。

「家族があたふたする。あるいはケンカしてしまう。そんな様子もみんなに楽しんでもらいたい！　何より自分がとことん面白がりたい！」

ボギーくんの基本姿勢はどこまでいっても同じだ。

家族ツアーに出発する少し前、ボギーくんは僕にこんなことを話していた。

「俺、家族で体験できることって、ほんとに今しか体験できないことだらけだと思うんすよ。特に子どもが小さいときは、一年たったらまったくの別物になってることだってあるわけでしょ。だから俺、今のうちに一緒に体験しておきたいことがいっぱいある。家族旅行ではなく家族ツアーにしたのは、もちろん旅行するお金がないってのもあるけど、家族でお金を稼ぎながらツアーやって、厚意で誰かの家に泊めてもらったり、その土地その土地のおいしいものを大勢で食べたり、思わぬ事件に出くわしたり、もちろんうまくいかなかったりすることもたくさんあるけど――そういう体験の中でしか見ることができない景色や感じるものってきっとあると思うんすよ。それに、俺がどんなところでお金を稼いでいて、どんな人に世話になって、どんなふうにその人たちと時間をともにしているのか。できたらそのことも、家族に知っておいて欲しいなと思って」

　僕が毎日のように通る道からは、ボギーくんの家がよく見える。いつもならたくさんの洗濯物が干してあるにぎやかな縁側も、今は船が出払った港みたいに静かだ。金網のフェンス越しに見える庭は雑草たちの天国になりつつあって、これ幸いとずいぶん背丈を伸ばしたものもある。金網のフェンスには、モンドくんがペットボトルで作ったカラフルな風車が取り付けてあり、それは風見鶏《かざみどり》のように風の方向を向いてよく回った。

　きっとたくさんのみやげ話を持ってボギーくんは帰ってくるのだろう。僕は夏の強い日差しに照らされた道を歩きながら、この家からにぎやかな声が聞こえない分、日本のどこかがにぎやかになっているのだと思った。モンドくんは似顔絵を山ほど描き、ボギーくんは観客に胴上げされて山ほど宙を舞っていることだろう。ボギーくんは胴上げでライブを締めくくるのが大好きなのだ。

＊

数千キロを走り抜いたへろへろのデミオがツアーから戻ってきたのは、八月十日の夜のことだった。ツアーは無事成功したようだ。物販品が大量に入っていた段ボール箱は小さくまとめられ、デミオのラゲッジスペースはその分スペースを取り戻している。それだけ売れたということだ。簡易金庫には家族五人で稼いだお金が入っている。ガソリン代や高速代、それに五人分の食費だってかかっているから、たっぷりというわけにはいかないが、まあ御の字といっていい額だろう。タフな二週間を過ごしたボギー家族は、久しぶりの我が家でぐっすり眠るに違いない。

ボギー家族が福岡に戻ってからほどなくして、僕が執筆していた本の原稿も完成した。それは八月十八日の早朝のことで、最後の一行を書き終えたときには今まで経験したことのない不思議な感慨があった。四百字詰原稿用紙換算で三百枚以上。費やした時間はおよそ八か月。ついにやりとげたという気持ちと、しばらくはもう何も書きたくないという気持ちが入り交じり、脱力してしまった身体はもうへろへろだった。何はともあれ、僕は新しい経験をしたのだ。そしてそれはそう悪い気分のものではなかった。

夏の早朝は少しだけ涼しい。すぐに眠れそうにない頭を冷やすため、僕はいつもの道を通って近所を散歩することにした。ボギーくんの家の前を通ると、まだ寝ているのだろう、部屋の電気はひとつもついていなかった。

駐車場には例のデミオがお尻を向けて停車している。少しポンコツ感が増したこのデミオのことを、今一番理解できるのは僕かもしれない。おたがい長い距離を走り抜けてきた者同士、なんだかエールを交換したい気分だ。

3

ボギー家族の福岡凱旋《がいせん》ライブは、夏休みも終わりに近い八月三十日に行われることになった。

会場となった「正屋《まさや》」という自転車専門ショップの二号店は、自転車バカ一代として知られる岩崎正史《まさふみ》さんが（僕もよく知っている人なのだが、本物の自転車バカだ）、千早《ちはや》という街に新しくオープンさせた店である。広い店内には「5《ファイブ》カフェ」というカフェスペースがあって、うまいコーヒーや本格的なベーグルのサンドウィッチなどを出す。そこは気のいいサイクリストたちの新しい居場所になりつつあった。

その真新しい店の広い壁面に、モンドくんはこの夏の初めから長い時間をかけて壁画を描いていた。壁画の制作は家族ツアーで一時中断することになったが、モンドくんはツアー終了後、すぐに店に通いつめて制作に没頭し、ついにすべての絵を夏休み中に描き上げたのだ。凱旋ライブは、その壁画完成記念も兼ねた形で行われることになった。

壁画は圧巻だった。

モンドくんはコンクリートの壁面だけでなく、ガラス張りの壁面にも絵を描いていた。伸びをする黒猫、散歩途中の犬、ロイド眼鏡をかけたあやしげな男、杖をついて歩く老人の後ろ姿、座ってくつろぐサングラス姿の貴婦人、ソフトクリーム、赤い電車、よちよち歩きの子ども、南国を思わせる樹木、風を切って空を飛ぶカモメ、赤い屋根を持つ小型リヤカー付き自転車などなど。ガラスに赤と白と黒の顔料系マジックで描かれた一見脈略のない絵は、店内から眺めると、街の風景にちゃんと溶け込むように描かれていた。

「モンちゃん、これすげえな！」

ほめたところで、モンドくんはいつもの調子である。

「そんなことよりね、そこの敷石んとこにね、ハート形の石が四つだけ埋めてあるらしいったい。三つは見つけきったけど、あとひとつが見つからんけん、探しに行かん？」

しばらくはここに来ることもないから、今日のうちにどうしても見つけておきたいらしい。僕はモンドくんと店の外に出て、巨大なビルの周りをぐるりと囲む遊歩道に出た。遊歩道は様々な形をした無数の敷石で複雑なモザイク模様になっている。よくもまあこんな中から三つも見つけ出したものだ。気が遠くなった僕は早々に退散した。

「四つ見つけんと幸せになれんとよ！　ねえ！　いいと、それで？」

いいよ、別に。僕は魔法を信じないつまらない大人だ。それにここは西日が強すぎる。


クーラーのきいた店の中に戻ると、ライブのセッティングが着々と進んでいた。カフェのイスはほどよい間隔で並べ替えられ、マイクスタンドやスピーカーがしかるべき位置にフィックスされている。ボギーくんのリハはいつもシンプルそのものだ。マイクとアコースティックギターの出音を簡単に確認すると、それでもう終わりである。いつもよりマイクスタンドの本数が多いのは、家族で披露する曲が用意されているからだろう。

客足も順調そのものだ。物販コーナーに並べられたモンドくんのイラストバッジや絵はがきに飛びつき、「もうこれ買ってもいいんですか？」とたずねてまわる気の早い人もいる。ライブハウスではおよそ見かけないタイプの人もたくさんいた。きっとモンドくんの絵に興味を持った人がそれだけ集まっているのだ。

モンドくんが汗だくになって戻ってきた。弟のテンセイくん、妹の今ちゃん、そしてアビくんも一緒である。四人でハート形の石を全部見つけたそうだ。

「最後の一個はめっちゃ意外なとこにあった！」

どこにあったかは聞かなかった。石のありかは自分の力で探さないと意味がない。西日ぐらいですぐに音《ね》を上げるような人間は、何も見つけられないまま終わるのだ。


会場には例によって例のごとく、ビデオカメラを持参したボギーの母・隆子《りゅうこ》さんがいた。すでにベストポジションを確保して機材の準備を始めている。今日はボギーの父・英行さんもいて（レアなことだ）、ビール片手に会場内を徘徊《はいかい》しながら挨拶をしてまわっていた。

「あ、もう息子がいっつもお世話になっとります！　あら、まだ飲んどらっしゃれんのですか？　は、ビールも無理？　ひとくちも？　かあー、こりゃ残念！　一度ゆっくり酒でも飲んでお話ばしようて思いよったんですけど、はあ、飲みんしゃれんとですね。あ、あたしはこれで三杯目！　うちの家系は飲んべえの家系やけんですね！　うわははははは」

すっかり禿《は》げあがったキンカン頭をテカテカにさせながら、ボギーの父・英行さんは豪快なまでに陽気だった。まだ始まってもいないうちからこのペースということは、あと五杯は飲むつもりなのだろう。そんなことをしているうちに用意されていたイス席はすべて埋まり、僕は立ち見の客になってしまった。凱旋ライブは大盛況だ。

店内の照明がすうっと落ちて、ギターを持ったボギーくんがステージに現れた。開演の時刻を迎えたらしい。ボギーくんはイスに座ると、ゆったりとしたテンポのアルペジオでギターを鳴らし始めた。サウンドホールから南洋のムードがたちまち立ち上がって、場の空気を心地よくほぐしていく。それはヤシの葉を揺らす海風と、おだやかな潮騒がよく似合う夏の音だ。

冷たいビールを手にしたオクムラユウスケが僕の隣にやってきた。

「――きみの親父さん、もう三杯目を飲んでるよ」

そう耳打ちすると、オクムラユウスケは口に含んだビールを吹きそうになった。

＊

手拍子の欲しいところで手拍子が起き、笑いが欲しいところで笑いが起きる。観客の反応は上々である。ボギーくんはステージの組み立て方が本当にうまい。初めてのお客さんが多いと見るとセットリストをガラリと変え、じっくりムードを作りながら、自分のペースにいつのまにか持っていく。

　モンドくんとテンセイくんの二人も、そのＤＮＡを受け継いでいるのだろう。ここぞというタイミングでステージに乱入して、ゼニの取れる見せ場を作っている。二歳になったばかりの今ちゃんは過激そのものだ。演奏中のボギーくんにとことこ近づいていって、ギターの弦をゆるめてとことこ帰ってくるだけ、というシュールな行動や、マイクスタンドの前に仁王立ちし、一気に服を脱ごうとするパフォーマンスを試みている。

　何はともあれ、三兄妹が醸し出すアナーキーなバイブレーションは、子どもを連れたお客さんが多い今夜の会場に見事ハマったようだ。特に名曲「うんこ」の盛り上がりは、かつて例を見ないほどのすさまじさだった。


　うんこうんこうんこうんこうんこうんこうんこうんこ

曲のラスト。マシンガンのようなスピードで繰り出される「うんこ」の連呼に、モンドくん、テンセイくん、今ちゃん、そして会場の子どもたちが一斉に反応し、立ち上がり、走り出し、叫び出し、最終的には「うんこうんこ」の終わらない大合唱になだれ込み、そのただらなぬ「うんこ」の数によって、会場の空気は完全に「うんこ」色に染まってしまった。

「うんこ」が終わっても、子どもたちの興奮は冷めることがなかった。大人たちも「うんこ」という言葉に宿るプリミティブなパワーに興奮気味だ。大量に連呼された「うんこ」は、もはや「うんこ」が本来持っていたはずの意味を失い、「うんこ」という素晴らしいビートを持つ言霊《ことだま》と化してここに降臨していた。

ズン・ズン・タン

ズン・ズン・タン……

ボギーくんは間髪を入れることなく、アコースティックギターの天板を打楽器のように打ち始めた。打ち鳴らされる「ズン・ズン・タン」のリズムに乗って、「ボギー家族」のメンバーがステージに登壇してくる。ボギーくんの奥さんはピアニカを、モンドくんはカウベルを、テンセイくんはタンバリンを、そして今ちゃんは鈴を手にしている。曲はクイーンの「ウィ・ウィル・ロック・ユー」だ。

モンドくんがリズムに合わせてカウベルを鳴らし始めた。テンセイくんのタンバリンもそれに続く。今ちゃんは独自のリズムで飛び跳ね出して、早くも鈴を放り投げた。

25までに　ロックで飯食う　つもりでいたけど
あっという間に三十路《みそじ》手前
どうすんだ？　それでもまだまだやめられない
ウィー・ウィー・ウィー・ウィー・ロッキュー！

原曲の歌詞を全面的に書き換えたボギー版「ウィ・ウィル・ロック・ユー」は、ボギーくんが実際にたどってきたバンドマン人生を歌った自伝的要素の強い曲だ。

子供ができたら　就職するよと　約束したけど　結局やめれん
ロックンロールはやめられない
やっと石ころが転がり出したんだ
ウィー・ウィー・ウィー・ウィー・ロッキュー！

サビの決め台詞的な歌詞は、家族が持ち回りで歌う。照れくさいのか、やや棒読み気味に歌うモンドくん。力の限り声を張り上げて叫ぶテンセイくん。そして今ちゃんの「ろっきう……」は、もじもじとシナを作って妙に色っぽかった。サビメロの部分は奥さん担当のピアニカで奏でられているのだが、そのチープな音色は豆腐屋が鳴らすラッパに限りなく近い夕暮れのにおいがする。

気付けば40　今年で厄年　子供は三人　バイトで養う
ロックンロールじゃ飯食えない
飯食えないけど　ロックやめない
ウィー・ウィー・ウィー・ウィー・ロッキュー！

笑って泣きたくなるような歌詞だ。まるでお金にならないことを仕事にして、それを意地でも張るようにして続けてきた人間には、その極楽トンボのような笑顔の裏に、易々《やすやす》とは見せることのできない影がある。とても複雑な陰影を持つ影だ。悔しさがあり、引け目があり、不安があり、失望から学んだかすかな希望のようなものもある。ボギー版「ウィ・ウィル・ロック・ユー」は、妙な具合に僕の気持ちを揺さぶってきた。というのも「ウィ・ウィル・ロック・ユー」とは、「お前らをあっと言わせてやる！」という意味なのだ。

ウィー・ウィー・ウィー・ウィー・ロッキュー！

音楽を一生の仕事にする。そう決めたとき、ボギーくんは父・英行さんから猛反対された。そんな仕事で家族を養うなんてバカなことを考えるな。妻子を路頭に迷わせるような真似をするな。頭を冷やして考え直せ。そうしてかなり長いこと、英行さんはライブ会場に顔を出すこともせず、息子の仕事に理解を示すそぶりも見せなかった。

ウィー・ウィー・ウィー・ウィー・ロッキュー！

猛反対した手前、張らなくてはいけなくなった意地が父親にもある。そしてそういう見守り方をする以外、他に手立てがないことだってある。

ロックンロール　始めるのかんたん
ロックンロール　やめるのもかんたん
かんたんに　やれないのは

ロックンロールし続けることだぜ
ウィー・ウィー・ウィー・ロッキュー！

どこに居ても、英行さんのキンカン頭はよく目立つ。英行さんは会場後方の右隅に置かれたイスに座って「ウィ・ウィル・ロック・ユー」を楽しそうに聴いていた。手にはもう何杯目かわからないビールを持っている。

サビの歌詞は家族全員でのシャウトになった。

ウィー・ウィー・ウィー・ロッキュー！
ウィー・ウィー・ウィー・ロッキュー！
ウィー・ウィー・ウィー・ロッキュー！

ボギーくんが叫んだ。

「オーケー・エブリバデー！　ウィ・アー・ボギー家族ぅっ！」

拍手と歓声を浴びて、今ちゃんが飛び跳ね、テンセイくんが雄叫びを上げた。モンドくんはカウベルを乱打して歓声に応え、ボギーくんの奥さんはかなり開放的な笑顔でそれを見守った。

「俺たち五人、本物の家族ぅっ！」

二週間のツアーを終えたあと、ボギーくんはとても長い日記をブログに綴った。どんな街に行って、どんな人と出会い、どんなことが起きて、どんなことを感じたのか。うまくいったことも、いかなかったことも、笑ったことも、泣きそうになったことも、かけがえのない体験であることにおいて等価である。写真満載で読ませるそれは、「ある家族が過ごしたひと夏の物語」になった。

その長い日記の締めくくりに、ボギーくんはめずらしく感傷的な文章を寄せていた。

いつかは子供たちにも家族ができる。
今の家族が永遠にこの形のままでいられることは無い。
家族だって〝個〟の集まりなのだから。
だからこそ、今、家族五人がひとつ屋根の下で暮らしている日々がどんなに尊い時間であるかを感じる。
家族とは一瞬の輝きなのだ。

ボギーくんは芋焼酎のロックでひと息入れると、ツアーを駆け抜けた家族をたたえた。

「いやあ、最高の状態で凱旋ライブができて俺はうれしい！　やっぱツアーをするとバンドは成長するね。ボギー家族は完全に仕上がっとる！」

ボギーくんはいつも以上に上機嫌で、いつも以上に饒舌《じょうぜつ》だった。

「俺思うんやけど、家族ってバンドと同じじゃやね。いつまでも一緒におれるわけやない。一人また一人と出て行って、いつかは解散する日だって来る。だけんかもしれんけど、今この瞬間が、俺はたまらんくなるぐらい愛おしい！　もう二度と訪れん奇跡に思える！」

オクムラユウスケが僕の隣から、ふっと姿を消すようにして店から出て行った。

「じゃあボギー家族がこの夏送る最後の曲！　みんな準備はオッケー？　モンド、大丈夫？　よしじゃあテンちゃん、カウントよろしく！」

テンセイくんの威勢のいいカウントに合わせて、ギターとピアニカとカウベルとタンバリンが抜群の呼吸で合奏に入った。四分の三拍子。「星のＯＨＡＫＡ」は陽気なワルツだ。

流れ星の行方を
知るためにぼくらは

今夜も眠らず　空を仰ぐよ

僕は立ち見の列からそっと離れると、いったん店を出ることにした。何も言わずに立ち去ったオクムラユウスケのことがどうにも気になったのだ。

外気はひどく蒸していて、涼しさのかけらもなかった。夜は暑気を払えないまま重たくよどんでいて、ガラス張りの店から漏れてくる音と光は、ハート形の石が埋め込まれた例の遊歩道まで届いていた。

排気ガスのこの街じゃ
星もすすけちゃって
真っ暗なままだよ　朝は来ないよ

オクムラユウスケは店に背を向けるようにして、その遊歩道に一人で立っていた。僕が隣に来たことに気づくと、オクムラユウスケは消え入るような声でぽつんと言った。

「ときどきボギーのことがまぶしすぎて見ていられなくなる――」

オクムラユウスケは細く息を吸い込み、奥歯を強く噛んだ。

フクロウのささやきに
ぼくら踊らされて
暗闇の向こうに　歩き始めた

吸わなければいけない煙草がときどきある。苦い煙を吸って吐き出していれば、少なくとも余計なことは話さずに済む。僕らはどちらからともなく煙草を吸い始め、苦い煙を吸って吐いた。そうして千早の街をただぼんやりと眺めた。

「——」

千早はかつてＪＲの操車場があった街だ。それ以外、これと呼べるものは何もなかった。払い下げられた広大な敷地はあっという間に再開発が進んで、今では人工的な顔つきをしたタワー型のビルが何棟も建っている。そのうちのいくつかはマンション機能も備えているのだろう。高層階にはオフィス的ではない団欒《だんらん》のあかりがいくつも並んでいた。

街を離れ　山越え
たどり着いたとこは

果てしなく広い　星のお墓

なぐさめの言葉はかけたくなかった。いつだってそれはうまく言えないことのひとつなのだ。オクムラユウスケだって、そんな言葉を望んでいるわけではないだろう。あふれてくるものを抑えきれないことが僕にもある。誰が悪いわけでもない。まぶしさとは、そういうものを内包したきらめきなのだ。それはときに残酷な光になって、自分が置かれた境遇の輪郭や、引きずっている影の正体を明らかにしてしまう。

ボギー家族の「星のＯＨＡＫＡ」は、エンディングを迎えようとしていた。熱唱するテンセイくんの声はとりわけよく響いて僕らの耳に聞こえてきた。

いっしょうけんめい星をひろい集める
いっしょうけんめい星をひろい集める
いっしょうけんめい星をひろい集める
そして夜空にばらまく――

4

素肌に革ジャンを羽織った男が、大きな和太鼓を抱きかかえ、それを叩き鳴らしながらサブステージに登壇してきた。男はなぜか腹にさらしを巻いていて、そこにはピンクのバイブレーターと得体の知れないスプレー缶がダイナマイトのように差してある。

ドン・ドン・カッ！
ドン・ドン・カッ！

刮目《かつもく》すべき点は、すでにバイブレーターのスイッチがオンになっているという点だ。バイブレーターはさらしの中でぐねぐねぐねぐねと首を振っていた。

俺の名前は　吉浦優希だ
やっと出れたぜ　チンロック！

俺にはもう　思い残すことなどひとつもない
ウィー・ウィー・ウィー・ウィール・ロッキュー！

ここにもまた「ウィ・ウィル・ロック・ユー」を独自の解釈で歌う男がいた。まあそれはぜんぜん構わないのだが、ひとつ問題があるとすれば、この男が「基本的に太鼓をまるで叩けない」というところにあった。

リズム感が悪いのか。それとも、重い和太鼓を抱きかかえながら叩くという行為自体にそもそも無理があるのか。歌い出した途端、ドン・ドン・カッという単純なリズムはドン・ドコ・ドンになり、ドン・無音・ドンになり、カッ・カッ・ドドンになり、吉浦優希はそのリズムの狂いに気を取られて歌詞をド忘れし、ついには演奏の何もかもがメチャクチャになった。ちゃんとしているのは、さらしの中で律儀に首を振っているバイブレーターのみである。

「ちきしょうっ、こんなはずじゃなかったぁっっ！」

吉浦優希は絶叫しながら抱きかかえていた和太鼓を降ろして太鼓の枹《ばち》を放った。そうしてサブステージ上にセッティングしてあったエレキ出力のアコースティックギターを手にすると、「くそー、ピック持ってくんのを忘れたぁっっ！」などとわめき散らし、裏返しにしたアコースティックギターをがちゃがちゃと振り出した。

アコースティックギターのサウンドホールから、色とりどりのピックが五十枚ぐらい出てきた。

「よぉし！　今から目にもの見せてやるぅ！」

吉浦優希はそう宣言すると、バイブレーターの有線コントローラをいじくり回し、出力を最大にした。何がしたいのか正直よくわからないのだが、吉浦優希はこれ以上ないぐらいに首を振り始めたバイブレーターをアコースティックギターのサウンドホールに突っ込んで中指を立てた。バイブレーターのサイドから突き出たキツツキのくちばしのような形をした部分が、一弦と二弦の間に食い込んでニキニキニキニキニキニキと妙なスクラッチ音を出している。

「じゃあいくぜ！　ワン・ツー・スリー・フォー！」

吉浦優希は自分で自分にカウントを出しておきながら、押さえるべきコードをまだ押さえていなかったことに気づいて動揺し、一発目のストロークを見事空振りした。その瞬間、サウンドホールに突っ込まれていたバイブレーターはあっけなく落下した。

バイブレーターは毒を盛られた薄気味の悪い軟体動物のように、七転八倒しながらサブステージの床を這い回っている。

持ち時間十五分のステージは、すでに十分が経過していた。しかしながら、吉浦優希が繰り出す演奏を含めたパフォーマンスは、現時点において何ひとつ成功しているようには見えなかった。それは毎度のことといえば毎度のことなのだが、その予測不能のちぐはぐぶりは、僕ら観客の目を冗談抜きで釘付けにしていた。

「俺はもうこのステージで死んでやるぅっ！」

進退きわまったと踏んだのだろう。吉浦優希は得体の知れないスプレー缶を手にすると、噴射口を口の中に突っ込みエアロゾルを大量に噴射した。

「んばあああああああ」

いったいなんのスプレーなのだろう。シルバーの泡が口からあふれ出し、吉浦優希は「えだだ……えだい……えだいよぉ」と膝を折って悶絶した。

演奏終了。

サブステージを取り囲んでいた観客は腹がよじれて、催涙弾でも浴びたかのように涙目になっていた。多幸感に満ちた観客は吉浦優希に近づくと、口々に最高だった、最高だったと十五分間の奇跡を称えた。その輪の中には僕もいて、ボギーくんもいた。

二〇一五年九月二十六日。この年の『ヨコチンロックフェスティバル』はこうして始まった。予定調和の「満足」なんかじゃつまらない。そのはるか彼方にある「極致」にいかなければもう祭りとは呼べない――それが『ヨコチンロックフェスティバル』が目指す境地になりつつあった。祭りは断じてイベントではない。人間のエネルギーがノーリミットで解放され、日常を覆うシステムが一挙に無効化し、脳内麻薬がドバドバにあふれて、昨日も明日も関係ない今この瞬間に狂い咲く！　これがボギーくんの考える祭りのあるべき姿なのだ。事実、今年の『ヨコチンロックフェスティバル』は演劇、小唄、インド舞踊が加わり、カオスと狂騒の度合いをさらに深めていた。万国旗が張り巡らされた「ブードゥーラウンジ」には色とりどりのジェット風船が飛び交い、抱え上げられた人間が洪水で流される丸太のように次々と人間の上を転がっていった。そこにはフェスのあり方がどうのこうのとか、ヘッドライナーがどうのこうのとか、そういうシロモノとは無縁の原始的な衝動と狂騒が充満していた。

＊

開会から八時間が経過してなお、「ブードゥーラウンジ」はあふれんばかりの観客で盛り上がっている。日付が変わろうとしているのに、誰も帰ろうとはしない。みんな頭がおかしくなっていて、どれだけ暴れてもまだ暴れ足りないみたいだ。『ヨコチンロックフェスティバル』は、いよいよ常軌を逸してきた。ザ・ボットンズの入場テーマ曲が流れただけで、観客はでたらめに飛びはね始め、革ジャンで武装したメンバーが舞台袖から現れると、奇声を上げてもう暴れていた。

ふーくんのギブソン・メロディメーカーが爆発するような音を出した。鼓膜をつんざく凶暴な音が鳴り響いて、背筋がゾクゾクするようなイントロのリフが流れ出した。

ザ・ボットンズのキラー・チューン「最下層エンターテイメントパンク」が始まった。

おい！　そっちの隣の　一回り狭い方
薄暗い方で　革命の音が鳴っている

テレビには映らない　ラジオでは流れない
電波の届かぬ所で　革命の音が鳴っている

首からタオルぶら下げて　手をつないでまわる奴らに
理解不能の音が鳴る　さあこっちへおいで

まるで『ヨコチンロックフェスティバル』のためにあるような曲だった。ステージ前は人の波でぐちゃぐちゃになり、逃げ場のなくなった観客は舞台に飛び上がると次々にダイブしてフロアに戻っていった。

ギブソン・メロディメーカーを背中に回したふーくんが叫んだ。

「フジロックがなんや！　サマソニがなんや！　そんなんは全部クソや！　お前らは最高や！　全員最高や！　ここが世界のてっぺんや‼」

ヘドロくんのベースが、キラくんのギターが、Ａの音をザクザクと刻んでいる。ギブソン・メロディメーカーは、シングルコイルの非力なピックアップをハウリングさせて吠えていた。

ふーくんの着ている革ジャンは汗の吸い過ぎでもうボロボロだ。ショットのワンスターモデルは左袖がズタズタに裂けてインナーが飛び出している。白いガムテープで補修はされているが、今にもちぎれ飛んでしまいそうだ。ふーくんはその左袖を突き出して歌った。

そろいの振り付けなどは踊らなくていい
ドブネズミが踊る所で　革命の音が鳴っている

彼らが今年のトリだったとしても、誰も文句は言わなかっただろう。それほどザ・ボットンズのステージは素晴らしかったし、『ヨコチンロックフェスティバル』はもう存分に僕らを満足させていた。だが「極致」はまだその先にある。

バトンを受け取ったブルーズビルは、そんな僕らを半殺しにするつもりらしい。持ち時間二十分のステージを全編ダンスナンバーでぶっ飛ばした。ポークパイハットをかぶったボーカルの原田さんは、摩擦で火が出るほどブルースハープを吹き鳴らし、漆黒の渋いスーツで決めたギターの肥後橋《ひごばし》さんは、ギブソン・ファイヤーバードⅢ・ノンリバースモデルからエッジのきいたカッティングをこれでもかと放ち続けた。ブルースとファンクの黒い魔術にかかった観客は雪崩《なだれ》を打ってステージに上がり始め、フロアとステージの境界は完全に消失した。演者も客もごちゃ混ぜになって、「ブードゥーラウンジ」はもうその全体がダンスホールだ。飛び散る汗と交わされる笑顔。自由な踊りと多幸感に満ちたピースフルな暴動は、まるで現代によみがえる「ええじゃないか」だ。

しかしそれでもまだ『ヨコチンロックフェスティバル』は終わらなかった。時計の針はすでに午前一時を回っているが、汗でどろどろになった観客は本当に一人も帰ろうとしない。それは帰るすべをなくしたからではないだろう。まだフロアを埋め尽くすほどいる観客の関心事は、この狂った祭りのフィナーレを自分の目で見届けることにあるのだ。

この期に及んでもバーカウンターは賑わいを見せていた。サーバーから注がれる生ビールのにおいは、踊ることをやめない連中の鼻を著しく刺激するらしい。連中はよく冷えた一杯の生ビールを注文すると、さっそく喉を鳴らして渇きを癒やし、これから流す汗の充《じゅう》填《てん》に励んでいる。

客電が落ちたままのフロアはミラーボールの光で満ちていた。無数の星にも見える白い光は、床を舐め、壁を舐め、そしてサブステージで準備を進めるオクムラユウスケの背中を舐めて世界をまだら模様に染めていた。『ヨコチンロックフェスティバル』もいよいよ最終盤、あとはオクムラユウスケの演奏を残すのみだ。

ビールを手にした観客が、サブステージの周りを囲み始めた。その顔や身体にもミラーボールの光は惜しみなく降り注いで回転している。演奏を終えたバンドマンたちの顔もそこかしこにあって、トリの重責を担うオクムラユウスケの姿を見つめている。

決めるのは誰だ？　やるのは誰だ？　行くのは誰だ？
そう　お前だ！　お前が舵《かじ》を取れ
お前が行け！　お前が走れ！　お前が行くから道になる
前へ　前へ　前へ　前へ　ただただひたすら前へ突き進めばいい

わかるか！　わかるか！　お前が決めろ　お前がしっかり舵を取れ

爆音で流されている「キャプテン・オブ・ザ・シップ」は、曲のクライマックスを迎えていた。火玉と化した長渕剛の身魂歌はその熱量を上げ続け、尽きることのない「ヨーソロー」のバックコーラスと相まって人間の血潮を劇的に騒がせている。ギターを肩から提げたオクムラユウスケは観客に背を向けたまま曲に聴き入り、これからタイトルマッチへ向かうボクサーのように闘争心を高めていた。

行け　行け　行け　行け　お前の命は生きる為《ため》に流れている
行け　行け　行け　行け　お前の命は生きる為に流れている

DJを務めるボギーくんの選曲は最後の一曲まで冴えていた。今これ以上にふさわしいナンバーはこの世にないだろう。隣接するDJブースとサブステージで、兄と弟はただ音楽を通じて交信しているようだった。フロアに集まった観客からも「ヨーソロー」の声が上がってちょっとした騒ぎが始まっている。

お前が決めろ　お前が決めろ　お前が決めろ　お前が舵を取れ！
お前が決めろ　お前が決めろ　お前が決めろ　お前が舵を取れ！

フェイドアウトしていく「キャプテン・オブ・ザ・シップ」に、オクムラユウスケはギターの音をかき鳴らして重ねた。サブステージに照明が入って、「ブードゥーラウンジ」は最後の出演者を照らし出す。フロアが沸いた。背中を向けていたオクムラユウスケが、ゆっくり向き直ってマイクスタンドの前で吠えた。

「ヨーソローッッッッッ！」

オクムラユウスケの火が出るようなステージが始まった。

＊

いったいどういう訓練を積めば、あれほど凄《すさ》まじい演奏が可能になるのだろう。摩擦で削れていくピックから粉が飛び散って、ギターのストラップは早々にちぎれてしまった。四散する唾液と汗。オクムラユウスケは圧倒的な熱量で二曲演奏すると、改造アコースティックギターに接続されていたシールドを力まかせに引っこ抜いた。

その瞬間である。

サブステージの対面にあるメインステージで、突如バンドの演奏が始まった。バスドラとハイハットで刻まれるリズムにベースが滑り込んでくる。

オクムラユウスケが雄叫びを上げながらサブステージを飛び出した。ギターを携《たずさ》えたオクムラユウスケは、フロアを埋める観客にもみくちゃにされながらメインステージにたどり着くと、腹ばいになって這い上がり、転がり、アンプの入力ジャックにシールドをぶち込んだ。

赤、青、黄色、白、緑。

照明が全点灯してまぶしいメインステージのど真ん中。オクムラユウスケはギターの音をハウリングさせながら立ち上がってマイクスタンドを握った。

「オクムラユウスケ&ノット・スポーツですっ！」

劇的な転換だった。粒子の粗いモノクロ映像が、解像度の高いカラー映像に切り替わったみたいだ。ギター・吉田肇、ベース・北里英雄、ドラム・松田美和子。ノット・スポーツは音圧を数倍にして「ブードゥーラウンジ」の床を震わせた。

毎年このイベントの熱量に驚かされ、死に物狂いでそれに応えようとしてきた。これは祭りだけど、修羅場だ。オファーがきた時点で出演者には無言のプレッシャーが突き付けられる。
「おまえはどこまでやれる？」と言われているかのようだ。
かつてオクムラユウスケはブログにそう書いた。『ヨコチンロックフェスティバル』のオファーは演者への挑戦状でもあるのだ。ノット・スポーツは演奏の手を緩めない。疾走するオクムラユウスケに「もっと走れ！」と鞭《むち》を入れる。

生きてるっ　生きてるっ　生きてるっ　生きてるっ！
やったぁ　やったぁ　やったぁ　やったぁ！

明滅するメインステージの照明。乱打される松田美和子のドラム。北里英雄のベースがうなりを上げ、吉田肇のギターは爆音を奏でた。上半身裸になった男たちがもみくちゃになって踊り、肩車をされた女性が乳を揺らしながら両手を突き上げている。ヨコチン纏《まとい》が乱舞した。誰かが手にしていた生ビールが打ち水のように弧を描いて散っている。負傷者が出ないのが不思議なぐらいだ。そのフロアにオクムラユウスケは頭から飛び込んでいった。

生きてるっ　勃《た》ってるっ　生きてるっ　勃ってるっ！
やったぁ　やったぁ　やったぁ　やったぁ！

初めて組んだバンドでのライブにオクムラユウスケは昂《たか》ぶっていた。ずっと一人で表現してきた歌の世界に、ノット・スポーツが彩りを与えたのだ。四人で練り上げ、互いの呼吸と間合いを感じながら演奏する音楽。ノット・スポーツの演奏はストイックで激しい。そのことにオクムラユウスケはひどく刺激を受けている様子だった。

ＵＦＯ　青い光で
ぼくらを　つつんで
ＵＦＯ　きみの星は
きっと　素敵なところなんだろうね
ワレワレハ　ノゾンデ　イルノサ

『ヨコチンロックフェスティバル』を締めくくる最後の曲は「ＳＯＳ ＵＦＯ」だった。

照明の光量がぐっと落とされ、フロアにミラーボールの回転光が再び出現した。吉田肇のギターが宇宙空間を浮遊している。観客はリバーブのかかったオクムラユウスケの歌と切実な叫びに耳を澄ませた。

もうあれからどれぐらいの月日が流れたのでしょうか
僕は今　宇宙にいます
まだ地球が美しかったころ
僕は何も知らない子どもでいることができました

でも　やがて——
やがて知らない方がよかったことを
見ない方がよかったことを
聞かない方がよかったことを
たくさん知ってしまいました
そうすることが大人になることだと
あきらめて　あきらめて

僕は迷子になりました

迷子になってしまった僕は
もう帰る場所を失ってしまった僕は——
さよなら……　僕は宇宙人です

ディストーションとディレイ。吉田肇のギターに激しいエフェクトがかかった。松田美和子のドラムが暴れるように叩かれて、北里英雄のベースが混沌《こんとん》とした音の世界に突入する。「SOS UFO」がバラバラに解体され始めた。オクムラユウスケはハーモニカホルダーに装着したおもちゃの笛を吹き鳴らし、照明は激しい明滅を繰り返した。

せめぎ合う音が砕け散っていく。息が詰まるほどエモーショナルな光景に観客は見入っている。張り詰めた演奏は臨界点を突破して止んだ。無限にループするディレイが作り出す残響の中、笛の音だけが高らかに響く。逆光で四人のメンバーがシルエットになった。

十時間を超える祭りはこうして大団円を迎えた。やまない拍手と歓声にオクムラユウスケが笑って応えている。ノット・スポーツの面々もまた笑顔だ。ボギーくんがステージに駆け上がって、オクムラユウスケをきつく抱きしめた。

「弟よ！」

「……兄ちゃん！」

「俺のかわいい弟よ！」

「兄ちゃん！」

ボギーくんが叫んだ。

「みんな！　俺の弟はすごいやろ！　俺の最大のライバルがここにおる！」

オクムラユウスケは顔をくしゃくしゃにした。それは笑っているようにも、泣いているようにも見える顔だった。

二人は仲良く肩を組むと、右に左にステップを踏んでカニのように踊り出した。

10

ロックスター

二〇一五年の秋から冬にかけて、僕の周りで起きることはおおむね順調だった。

僕が書きあげた原稿は十二月の出版に向けて着々と準備が進んでいて、何度かの手直しをしてしまうと、僕がすることはほぼなくなってしまった。信頼できる相手と仕事をするというのは、きっとそういうことなのだろう。ナナロク社の川口さんは、僕の初めての著作に真剣に向き合ってくれたし、その仕事ぶりは何事においても丁寧で心地よかった。

何よりうれしかったのは、大切な仲間がまた一人増えたことだ。ただ本を出すだけではない。何を大事にして生きているのか。そこに共感できる部分がなければ、人は人と本当には付き合えない。幾度となく繰り返すやりとりの中で、あるいは顔を合わせる中で、川口さんはかけがえのない存在になっていった。

書名は『へろへろ　雑誌『ヨレヨレ』と「宅老所よりあい」の人々』に決まった。

表紙の装画はもちろんモンドくんだ。モンドくんもまた、かけがえのない大切な仲間の一人になっていた。幸いモンドくんの方でもそう思ってくれているらしく、ときどき「今から野球するっちゃけどさ、メンバーが足りんけん、ねえ一緒行かん？」と僕の家まで誘いに来る。「カブト虫欲しいなら一匹やろうか？」とか、「もし家を追い出されたらさ、そんときはうちに泊まればいいけん」とか、モンドくんは何かと僕に親切だった。

ボギーくんも順調に忙しくしていた。八日間で七か所を回る『ボギー胴上げツアー』に嬉々として出かけていくと、各地で毎日のように胴上げされていた。

「こら！　恥ずかしがらんで肩ば組め、このバカチンが！」

海援隊の「贈る言葉」が会場に流れ始めると、ボギーくんは「3年B組ボギ八《はち》先生」に変身する。身振り手振り話しぶり。そのすべてが即座に武田鉄矢と化し、意味不明のバカチン説教を垂れながら「贈る言葉」を歌い出すのだ。

「ほら！　肩ば組んだら輪にならんか、このバカチンが！」

ボギ八先生はそうして観客の輪の中に入ると、「悲しみこらえて微笑むよりも涙かれるまで泣くほうがいい」とヘッドバンギングしながら熱唱する。

そのバカバカしさにしてやられるのだろう。あるいは肩を組んだことで生まれる一体感がそうさせるのかもしれない。いつしか観客もボギ八先生に倣《なら》ってヘッドバンギングしながら熱唱を始めてしまうことになる。京都で行われた『ボロフェスタ』では、このボギ八先生が大受けして一日で二回も胴上げされた。

「あなたたちはバカチンです！　となりでくるりが演《や》ってるというのに、ボギ八先生を見てるあなたたちは、ハッキリ言って大バカチンです！　いいですか！　そんなあなたがたは、そんなあなたがたは、もう立派な福岡県民です！」

ボギ八先生は大勢のバカチンどもに胴上げされながら、会場の外まで連れて行かれた。

「わっしょい！　わっしょい！　わっしょい！　わっしょい！」

「やめんか、このバカチンが！　うはははははは」

とまあ、ボギ八先生はいつもこんな調子だ。


ロマンチックな大仕事も決まった。地元の人気水族館から「クリスマス期間中の夜、パノラマ大水槽の前でライブをしませんか？」という話が来たのだ。モンドくんの似顔絵屋さんとボギーくんのライブで三日間。夜の水族館を素敵に盛り上げて欲しいというのが先方からの要望だ。ボギーくんのスケジュールは年末に向けてびっしり埋まりつつあった。

　オクムラユウスケもライブの本数が飛躍的に増えた。ソロ活動とバンド活動。その両輪をダイナミックに回転させて演奏に励んでいる。

　数が増えただけではない。表現の質も純度を高めていた。音楽を欲求不満解消の道具にすることなく、ライブにそのはけ口を求めることもない。鬱憤《うっぷん》や屈託を演奏にぶつけて爆発させるライブは、それはそれで激しいものがあったが、今のオクムラユウスケの激しさは、もっと純粋に音楽と向き合ったところから生まれてきているように感じる。

　新曲の「ロックスター」も、そのことを強く感じさせる曲だった。

　　ロックで飯が食えるヤツなんて　ほんの一握りだよ
　　俺は端《はじ》の端《はじ》をカリポリかじらせてもらってるだけさ

　「ロックスター」は陽の目を見ることがないまま歳をとり、それでも音楽活動を続けている男の歌だ。彼には妻も子どももいる。もちろん音楽だけではまったく食えていない。輝いていたはずの夢も、旺盛だったはずの創作意欲もいつしか錆《さ》びついて、ふと現実を見つめることが増えてきた。俺はこのままどうなっていくのだろう。茫漠《ぼうばく》とした不安と、こみ上げてくるほろ苦い心情。オクムラユウスケは、「逃げ場を失い、心が折れつつある中年男」をモデルにして歌の世界を作り上げていた。

タバコも酒もどうしてもやめることができないんだ
なんていうか……暮らしにまみれた日常へのささやかな抵抗ってやつかな
曲はさっぱりできないね　昔の歌ばっかり唄ってるよ
学校がどうだとか　大人がどうだとか
俺もいい歳して何やってんだろうねぇ
アイム・ロックスター　アイム・フリーダム
アイム・ロックスター　デイ・ドリーム・ビリーバー

静から動、動から静へと曲は展開していく。強がりは弱さの裏返しだ。自虐は弱音の照れ隠しでしかない。オクムラユウスケの歌はその狭間《はざま》を揺れ動いていた。

ギター弾いてる時間よりアイロンかけてる時間の方が長くなっちまったよ

本業はロックミュージシャンって言いたいけど
すっかりスーツ姿が板に付いちまったなぁ
でも　夢を諦めたわけじゃないぜ
まぁ　俺が夢を諦めることが
家族にとっての夢なのかもしれないけどね

その揺れに、誇れる確かさを持たない僕の心が動き出す。

本を書いている間の八か月、僕にはいっさいの収入がなかった。生活はすべて妻の稼ぎと貯金でまかなわれたが、そのことでなにか言われたことは一度もない。そればかりか、僕はその間、妻から八十万円もの金を借りた。そういうことは今までにもたびたびあったし、そうして借りた金は今もろくに返せていない。妻はいじらしい節約をしながら生活をやりくりし、金券の当たる懸賞にもこっそり応募していた。テーブルの引き出しをあければ、いろんな応募券の入った小さな缶のケースがある。妻は毎日朝早くから出かけていき、夜遅くまで働いていた。僕はその金で「ブードゥーラウンジ」に通っていたのだ。
後ろめたさがないと言うのはうそだろう。なにも言われないことが、逆につらいこともあった。それでもこの仕事を続けていることを意地と呼ぶなら、僕の場合はあまりに虫が良すぎる。そんなものは意地でもなんでもない。僕はなんだかんだと理由をつけて、逃げ回ることだけうまくなったのだ。日を追うごとに後戻りが難しくなって、そのうち帰り道がわからなくなった。いつまでこんな真似を続けるのか。きっと死ぬまで続けるのだろう。見切りをつける勇気と賢さがあれば、こんなところまで来ることはなかった。でも――。

オクムラユウスケの「ロックスター」が最終章に入った。

夢といえば……
そう　夢といえば
ＰＡも客も誰もいないライブハウスで一人歌い続けてる夢をよく見るんだ
薄暗いステージでピンスポットだけが俺を照らしててさ
だけど　悪い夢じゃないんだ
笑ってるんだよ　俺
なぁ　間違ってないよな！
アイム・ロックスター　アイム・フリーダム

アイム・ロックスター　デイ・ドリーム・ビリーバー

僕は本を売ろうと思う。売りたいと思う。売れなければならないと思う。でなければ僕にはもうなにもない。

2

「二百万部売れる本にして欲しい！」

本の装丁で希望することはありますか？という問いに、僕は即答した。

「ほかには？」

ナナロク社の川口さんは、左手でボールペンをノックしながら僕にたずねた。

「ない」と僕は答えた。

「わかりました。デザイナーにはそう伝えます」

川口さんは手帳に「二百万部」と書いた。

「私もそれでいいと思います」

二百万部の話は半分冗談で半分本気だった。せっかく書いたのだ。出来だって悪くない。少なくとも僕ら二人は「相当おもしろい」と思っている。出版には博打《ばくち》の要素があって、当たればでかい。話題になれば、放っておいてもバカ売れだ。無名の著者の本がいきなり二百万部も売れたら、さぞかし痛快なことだろう。出版不況を笑って吹き飛ばす変な革命が起きるかもしれない。川口さんも「それだけの部数が出たらどうなるのか、私も一度見てみたい」と言った。そして「なんだか二百万部いく気がしてきました」と笑った。

「本が出たら全国でトークショーしたいですね」と川口さんは言った。本が売れなくなってからというもの、出版界では著者の書店訪問と出版記念トークショーはごく当たり前の行事になりつつある。しかし——と僕は思う。著名作家ならいざ知らず、僕みたいな人間がそんなことをやって誰が喜ぶのだろう？　書店では怪訝《けげん》な顔をされて、トークショーには誰も来ないのではないだろうか。

「福岡は地元だから少し派手にやりましょうね」

僕は五十歳になっていた。これが最初で最後のチャンスになるだろう。よくよく考えれば、そのチャンスをもらっただけでもありがたい話だったのだ。そのチャンスを活かそう。

怪訝な顔をされても、誰も来なくても、本を売るためならなんだってやろう。

福岡は――と僕は言った。

「ボギーくんと対談して、オクムラユウスケにライブしてもらうのはどうだろう？」

川口さんは「あ、それいい！」と言って喜んだ。さっそく手帳にも書き込んでいる。

「モンドくんにも似顔絵屋さんをやってもらいたい」

彼らが一緒なら僕も心強い。「もう言うことなしです！」と川口さんは手帳を閉じた。

川口さんが手帳を閉じるのは「仕事の話はこれでおしまい」という合図だ。そこから時間の許す限り、四、五時間ほど雑談をするのが僕らの打ち合わせの常だった。

川口さんがボギーくんやオクムラユウスケのファンになったのも、思えばこの雑談がきっかけだった。僕があまりにも彼らのことを絶賛するものだから、「私、絶対見に行きます！」と、東京で行われるライブに足を運ぶようになったのだ。川口さんは見た目こそ文学的でおとなしめだが、中身は獰猛《どうもう》なスッポンである。一度食らいついたら離さない。二人のCDを買いそろえ、Tシャツも通販で取り寄せてにやにやしている。担当編集者がノリのいいスッポンで本当に良かった。

それにしても仲間というものはありがたいものだ。オファーを出すとすぐに気持ちのいい返事が返ってきた。ボギーくんを始めとする三人は、僕のトークショーを大いに盛り上げてくれるらしい。「いよいよデビューっすね。ユウスケもやる気まんまんすよ」とボギーくんが言った。まるで自分のことのように楽しみにしてくれているのが何よりもうれしい。

福岡でのトークショーは、年明け早々に行われることが決まった。そうして僕らはそれぞれの十二月を迎えた。

＊

僕の十二月は心躍る十二月になった。

鹿子さん。出版、おめでとうございます。本ができあがりましたので送ります。私にとっても思い入れの深い、大切な一冊になりました。ナナロク社みたいな小さな出版社に大切な原稿を預けてもらったこと、本当に感謝しています。この一年あまり、鹿子さんから毎月送られてくる原稿を読むことが、私のなによりの楽しみでした。だからこうして一冊になると、喜びと同時にさびしさもあります。とにかく頑張ってたくさん売ります。二百万部、目標ですもんね。東京でのトークショーも近づいてきました。飛行機のチケットは別便で送ります。速達で送りますので、たぶんすぐ届くと思います。どうかお風邪など召されぬよう気をつけて。東京でお会いできること、ナナロク社一同楽しみにして待ってます。

（追伸）ボギーさんとユウスケさんにも本を送りました。喜んで読んでもらえるとうれしいな。

月初めに届いた荷物には、僕の初めての本『へろへろ　雑誌『ヨレヨレ』と「宅老所よりあい」の人々』が五冊と、川口さんからの手紙が入っていた。発売は十二月十二日。ついに僕の本が書店に並ぶのだ。そう思うと、雑誌のときとはまた違う不思議な感慨があった。

アマゾンでも取り扱いが始まっていたので記念にポチった。そのことを「へろポチ予約」と称しておもしろおかしくツイートしたら、「私もへろポチ予約した！」「俺も今からへろポチ予約する！」「みんなでへろポチ予約しよう！」と妙な盛り上がり方をして、おかげでアマゾンの売れ筋ランキングが一時的におかしなことになった。オクムラユウスケもへろポチ予約をした一人で、よくわからないことにナナロク社の社長・村井さんまでへろポチ予約をしておもしろがっていた。

東京で行われた二回のトークショーはどちらも満員になった。初日はブックディレクターの幅允孝《はばよしたか》さん、二日目は詩人・谷川俊太郎さんとの対談である。僕は大勢のお客さんを前にふわふわしていた。とにかく盛り上げないと本が売れないような気がして、あることないことメチャクチャな話をした。ありがたいことに用意していた百冊はほぼ完売状態で、僕は求められるままにサインをし、落款《らっかん》を押しまくった。大理石でできた立派なハンコは、かつて谷川さんが自著に押していたものだ（「宅老所よりあい」のバザーで偶然見つけた）。それを本人に無断でばんばん押した。

「あれ？　そのハンコは……」

「そうです。僕のサインだけだとありがたみがないと思って」

それが僕の十二月だった。

ボギーくんの十二月は、充実した気分に包まれた十二月だったに違いない。会社設立から丸一年。音楽とそれにまつわる仕事だけで、家族五人ちゃんとメシが食えたのだ。ボギーくんにとって、それは間違いなくひとつの達成だったと言っていいだろう。「音楽で家族を養う」という命題に、きちんとした答えを出したのだ。

「ブードゥーラウンジ」で始まった音楽漬けの一年は、やはり「ブードゥーラウンジ」で締めくくりである。年末恒例の『ラウンジサウンズフェスティバル』と『40人弾き語り忘年会』は、どちらも多くのミュージシャンが出演するにぎやかなライブだ。この二つの大きなイベントをもって、ボギーくんは盛大にライブ納めをする。ちなみに『ラウンジサウンズフェスティバル』は、今年から『ラウンジサウンズカーニバル』に名称が変わるようだ。

「もうフェスという呼び方自体が陳腐。そんなもんで血湧き肉躍る時代は終わった。これからはカーニバルで発情する時代。俺がやりたいのは酒池肉林の祝祭」

ボギーくんに言わせるとそういうことになる。とにかく『ラウンジサウンズカーニバル』は、ボギーくんが年間を通してブッキングしている「ラウンジサウンズ」の総決算とも言える祭りだ。ギター一本の弾き語りからノイズミュージックまで。統一感まるでゼロの顔ぶれが集結して行われる昼夜ぶっ通しのイベントである。

この祝祭に、ボギーくんはデスマッチ要素満点のカードをぶっ込んできた。

オクムラユウスケ×内村耐寒。

さすがはボギーくんだ。これは共演レベルのブッキングではない。双方に大きな負荷がかかる決闘である。今年の『ラウンジサウンズカーニバル』は、この二人のステージが間違いなく目玉になるだろう。

オクムラユウスケの十二月は、その決闘に向けてのぼりつめていく十二月になった。テンションの純度を保ち、アドレナリンの濃度を上げ続ける。内村耐寒というドラマーと五分に渡り合おうと思えば、そうした覚悟と特殊な気合いが必要になってくる。それは福岡で音楽活動をしている人間なら、周知の事実と言っていいだろう。

飢えた鬼を思わせる外見。ひりひりするような殺気。近寄りがたいムード。たった一撃でそれとわかる真剣白刃のビート。容赦も妥協も許さない空気の中で、野性と獣性を剥《む》き出しにしながら音と向き合い、一期一会の音楽をスリリングに組み上げ、同時に解体もしていく――それが内村耐寒というミュージシャンの姿である。内村耐寒は内村耐寒以外の何者でもないし、そういう意味合いにおいて孤高だ。少なくとも僕はそう思っている。しかしオクムラユウスケもまた、誰にも真似できない世界を持つ孤高の存在なのだ。

孤高と孤高とが火花を散らす激突のステージは、日一日と迫りつつあった。師走は足早に過ぎていく。『ラウンジサウンズカーニバル』の開幕まで、もう残り時間は少ない。

3

右を向いてもはみだし者。左を向いてもはみだし者。前も後ろもはみだし者である。ここに集まっている連中は、客も演者もすべてはみだし者だと思って間違いないだろう。『ラウンジサウンズカーニバル』は、そうした人間たちの祭りなのだ。

「ブードゥーラウンジ」のステージには紅白の垂れ幕が張り巡らされ、今年の「ラウンジサウンズ」を盛り上げたグループが次々に登壇してフロアを沸かせていた。

中でも、鮫肌尻子とダイナマイトのステージは抜群の盛り上がりを見せている。

あなたのギターで目が覚めた
あなたのシャウトで火が付いた
そうよ　あなたは私の　ロックンロールスター

ボーカルの鮫肌尻子が、漆黒のテスコ・メイクィーンをかき鳴らしながら歌っている。一途《いちず》な乙女ごころを歌った甘酸っぱいバラードは、どこか昭和の歌謡ポップスを思わせるナンバーだ。

　毎日毎日追っかけたい
　あなたが頭を離れない
　どうか私に気づいてお願い　ロックンロールスター

　この一年、鮫肌尻子とダイナマイトはどのバンドよりもがむしゃらに演奏をこなしてきた。ライブのたびに無料の特典グッズを作って、一人でも多く集客しようと奮闘もしてきた。そのことはここにいる誰もがおそらく知っている。

　そういう地道な活動がようやく実を結んできたのだろう。演奏にはバンドとしてのまとまりが生まれ、メンバーのキャラクターも立ってきた。おもちゃ箱をひっくり返したような痛快さを武器に、鮫肌尻子とダイナマイトは客が呼べる人気バンドのひとつになりつつある。どこかちぐはぐで落ち着きを欠き、ただ暴れるだけだった不完全燃焼バンドの姿は、もうどこにも見当たらない。

　僕は、ステージに立つ鮫肌尻子の表情が一変した日のことを思い出す。気がふれた猿にしか見えなかった顔に、チャーミングな笑顔が宿ったあの日のことだ。

あの日の鮫肌尻子とダイナマイトは、はつらつとした喜びに包まれていた。バンドの歯車はおもしろいぐらいに噛み合い、演奏は右肩上がりにドライブして止まらなくなった。キャッチーな歌の世界に、キッチュなガレージサウンド。それは僕が愛してやまないめくるめくロックンロールの時間だった。何がきっかけでそうなったのか、僕にはよくわからない。でもその日以降、鮫肌尻子とダイナマイトはまるで魔法にでもかかったように、バンドとしての魅力を急激に増していくことになったのだ。

それを成長と呼ぶのであれば、平日の「ラウンジサウンズ」は、その過程を目撃できる定点観測の場と言えるのかもしれない。そして、そうした瞬間を誰よりも多く目撃し、それを自分のことのように喜んでいるのは、言うまでもなくボギーくんだろう。たとえ荒削りでも、見所があるバンドには出演できる場を用意し続ける。バンドが伸びる刺激的なブッキングを考え、化ける日が来るのを辛抱強く待つ。ボギーくんがこの十年間、「ラウンジサウンズ」を通してやってきたことの尊さは、きっとそういうところにあるのだ。

＊

年の瀬がもたらす弾んだ騒々しさは、歳末セールでにぎわう天神の街から、ここ「ブードゥーラウンジ」にも流れ込んできているようだった。新しい年を迎える前の、わくわくとそわそわの入り交じった気配がそこかしこに漂って、ライブの熱気に拍車をかけている。

午後二時に開演した『ラウンジサウンズカーニバル』は、折り返し地点を迎えてますます盛り上がりを見せていた。ハウリングセッタ、白痴、のーの、ぱちゅ～む。音楽性は見事にバラバラだが、どんなジャンルやスタイルであろうと、いっさい関係なく飲み込んでしまう胃袋の強さが僕らには備わっている。でなければ、ポールマッカートニー（替玉）などというミュージシャンの登場にいったい誰が喜びを感じるというのだろう。

ポールマッカートニー（替玉）は、ヅラをかぶってポール・マッカートニーの曲をキーボードで弾き語る、ポール・マッカートニーと似ている部分を見つける方が難しい日本人のおじさんだった。まあ出オチと言えば出オチ感満点なのだが、どんなにヤジが飛んでも片言の日本語ＭＣで優雅にかわしまくり、演奏をやめようとしないメンタルの強さは、本家ポール・マッカートニーも感服するなかなかのものと言っていいだろう。

そうした演奏が繰り広げられている中、例の桟敷《さじき》席的スペースの一角では、オクムラユウスケがアコースティックギターの弦を張り替えていた。六本の弦は一本一本、テンションをかけながらゆっくり張られていく。手慣れた手つきだが、その作業は黙して丁寧だ。

彼が最近使用しているヤマハＦＧ１８０の復刻版は、ピックガードが大幅にカスタマイズされている。サウンドホール下部とその周辺を完全に覆っている特注のピックガードは、通常サイズの二倍はあるだろう。そうでもしておかないと、ボディートップの板が激しいピッキングによって削れてしまうのだ。

弦の張り替えを終え、チューニングを済ませたオクムラユウスケは、続いて右手の爪に瞬間接着剤を塗り始めた。親指、人差し指、中指。激しいピッキングで削れるのはボディートップだけではない。鉄弦と接触する爪もまた削れてしまう。瞬間接着剤のマニキュアは、念入りに、分厚く塗り重ねられていった。その準備にかける時間が、彼を集中に導いていくのだろう。オクムラユウスケは楽屋に消えると、そのまま姿を見せなくなった。閉められた扉の向こうから、激しくギターをかき鳴らす音が薄く漏れて聞こえている。

オーケーエビバデー！　ヨコチンレーベルのボギーです！「ブードゥーラウンジ」で毎週やってるラウンジサウンズは、２００５年の5月にスタートし今年で10年目になります。面白ければ何でも良し！の精神で数々の名物企画や珍企画を生みだし続けながら夜な夜な音楽に笑ったり、感動したり、酔いどれたりしております。福岡には面白いバンドがいっぱいいるのですが、それに気付いてない人もまたいっぱいいるのです。現場は面白い!!　魔法のような夜がたくさんあることに気が付いて欲しい。「ラウンジサウンズカーニバル」はまさにそんなお祭りなのです！　知らないバンド

や変な名前のバンドもオシャレな音楽も狂った音楽も、全てがごちゃまぜ！　そして全てが本気！　だから面白い‼

今夜のイベントチラシが、テーブルに置き去りにされて濡れていた。誰かがこぼしたアルコールを吸って、チラシにつづられたボギーくんのメッセージはよれよれに波打っている。飲み干されたコロナビールの瓶。くしゃくしゃにつぶされたメンソール煙草のパッケージ。灰皿に放置された煙草はフィルターの手前で燃え尽き、白い灰が煙草の形をして残っていた。ダウンライトに照らされた桟敷席のテーブルは、いつもそうしたもので雑多に散らかっている。そのテーブルのすぐそばで、モンドくんは似顔絵屋さんをやっていた。

フロアでは二人の女性によるパフォーマンスが始まった。

恋の病いにお医者をよんで
キュ キュ キュ　キュ キュ キュ
氷枕で風邪ひいた
ブンガチャ チャ　ブンガチャ チャ

北島三郎の「ブンガチャ節」で舞い踊っているのは、とっ、つ、と秋風リリーである。

とっつは木下大サーカスの団員として僕らの街にやってきた。落下したら即死確実の高所までロープをするする登っていき、足だけひっかけてくるくる回るデンジャラスな芸をサーカスで披露している。オーストラリア国立サーカス芸術学院で基礎をたたき込まれたプロのパフォーマー。引き締まった肉体から繰り出される動きはきれきれで、フットジャグリングやパントマイムも楽々こなす。

秋風リリーはとっつが連れてきたダンサーだ。ダンサーと言っても、芸風は古き良き時代に存在したレビュー小屋の踊り子に近い。豊満で昭和的な肉体から繰り出される踊りはぶるぶるで、勢いよく脱ぎ捨てられたブラジャーの下からぷるんと飛び出した乳房の先端には、ふさのついた真っ赤なラメシールが貼ってあった。渦巻く女体。一気にネオンくらげ化するバーレスクなムードに、やんややんやの喝采が飛んでいる。

フロアが異様な盛り上がりを見せている一方、幕の引かれたメインステージでは粛々とセッティングが進んでいた。ＰＡスタッフの塚本さんが幕からときどき顔を出し、ブースのコースケさんとコンタクトを取り合っている。いよいよオクムラユウスケ×内村耐寒のステージだ。この幕の向こう側に二人がいる。熱演の続いたプログラムはもう一時間以上押していて、時刻は午後十時を回っていた。

4

フロアの照明が落ちてＤＪボギーのＭＣが入った。

「オーケー・エブリバデー！　次は俺が個人的にどうしても観たかった対決ぅ！　宮本武蔵に佐々木小次郎、矢吹丈に力石徹、県警対組織暴力、ゴジラ対キングギドラ！　そういう対決に匹敵するこれは世紀の大決闘ぅ！　ドキドキするぅ！　わくわくするぅ！　オーケー、それでは始めよう！　オクムラユウスケ×内村耐寒っっっっっ！」

尖ったチューニングのドラムが叩き鳴らされ、メインステージの幕が左右に割れた。向かって左にオクムラユウスケ。向かって右に内村耐寒。まるで赤コーナーと青コーナーだ。内村耐寒のドラムセットはステージ前方にせり出すように配置されていて、オクムラユウスケの方を向いて牙を剥く態勢をとっている。

オクムラユウスケは、ピックアップをネジ止めしたヤマハの改造アコースティックギターを血でも噴き出させるかのようにかき鳴らし始めた。内村耐寒はそんなオクムラユウスケを一切見ることなく、ドンピシャのタイミングで殺傷能力の高いビートを叩き出した。

ギラつく街の痩せ犬はぁ
誰の目にも触れぬままっ
腐った肉も噛み切れず　骨になるまで横たわるぅ！
忘れーないで　忘れーないで

百烈の拳《こぶし》に百烈の拳。ゴングと同時に両者ボコボコに殴り合うペース配分無視のライブが始まった。真横から直撃するドラムの音圧に対抗すべく、オクムラユウスケは限界に近い声量で歌っている。内村耐寒も容赦ない。だからなんだ、それがどうしたと、金属片が刺さったような音を石つぶてにしてぶつけてくる。

夜行列車に乗り込んだぁ
夜逃げの家族は泥棒だった

先立つものがないのならぁ
逃げた先でも泥っ棒よっっっ！

内村耐寒の長髪が巨大な筆になって、前に後ろに大きく弧を描いている。バスドラの一発一発。スネアの一発一発。フロアタムの一発一発。純度の高い結晶のようなビートに曖昧さなどひとつもない。

小細工なしの照明がステージをまぶしく照らしていた。飛び散って交差する汗は二人のけだものが散らしている血しぶきにも見える。

ドクロみたいな顔をしたぁ
男がケタケタ笑い出す
何も可笑《おか》しくないのによぉ
ケタケタケタケタケタよく笑うっっっ！

十分におよんだ激しい曲が終わると、オクムラユウスケはプラスチックのカップに入った焼酎をむさぼるようにがぶ飲みした。その間も内村耐寒は休むことなく、バチバチのリズムをキープし続けている。インターバルは認めないということだ。口から噴きこぼれた焼酎は、あごを伝い、喉仏を伝い、Tシャツを濡らしながらヤマハのギターにも降り注いだ。素早く喉をうるおしたオクムラユウスケは、呼吸を整える間もなく、二曲目に突入していく。

「ワンタッチしたくなってきたぜぃ！　ワンタッチしたくなってきたぜぃ！　ワンタッチ、したくなって、きたぜぇぇぇ！」

オクムラユウスケのギアが一段上がり、二人はさらにアクセルを踏み込んだ。怒濤《どとう》のイントロダクション。爆発的に放出されるアドレナリンが神経節を伝って駆け巡り、リミッターの制御を次々に解除していく。二人は次元の違う世界へ行くつもりなのだ。

満員電車の触《さわ》り心地《ごこち》とまんざらでもない触られ心地っ！

手すりスリスリ すりよりスリスリ するよりスリルなことするかいっ?!

もう歌詞の内容がどうのこうのではない。ステージから放射されている強烈な熱が、観客の肌を震わせているのだ。どうしてこんな演奏ができるのか。オクムラユウスケの見開かれた目には獣性が宿り、激しく髪の毛を振り乱している内村耐寒には悪霊が憑《つ》いていた。散弾のように繰り出される早口言葉の歌詞に、鋼鉄《はがね》のビートが猛り狂いながら併走する。曲はあっという間にクライマックスへと駆け上っていった。

ユウスケスケベにワンタッチ！
ユウスケスケベにワンタッチ！
ユウスケスケベにワンタッチ――

改造ギターが宙を舞った。オクムラユウスケはなんの躊躇《ちゅうちょ》もなく頭からフロアにダイブすると、観客への無差別ワンタッチ攻撃を始めた。

ユウスケスケベにワンタッチ！
ユウスケスケベにワンタッチ！
ユウスケスケベにワンタッチ！

オクムラユウスケの手がひた、ひた、ひたと肉体の一部をワンタッチしていく。それは男女関係なくおおむねソフトタッチだが、場合によっては、ジャンピングヒップアタック、ブルドッキングヘッドロック、ローリングソバットといったプロレス技に取って代わることがある。今夜も一部の観客が犠牲になった。

　ユウスケスケベにワンタッチ！

　ワンタッチ攻撃はバーカウンターにたむろする観客にも行使され、ついには場内を一周した。その間も内村耐寒のドラムは激しく打ち鳴らされている。もみくちゃになってステージに戻ったオクムラユウスケが、ギターを抱えなおして叫んだ。

　ユウスケスケベにワンタッチ！

　酷使された喉はもうガラガラにかれている。オクムラユウスケはギターをかき鳴らしながらジャンプを決めると、膝を折ったまま着地した。内村耐寒はその様子を一切見ることなく、決めの一発を着地タイミングのジャストに合わせた。
　二曲目が終わった。
　どっぷり汗を吸った二人のTシャツから、湯気がうっすら立ちのぼっている。両者ともに激しく肩で息をしているが、曲が終わってもバスドラの音はやまない。内村耐寒はしたたる汗を手の甲でぬぐいながらキックペダルを踏み続けた。やはりインターバルはないようだ。オクムラユウスケはカップに残っていた焼酎を一気にあおると、むくむくと立ち上がってマイクに向かった。

「ど、ど、ど、どぉ〜ぶちゅ、どぉー、ぶつ、ぶつ、動物ぅ、大、図、鑑っ！」

オクムラユウスケのストロークが、猛烈なスピードで鉄弦をヒットし始めた。そのリズムは野生馬の集団疾駆《しっく》そのものだ。肘を軸にして振り下ろされる筋肉質の腕。ヤマハの改造アコースティックギターが、ボディを振動させて爆音を吐き出した。

君からもらった　別れの手紙
破いて食べたぁ
メェー！　メェー！　メェー！　俺はヤギっっっ！

二人にはアイコンタクトも何もない。あるのは研ぎ澄まされた感覚と深い集中による意思の交流だ。拳を交えることでわかり合える人間がいるように、演奏をともにすることで通じ合える人間もいるのだろう。本当の真剣勝負とはそういうものかもしれない。自分が何者であるかをさらしながら絞り出し、それを燃やし尽くすのだ。

悔しくてぇ　悔しくてぇ
声あげ泣いたぁ
ブゥー！　ブゥー！　ブゥー！　俺はブタっっっ！

「動物大図鑑」は著しく体力を消耗する長尺のナンバーだ。密度の高い演奏はすでに二十分以上続いているが、二人はその手をまるでゆるめようとしない。まぶしく発光する二人の姿を、観客は目に焼き付けるようにして見つめていた。叩きのめされるような興奮はそれ以外に反応のしようがない。

メエー！　メエー！　メエー！
モォー！　モォー！　モォー！
ブゥー　ブゥー　シャーッ　シャーッ
ああっ！　ああっ！　ああっ！　俺って何っっっっ?!

総演奏時間三十分強。オクムラユウスケはすべてを終わらせるべく、渾身の一撃を改造ギターに叩き込んだ。その刹那《せつな》、内村耐寒は暴れ馬のように立ち上がり、シンバルに鉄槌を下した。嘘偽りのない歓声はやまない。二人は倒れ込むようにして舞台袖に消えていった。

客電はしばし間を置いて灯《とも》った。緊張から解放されたフロアには、独特のすがすがしさが漂っている。圧倒的な熱演がもたらした余韻はそう簡単に消えるものではなく、客の多くはその場を離れようとしない。

オクムラユウスケの噴きこぼした焼酎がステージの床に黒いシミを作っていた。指からはじけ飛んだピックも転がっている。そうした残滓《ざんし》のようなものが、ライブハウスのステージにはよく似合う。

演奏を終えた二人は、それからしばらく、舞台袖にある前室から出てこなかった。あの濃密な時間はきっと重力の違う世界にあって、そこから解放されるには、それ相応の毒抜きが必要になるのだろう。気力と体力の激しい消耗もあったに違いない。張りつめていたものが解けると、それは倦怠《けんたい》となって押し寄せてきて、人を抜け殻にしてしまうものだ。

特殊な位置にセッティングされていた内村耐寒のドラムがバラされ始めた。メインステージでは、ザ・ボットンズの演奏に向けて、機材の入れ替えとレイアウトの変更が行われている。対面のサブステージでは、今年「ラウンジサウンズの女王」と化した林まゆが観客の嬌声を浴びまくっていた。

長時間にわたって繰り広げられた『ラウンジサウンズカーニバル』も、あと二組の出演者を残すのみだ。酔いの回った連中はもうそこら中にいて、酒くさい息を吐きながら間違ったボリュームで会話を交わしている。酒池肉林の祝祭。はみだし者たちのカーニバル。僕らの二〇一五年はこうしてにぎやかに暮れようとしていたが、そのときの僕らはまだ誰も、オクムラユウスケの身体に異変が起きていることを知らなかった。

青い春

11

「よくないお知らせです」

ボギーくんからメールが送信されてきたのは、十二月二十九日のことだった。

「ユウスケの耳が聞こえなくなってしまいました。もしかすると突発性難聴かもしれません。そうでないことを願うばかりですが、最悪の場合、決まってるライブは（出版記念トークショーの企画も含めて）全部キャンセルになると思います。今はとにかくユウスケの身体のことが心配です」

詳細がわかり次第また連絡します――メールの文面はそう締めくくられていた。それは狂乱の『ラウンジサウンズカーニバル』からわずか二日後のことで、浮かれた気分が抜けないままでいた僕は、留守中に家が全焼した人のような気持ちになった。思いもよらぬ事態はそうして始まり、そして喜ばしくない方に転がっていった。

【オクムラユウスケのブログ・二〇一六年年一月六日より抜粋】

二〇一五年はとにかくライブに明け暮れた。
月五本から七本ペースで、オファーがきたイベントはほぼ引き受けた。
一年間無我夢中でライブをし続けていく中で、
演奏の集中力と精度がどんどん上がっていくのがわかった。
初めて組んだバンド「オクムラユウスケ&ノット・スポーツ」と、
鬼神ドラマー・内村耐寒さんとのユニットで演奏できたのが大きかったと思う。
一人でやれる限界を軽く飛び越えさせてくれた。

まだいける。まだやれる。

そう思いながら挑んだ二〇一五年十二月二十七日。

あの日、耐寒さんと演奏した直後、もう息できんくらい酸欠みたいになった。
ほんとギリギリやった。
楽屋に戻ってヒーヒー言って……全部出し切ったんだろうな。

自分の限界まで出し切るのがどういうことか、
それを越えた先にある感覚はどんなものか。
今まで何度も味わってきたはずだったけど、
あの日のライブでようやくはっきり掴《つか》めたような気がした。
でも掴めた途端に突発性難聴になった。

子育てとライブ、飲酒、喫煙、爆音、食生活、ストレスやら疲れやら……。
原因はわからないし、全部のタイミングだと思う。
つまり、なるべくしてなったもの。

やるとこまでやってこうなったんだから悔いはないし、
あの日は二〇一五年を締めくくる最高のライブだった。

まだ頭の中で耳鳴りがぐわんぐわんなってるけど、
あの時の身体が張り裂けそうな感覚はずっと残ってる。

＊

年が明けてすぐ、オクムラユウスケは入院することになった。オクムラユウスケはあの日のライブ以降、左耳の聴力を完全に失っていて、ひどい耳鳴りからくる猛烈な違和感にも悩まされていた。一歩外に出るとカオスのような音が濁流になって押し寄せてくる。ためしに大きな声を出してみると、声は大量に鍋が落ちてきたような音を立てて頭骨内で反響した。

医師の話によると、突発性難聴は治療がとても難しい疾患らしい。完治の確率が三割、改善する確率が三割、あとは現状維持か、最悪の場合は悪化ということだった。言うまでもない話だが、耳はミュージシャンにとってもっとも大切な器官である。音を感知できなければ、音楽を演奏することは不可能に近い。オクムラユウスケが入院に踏み切ったのは、ゼロではない可能性に賭けてみるためだったのだろう。

入院による治療は約一週間におよんだ。穏やかな環境で安静に過ごすことが何よりも大切らしく、オクムラユウスケは清潔なベッドの上でとても静かな生活を送ることになった。

2

【お詫びと告知】ライブ出演を予定しておりましたオクムラユウスケは、本人急病のため出演ができなくなりました。誠に申し訳ございません。その代わりと言ってはなんですが、第二部のライブ演奏はボギー率いる「ヨコチン一座」が責任を持って務めさせていただきます。「ヨコチンレーベル」の名にかけて、絶対に損はさせません！なお、気になる出演者は当日までのお楽しみ。この日だけのスペシャルな出し物にどうか皆さんご期待ください！

出版記念トークショーの告知に、追加のお知らせが掲載されたのは二〇一六年一月十一日だった。オクムラユウスケが抜けた穴をどう埋めるのか――事前に行われたボギーくんとの打ち合わせは、およそ五分で終了した。

「ボギーくん。こうなったら俺たちでやろう！　でも単なる代演では面白くないから、みんなでオクムラユウスケの曲を一曲ずつカバーしよう！」

企画というものは、その場のノリと思いつきで立ち上げるものである。

「俺たちってことは、え、鹿子さんもユウスケの曲をやるってことすか？」

「もちろん！」と僕は答えた。だいたい自著の出版記念トークショーで、著者ができもしないことに挑戦して恥をかきまくったという話は一度も聞いたことがない。意外性に満ちた試《こころ》みだし、僕がお客さんなら「こいつ、バカだな」ときっと思うだろう。それにトリビュート的なライブをすることで、病床のオクムラユウスケに少しでもエールが送れるなら最高だ。再び演奏できるようになる日を、そうやって待っていたい。

企画の意図を話すと、「じゃあ、もっと仲間を呼んで豪華にやりましょうか！」とボギーくんは言った。それが「ヨコチン一座」誕生の瞬間だった。何かにつけて過剰なことが大好きな僕ら二人は、オクムラユウスケが抜けた穴を、埋めすぎるぐらいに埋めて山にしてやろうと動き始めた。メンバーを集め、意図を伝え、スケジュールを押さえたら、あとは気持ちを上げていく。

僕は寒くて狭い物置部屋にこもり、さっそく練習に取りかかった。そしてすぐに泣きを見ることになった。そもそもろくにギターも弾けない人間が、二週間かそこいらでオクムラユウスケの曲をマスターしようとしているのだ。思うようにいくはずがない。コードチェンジに気を取られた瞬間リズムは死滅し、弦をかき鳴らすはずのピックは空を切ってボディを叩いた。ためしに歌を合わせてみると演奏がみるみるおろそかになり、演奏に集中してしまうと今度は歌が目茶苦茶になる。なにもかもがボロボロで曲に聞こえない。やればやるほど自分の不器用さを思い知らされて、ちょっぴり涙が出たりした。

身をもって知ることになったのは、オクムラユウスケがとてつもなく負荷のかかる演奏をしているということだった。ギターのストロークは激しい上に高速で、リズムのノリも独特だ。その難しいノリをキープしながら、猛スピードで早口言葉の歌詞を乗せていかなければならない。僕は何度も歌詞を噛んだ。特に「手すりスリスリすりよりスリスリするよりスリルなことするかい?」という箇所は相当に手ごわく、一日中呪文のように唱え、口にその動きを覚え込ませるしかなかった。

ピックを持つ指はズタズタに裂けて血が滲《にじ》むようになった。ストロークが不安定なせいで、鉄弦とこすれてしまうのだ。絆創膏《ばんそうこう》を貼って養生しているのだが、気がつくと血が噴き出して、弦が赤く染まっている。上達への道は険《けわ》しい。

だからといって僕は、余興まがいのおふざけでお茶を濁すつもりはなかった。素人なら素人、へたくそならへたくそで仕方がない。それはもうどうにもならないことだ。僕にどうにかできることがあるとすれば、本気を伝えることぐらいだ。なんだってそうだが、そういうものがちゃんと伝わらなければ、見せられる側だって迷惑だろう。同じ笑われるにしたって、本気でやったことを笑われたかった。

僕は狭くて寒い物置部屋にこもって練習に励んだ。練習に使っていたヤマハFG140はいつの間にか傷だらけになり、そして僕は本番の日を迎えることになった。

＊

出版記念トークショーの会場になった「ブックスキューブリック箱崎店」には、びっくりするぐらいのお客さんが集まっていた。イスはステージぎりぎりのところまで並べられていて、普段は使わない場所にも席が設けられている。この様子だときっと満員だ。お祭り男のボギーくんは「燃える！」と喜んでいたが、気の弱い僕は、こんな至近距離から視線を浴びてしまうのかと早くも具合が悪くなってきた。

モンドくんの似顔絵屋さんも大盛況だ。順番待ちのお客さんが列をなしている。ヨコチン一座の面々もすでに控室に入り、出番に向けての準備を着々と始めていた。

第一部のトークショーは、ボギーくんとの対談である。『へろへろ』の舞台となった「宅老所よりあい」には、ボギーくんも何度か遊びに来たことがあって、演奏を披露してくれたこともある。大きな力に頼ることなく、自分たちで道を切り開いていこうとする「宅老所よりあい」の姿に、ボギーくんはシンパシーを感じているようだった。何より創設者・下村恵美子の強烈な「はみだし者」ぶりには圧倒されていて、「いったい何を食べればあんなことになるのか？」とそのゴリラを思わせるバイタリティーに驚嘆していた。

「ひとつ言えることがあるとすれば――」

僕は経験を通じて学んだことを語った。

「ゴリラと下村恵美子に人間の論理は通用しないということです。ゴリラの前でいくら筋道の通ったことを語っても、ゴリラはいっさい興味を示してくれません。ゴリラはそんなことよりも、おもしろいこと、目茶苦茶なことが好きなのです。そういう風に考えた方が下村恵美子という人を理解しやすいと思います」

一時間のトークショーは瞬く間に終わった。いよいよ第二部・ヨコチン一座によるライブ演奏の始まりだ。僕は控室に置いてあったヤマハFG140をケースから取り出すと、弦を弾《はじ》いてチューニングを始めた。E、A、D、G、B、E。その姿を見て「いよいよやね」と下村恵美子が嬉しそうに言った。

「で、あたしたちの出番は何番目ね？　もうとっくに用意はできとるばい」

下村恵美子が率いる「よりあい一座」は総勢五名。いずれ劣らぬ芸達者と、頭のいかれたお調子者たちで構成されている。すでに振り袖を着ている者もいて、日本髪のヅラには花魁《おいらん》がするようなかんざしが突き刺さっていた。地中海よりも青いドレスを着た下村恵美子にいたっては、何かが完全に間違っているフランス人形のような出で立ちだ。マリー・アントワネットを思わせる巻き髪のヅラには、プリンセスのようなティアラがぎらぎらに輝いていて、顔には白いドーランがたっぷり塗られている。くちびるに引かれたルージュは辛子明太子よりも赤くて太い。おそらく目だと思われる場所には、凶悪な毛虫を思わせるつけまつげが糊づけされ、それはまばたきするたびにジタバタしていた。

「まだあんたは目があるけんよかよ。あたしはもうどこにつけていいかわからん」

隣でメイクを仕上げている清恵さんは「よりあい」の支援者である。清恵さんのつけまつげは、目に糊代《のりしろ》が見つからないらしく、まぶた中央部に貼りつけられていた。

「ああ、よかよか。近くで見たらアレばってんが、遠くから見たら全部目のごと見える」

「あら、ほんなら目が大きゅう見えるちゅうことやろか？」

「そりゃあんた、パッチリお目々に見えるくさ」

「わぁー、よかったぁ〜」

この人たちは人の出版記念トークショーをなんだと思っているのだろう。控室の段階でこの調子だと、本番で何をしでかすのかまるで予測がつかない。僕はもう余計なことは考えないようにした。人生はケ・セラ・セラ。なるようにしかならない。

「あらら、あんた絵の具で顔ば塗りよると？　化粧品がなかなら貸しちゃろか？」

控室の隅っこで悪魔に変身中だったカシミールナポレオンのKくんが、下村恵美子の興味を引いてしまったようだ。

「あ、その、自分はいつもこの絵の具で……」

「そんならよかけど、だいたいあんた、そらなんの化粧ね？　パンダかなんかするとね？」

「いや……その、なんというか……自分は悪魔をやらせていただいておりまして……」

「ほぉー、悪魔ちゃそげん顔ばしとったい。あたしはてっきりパンダかち思った。ちょっとほらみんな来てんね！　この人、悪魔ばしんしゃるげなよ！」

悪魔、しどろもどろである。助けてあげたいのは山々だったが、もう行かなければならない。僕は控室を出て会場に戻った。

3

会場に戻ると、ステージはすっかり演奏仕様に換装されていた。トイレに立っていたお客さんや、追加のドリンクを注文したお客さんも席に戻りつつある。まもなく第二部も本番の時間だ。ナナロク社の川口さんは落ち着かない僕の様子を見て、「いやぁ、ほんと楽しみですよぉ」とにやにやしていた。

「オーケー・エブリバデー！　いよいよ始まるぅ、『ヨコチン一座』のライブ・オン・ステージ！　さあ、トップバッターはこの人！　聞いてびっくり！　見てびっくり！　本日の主役ぅ、そして『へろへろ』の著者っ！　鹿子裕文っっっ！」

不意を突かれた感じの歓声と拍手があちこちで上がった。僕は客席のわきを通り、リングに上がるボクサーのような気持ちでステージに向かっていく。実に妙な気分だ。僕は用意されていたイスに座りギターを構えると、マイクの位置を少しだけ補正した。なにか少しお話しした方がいいのだろうか。それともしない方がいいのだろうか——そんな逡巡《しゅんじゅん》をしているうちに、会場の空気はしんと静まりかえってしまった。まずい。不自然なタメを作ってしまったことで、逆にすごいことをやるんじゃないかという期待が高まっている。僕はふうと息を吐いて目をつぶった。

手前《てめえ》のことを言うのは　嫌《や》でございますけどネ
私《あたくし》は　座頭という名前《なめえ》の通り
五年前までは　笛を吹いて町を流していた　按摩《あんま》でさぁ……

一曲目は「座頭市の唄」である。冒頭の長い長い台詞回しがとにかくしびれる、天下一品のアウトロー歌謡だ。ドスの利いた台詞をかましたら、すっと引いてへへと笑う。僕は座頭市になりきり、静かにギターを弾きながら歌った。演奏は一か所間違えたが、歌い終わると、しばし間があって大きな拍手があった。恥ずかしさのあまり、ろくにお客さんの顔を見ることができない。僕はもじもじしながら少しだけ話をした。

「あの……ご存じの方も多いと思いますが、この第二部のライブは、オクムラユウスケというミュージシャンに演奏してもらう予定でした。

オクムラユウスケは本当にすごいミュージシャンです。一度見たら、忘れられなくなるタイプのミュージシャンです。少なくとも僕はそう思っています。だから普段ライブハウスに足を運ばない方にも、ぜひこの機会に見ていただきたかった、というのが本当のところです。本人も『本屋さんでライブができる』と、とても楽しみにしておりました。

でも彼は昨年末のライブ終了後、突発性難聴になってしまいました。今は療養中です。

まあ、そういう事情でこんなことになってるんですが、僕としては『なんとしてでもオクムラユウスケのことを、みなさんに知ってもらいたい』という気持ちが強くありまして。ボギーくんと相談した結果、『本人が演奏できないんなら、僕らが代わりにオクムラユウスケの曲を演奏しようじゃないか』ということになりました。そうすることで――もちろん、本物には全然かなわないんですけど――ほんの少しでも、オクムラユウスケの魅力を感じてもらえればと、そんなことを思っている次第です」

僕はギターを構え直し、Ａｍ《マイナー》のコードを押さえた。

「というわけで、これから一人一曲、オクムラユウスケの曲をカバーしていきます。僕がカバーするのは『ワンタッチボーイ』という気弱な痴漢の心情を歌った曲です」

なんか余計なことを言ってしまったような気がする。コードを押さえた指はすでに汗ばんでいて、ピックを握った指もすでに汗ばんでいた。他にもあちこち汗ばんでいるが、とにかくいよいよのいよいよだ。僕は一気呵成《かせい》にギターをかき鳴らして歌い始めた。

貴様《きさま》俺様《おれさま》様々《さまざま》様《ざま》ない無様《ぶざま》な様《さま》でございますなぁ

叩くように鉄弦を弾《はじ》くその反動で、ピックが指からどんどんずれていくのがわかる。練習のときよりずいぶんテンポが速くなってしまっているが、もうどうするわけにもいかない。このまま突っ走るだけだ。

スケスケスカート　スケベにスケッチ
スケスケスカート　スケベにスケッチ
スケスケスカート　スケベにスケッチ
ユウスケスケベにワンタッチ！

なんとか一番は乗り切った。僕は五弦以外の全弦をミュートさせ、ダウンとアップの激しいカッティングを繰り返しながら変態のようにつぶやく。

ああ……ワンタッチしたくなってきたぜ……

僕はミュートを解除してＡｍのコードを再びかき鳴らし始めた。曲はそのまま二番になだれ込んでいく。問題は冒頭部だ。散々苦しめられてきた難関のパートが待っている。

満員電車の触り心地と まんざらでもない触られ心地
手すりスリスリ すりよりスリスリ するよりスリルなことするかいっ?!

自分でも驚くぐらいすんなり歌えた。それがいけなかったのだろう。拍子抜けした僕はコードチェンジのタイミングを完全に間違えた。完全に間違えたが、気にしている暇などない。僕は勢いに乗ったまま、曲の世界を駆け抜けていく。

ストーカーしようか　そうしよか
カーカーカラスも呆《あき》れてらぁ
スケスケスカート　スケベにスケッチ
スケスケスカート　スケベにスケッチ
スケスケスカート　スケベにスケッチ
ユウスケスケベにワンタッチ！

曲はクライマックスを迎えているが、「ワンタッチボーイ」のお楽しみはこれからだ。僕は「ワンタッチ！」の部分を五回リフレインすると、ギターを投げ捨ててイスから立ち上がった。最前列に座っていたお客さんが何事かと身構えたが、かまうもんか。やるしかない。

ユウスケスケベにワンタッチ！
ユウスケスケベにワンタッチ！

僕は客席に飛び出し、お客さんの肩や腕にそっとワンタッチして回った。

ユウスケスケベにワンタッチ！
ユウスケスケベにワンタッチ！

ありがたいことに手拍子が巻き起こっている。ワンタッチ拒否のお客さんは誰もいない。中にはキラキラした目で僕のワンタッチを待っているお客さんもいて、それはそれで困る。

ユウスケスケベにワンタッチ！
ユウスケスケベにワンタッチ！

客席を練り歩くように回ってステージに戻った。全員にワンタッチすることができなかったのは、絶叫しすぎて息が続かなくなったからだ。僕は床に転がっていたギターを拾い上げると、床に膝をついたまま「ユウスケ、スケベに、ワンタッチ！」と叫んだ。そしてＡｍのコードをがちゃがちゃに鳴らして演奏を終えた。

＊

「中央区小笹《おざさ》から来ました。イフマサカと申します」
イフマサカことイクマさんのステージは、毎度おなじみの挨拶で始まった。恰幅《かっぷく》のいい身体にまとったシャツとジャケット。額はかなり後退気味だが、そのアダルティな髭面《ひげづら》には丸みを帯びたボストン型のメガネがよく似合っている。

真昼の決闘　やぶれた猫

右目を気にしてる　すぐに治るよ
突然の夏の雨　軒下に隠れた
明るくなる空を待つ　君は何者？

フェンダー・ミュージックマスターの音は、三種類のエフェクターを経由して出力されている。セッティングの異なる二台のディレイ。音量や音域に変化を加えるブースター。そして特定のフレーズを無限に繰り返すルーパー。イクマさんがアルペジオで奏でる音の揺らぎは、眠っていた記憶をそっと呼び覚まし、聴く者の脳裏にかつて見たかもしれない映画のような情景を浮かび上がらせる。

それがイフマサカ——イクマさんの音楽の魅力だ。

「鹿子さんと俺は、出身も筑後の方やし、年代も割と近いし、まあ同じような景色ば見て育ってきた感じが（以下割愛）」

イクマさんはおしゃべりが止まらなくなることがある。今日も持ち時間の多くをそれで消費してしまった。これもイフマサカ——イクマさんの魅力だろう。

「なんかボギーが『もう時間やけん、あと一曲にしてくれ』とか言いよるんで、ほんとは三曲するつもりやったんですけど、次の曲でおしまいにします」

イクマさんがカバーしたオクムラユウスケの曲は「ＳＯＳ ＵＦＯ」だった。

ＵＦＯ　来ておくれよ
ぼくらの　おうちへ
ＵＦＯ　遠いとこへ
ぼくらを　連れてってよ　今夜
我々は待っているのさ……

イクマさんはオクムラユウスケの亡くなった奥さんとバンドを組んで活動していたことがある。夫妻とは同じアパートに住み、親戚同様の付き合いもずっとしてきた。二人が飼っていた猫・ミーとコマの里親になり、今も一緒に暮らしている。

ＳＯＳ ＳＯＳ　メトロンメトロン
聴こえますか――　聴こえますか――

応答願います――　応答願います――

イクマさんが演奏する「ＳＯＳ ＵＦＯ」は、デビッド・ボウイの「スペイス・オディティ」を僕に思わせた。自ら交信を絶ち、宇宙の塵《ちり》になって消えていくトム少佐のように、ＵＦＯを待ちわびた少年は、この世界から静かにいなくなってしまった。

小さな安物のラジカセから、荘厳な教会の鐘の音が響いた。ヨコチン一座・三番目の刺客は、カシミールナポレオンのＫくんだ。

「……ご存じ、カシミールナポレオンのＫだけど、まだ知らないお客さん……あ、いや……おろかな人間がいるといけないから、カシナポのＫだけど、最初に断っておくけど……自分はこう見えても、魔界から来た……悪魔です……いや、悪魔だ。じゃあ今宵も悪魔の宴《うたげ》を、そろそろ始めると――すると、すると、するかなぁっ！」

激安音質の打ち込みサウンドが流れ始めた。黒い全身レオタードを着用した長身のＫくんが、スタンドマイクを両手で握りしめる。

カ――――シーナポ祭りだよぉぉぉ

フェスティバルぅ――

どんなに青筋を立ててシャウトしても、Kくんのボーカルは環境にやさしい。寝ている子どもを起こさないし、曲は程よい具合に短く、妙なあとくちを残すこともない。

一曲終わるたびに、Kくんはフィニッシュポーズを決めた。そのポーズは「森林浴に来た人が、清涼な空気を思い切り吸いこむときのポーズ」にそっくりだ。お客さんもすぐに楽しみ方がわかってきたようで、三曲目が終わるころにはすっかりカシナポの世界に引き込まれていた。

「……じゃあ次はいよいよ、オクムラユウスケさんの曲をカバーすることになるわけだけど、ひとつ先に申し上げておくとぉ――次の曲は、みなさんの身に大変な危険をおよぼす可能性がぁ……あります。各自、自分の身は自分で守るなどして、ご対応ください。なお、い、い、の・ち・の保証は……いたしかねます」

Kくんは背中を丸めて安物のラジカセに近づくと、トラックナンバーを確かめて再生ボタンを押した。この日のためだけに、わざわざトラックを作ってきたようだ。スカスカでスッポコしたそのバックトラックに合わせて、Kくんはおちょぼ口で歌い始めた。

貴様俺様様様々様ない無様な様でございますなぁ

Ｋくんがカバーした曲は、まさかの「ワンタッチボーイ」だった。オチはもうネタバレ状態になっているが、カシナポの場合、そこをどう逆手にとるかが見ものなのだ。

ユウスケスケべにワンタッチ！
ユウスケスケべにワンタッチ！

笑いを浮かべながら身構えるお客さんに、やさしく襲いかかるＫくんのワンタッチはエアタッチだった。

ユウスケスケべにワンタッチ！
ユウスケスケべにワンタッチ！

エアタッチとは、つまりノータッチということだ。なにごとも懇切丁寧をモットーにしている悪魔は、客席をもれなく練り歩き、ワンタッチという名のノータッチを繰り返した。

そうして場内を一周すると、そのまま螺旋《らせん》階段を降りて店外に出て行った。


ユウスケスケベにワンタッチ！

ユウスケスケベにワンタッチ！


横断歩道を走って渡っていく悪魔の姿を、僕らは二階の窓から眺めた。Kくんは「ユウスケスケベにワンタッチ！」のリズムを崩すことなく、電信柱やガードレールなどの無機物に、ワンタッチという名のノータッチを敢行し続けていた。

＊

「オーケー・エブリバデー！　じゃあここで『もうひとつの演芸一座』に、登場してもらいましょう！　破壊力満点！　本日のスーパーサプライズ！　地球を逆回転させるブランド・ニュー・哺乳類っ！　オーケー・カモン、下村恵美子&よりあい一座っっ！」

ボギーくんの煽りMCに乗って、何をしでかすかわからない危険な五人組がステージに上がってきた。座長の下村恵美子がさっそくマイクをひったくって吠える。

「いつまで待たせりゃ気が済むんかぁぁぁぁ！」

厚塗りしていた下村恵美子の白いドーランは、今ではまだら模様に溶けかけていて、どこかゾンビを思わせるビジュアルになっている。清恵さんがまぶたに糊づけしていた例のつけまつげも、接着剤が剥《は》がれ始めたのか、半分宙に浮いて垂れ下がっていた。こんなの誰がどう見たって反則だろう。お客さんはひいひい言いながら笑い転げている。

ボギーくんが僕の耳元でつぶやいた。

「なんか今日、俺、勝てる気がしないっす……」

下村恵美子率いるよりあい一座は、ドレスが一名、振り袖が二名、残りの二名はダボシャツにステテコだ。「天城越え」をフルコーラスで歌ったり、「スーダラ節」を踊ったり、ボロボロの漫才を披露したり、「梅干しと手作りジャムを持ってきたから、記念にふたつずつ買って帰れ」と個人的な物販を宣伝したり、一座はもうやりたい放題だ。

「じゃあ最後に、私がひばりちゃんの歌を歌いまーす」

むちむちの胸と太鼓腹のせいでずり上がってくる青いドレスを、ぐいぐい引っ張り降ろしながら、下村恵美子は美空ひばりの「愛燦燦《さんさん》」を歌った。うっとりした表情を浮かべて「人は哀《かな》しい哀しいものですね」と熱唱しているが、なにが哀しいものか。ただただ面白すぎるだけだ。

やり散らかすだけやり散らかして、よりあい一座はステージを去っていった。出版記念トークショーは完全に趣旨を見失い、僕の本について思いを巡らせている人間ももういない。とにかくあとはボギーくんのステージを残すのみである。

セッティングは素早く換装された。会場にはハチャメチャの余韻がまだ色濃く残っているが、ボギーくんはその空気をうまく利用するつもりらしい。ハーモニカホルダーを装着してギターを構えると、挨拶抜きですぐに演奏を始めた。

4

「プラカラーオーバードーズ」で始まったボギーくんのステージは、ゆるんでいた空気のねじを瞬く間に適正値まで締めた。ステージと客席との間に今通じているのは、笑いではなく一人の人間が全霊で奏でている音楽だ。めまぐるしく展開していく韻を踏んだリリック。寄せては返す波のようなノリを見せるコード・カッティング。ボギーくんの演奏は静かに燃えていた。どこか綱渡りを思わせるスリリングな曲を一発目に持ってきたのは、観客の耳目《じもく》を一気に引きつけるためでもあるが、同時に自分を奮い立たせるためでもあるのだろう。音楽はいつだって真剣勝負なのだ。

曲は緊張度の高いところまで駆け上がり、ぷつりと終わった。ボギーくんはまるでDJが曲をつなぐようにもう二曲目のイントロを弾き始めている。そのイントロに短いMCをかぶせるのは、弾き語りミュージシャンの行儀作法と言っていいだろう。

「どうも！　ヨコチン一座の座長、ボギーです！　初めての方もどうかよろしくぅ！」

空気の密度はそのままに、色合いだけをすっと変えてボギーくんは歌い始めた。

死んだやつらがみんな　生き返ったらいいな
死んだやつらがみんな　生き返ったらいいな
死んだやつらがみんな　生き返ったらいいな
死んだやつらがみんな　生き返ったらいいな
ジョンも　カートも　プレスリーも
ゾンビ！
ザッパも　フェラクティも　J・Bも
ゾンビ！

マイケル・ジャクソンも
ゾンビ！
どんともアケミも清志郎も　ミ・ソ・ラ………ひばりも！

腕を強く振り下ろすストロークが、アコースティックギターを爆発的に鳴らしている。ボギーくんは首からさげたハーモニカホルダーに食らいつき、ホーナー製の十穴《じゅっけつ》ハーモニカを思い切り吹き鳴らした。真鍮《しんちゅう》製の弁がぶるぶるに震えている。ベンドされた音が揺れて伸びて、弾き語りの演奏が加速度的に躍動していく。

踊りだせ　ダッセー踊りを！
踊りだせ　ダッセー踊りを！
踊りだせ　ダッセー踊りを！

イスに座って演奏するボギーくんの身体が踊り出した。腰が左右に揺れ、右足がビートを刻んでいる。その熱が会場の温度を上げた。ボギーくんが場の空気をつかみ、塗り替え、みるみるモノにしていくのがわかる。それは何度見てもゾクゾクする光景だ。

二曲目を終えたボギーくんはかたわらに置いてあった芋焼酎をぐいと飲み干すと、おかわりを注文した。ブックスキューブリックのカフェカウンターには、普段は置いていない焼酎のハーフボトルがボギーくんのためだけに用意されている。芋焼酎は氷の入ったグラスになみなみと注がれて、すぐにサーブされた。

「それにしてもアレだね。本屋で飲む酒はうまいね。あと、本屋に来るとなぜか『うんこ』がしたくなるね。ボギーも今、『うんこ』したくてしょうがない」

ボギーくんは首からさげていたハーモニカホルダーをはずすと、三フレットにカポタストを装着した。

「じゃあ今からボギーが皆さんの前で『うんこ』をモリモリしますんで、皆さんもよかったら『うんこ』してください」

事情のわからないお客さんが声を上げている。ボギーくんは笑みを浮かべながら、スリー・フィンガーのアルペジオで物悲しい旋律を奏で始めた。

優しい言葉に騙《だま》されちゃイケナイよアンタ
俺や俺の友達みたいな目に遭いたくなければね
あっちへプンプン　こっちへプンプン

臭《くさ》い匂いを撒《ま》き散し
お前のまわりに集まる奴らは
所詮銀蠅《しょせんぎんばえ》くらいだろ

かつて仲間だと思っていた人間たちに捧げられたボギーくんの「うんこ」は、二番を歌い終わってからが本領発揮だ。

だけどもう
許してやろう
水に流して
許してやろう
うんこぉ〜　うんこぉ〜　うんこぉ〜　うんこぉ〜

アルペジオでの演奏がぴたりとやみ、猛烈なコード・ストロークが始まった。

うんこうんこうんこうんこうんこうんこうんこうんこうんこうんこ

うんこうんこうんこうんこうんこうんこうんこうんこうんこうんこ

散弾のように飛び散る「うんこ」の連呼。「うんこ」がまた言霊《ことだま》になっていく。まあ言霊という観点でとらえれば、これほど本屋にぴったりの曲もそうそうないだろう。イスから立ち上がったボギーくんが「うんこ」のコール&レスポンスを始めた。のせられたお客さんが「うんこ、うんこ」と叫び出し、会場が「うんこ」まみれになったところで「うんこ」は終わった。

「みんなうんこモリモリぃ！　みんな最高っ！」

大喜びでイスに着席したボギーくんが芋焼酎をうまそうに飲んでいる。こういうときのボギーくんは調子がいい証拠だ。飲めば飲むほど喉が開いて声が出る。

「うんこも出してすっきりしたんでね、じゃあ、そろそろユウスケの曲を――」

ボギーくんはカポタストの位置が三フレットにあることを確かめた。

「知ってる人も多いかもしれないけど、今日ライブをやる予定だったオクムラユウスケはボギーの弟です。まあ、兄弟と言っても子どものころから全然タイプの違う兄弟で、一時期は口もきかんぐらい仲が悪くてね。でもあいつが音楽を始めてから、俺たちはなんて言うか、兄弟と言うより、志を同じくする仲間になれた気がするんですよね。おたがいのことを認め合える本当の仲間にね。ユウスケの音楽はいつ見ても刺激的やったし、弾き語りというスタイルであそこまでやられると、正直ちょっと勝てんなと思ったり……。とにかく、どんどんすごくなっていくんよね、あいつの音楽は。それに一本一本が真剣そのものやからさ。そういうユウスケの姿に俺はたくさん影響を受けてきたし、負けちゃおれんって気持ちにもさせられてきたし。だからあいつにはもう感謝しかないよね。ユウスケが音楽を始めてくれて本当によかった……」

ボギーくんがグラスを口に運んでいる。氷が立てる音をマイクは漏らさずに拾った。

「……ユウスケは今、突発性難聴になって音楽できんくなっとるけど、ユウスケはそういう困難を今まで何度も乗り越えて、乗り越えるたびにすごくなっていっとるからね。きっと今回もそうなるんだって俺は信じてます。それにね——ここで終わってもらっちゃ困るんよね、俺が。俺の一番のライバルなんやから、ユウスケは。だってユウスケは本当にすごいから。本当にすごいんやから。これ自分の弟やけん言うとるんやなくて、俺はユウスケのことを心から尊敬しとるからね。というわけで、今からその尊敬するミュージシャンの歌をカバーす……あ、きた、なんかきた！　どどど、どぉーぶつぅ、いかん、どどどぉーぶつぅ、だめだ、どどど、どぉーぶつぅ、どぉーぶつ、動物、大、図、鑑っっっ！」

ボギーくんにオクムラユウスケが憑依《ひょうい》した。

君からもらった　別れの手紙
破いて食べたぁ
メェー！　メェー！　メェー！　俺はヤギっっっ！

疾風怒濤《しっぷうどとう》。どこか兄弟の血を感じさせる「動物大図鑑」は、途中にはさみ込まれる一人コント部分も含め、正真正銘、本気の完全コピーだった。ボギーくんの声がどんどんかれていく。振り下ろす腕も上がらなくなっていく。それでも演奏はとまらない。ボギーくんは演奏終了と同時にギターを放り出すと、万雷の拍手を受けながらイスから転げ落ちた。

「――」

最前列に座っていたお客さんが、おそるおそる飲みかけのビールを差し出した。そのビールをごぶごぶ飲むと、ボギーくんは激しく咳《せ》き込んだ。

「……ユウスケはやっぱバケモンやね。ようこんな激しい曲やれるわ」

ボギーくんは笑いながら床に転がったギターを拾い上げ、イスによろよろと倒れ込んだ。ギターのネックからカポタストをはずし、チューニングを直すと、ハーモニカホルダーを再び首からぶら下げた。

「……じゃあ、最後にボギーの曲をやりたいと思います」

装着されていたハーモニカが、ホーナー製のAからトンボ製のGに付け替えられた。ボギーくんの呼吸はまだ乱れたままだ。

「あと今日はね……もうみんな忘れとるかもしれんけど……本当は鹿子さんの出版記念イベントやからね。皆さん、忘れずに本買って帰ってくださいね」

客席がどっと沸いた。きっとみんな忘れていたのだ。

「それから……今日のイベントではっきりしたと思いますが、俺も鹿子さんも、ユウスケも、そしてイクマさんも、カシナポのKも……それに下村さんを始めとする『よりあい』の人たちも、みんなみんな、完全に『はみだし者』です。まあ、見ての通り、決してうまくいってるとは言えんバカチンかもしれんけど……でも、いつか俺たちは必ず陽の目を見ます。だって俺たちは、間違ったことはひとつもしてないから」

ボギーくんは息を整えると、グラスに残っていた芋焼酎を一気に飲み干した。

「……そんな『はみだし者』たちのために歌いたいと思います。聴いてください。ボギーが十代のころに作った『青い春』という曲です」

ギターがやさしくかき鳴らされ、ハーモニカの音が響いた。

ボギーくんはそっと目をつぶって歌い出した。

不安だらけの毎日に
不安だらけの仲間たち
自分が自分である為に
歌える場所が欲しかった

歌える場所が見つかれば
今度は仲間が欲しくなり
仲間が出来たらその次は
日のあたる場所が欲しかった

欲しい欲しいと集まって
欲しい欲しいと集まって

焼き鳥の串を1、2本　地面に突き刺した
屋台に集まる野良犬たち

ベイビー　ベイビー
青い春はそのうちやって来ると云《い》う
ベイビー　ベイビー
青い春はそのうちきっとやって来る

客席から声援が飛んだ。ボギーくんは笑顔でそれに応えた。

誰もが誰かの真似してる
誰かの後ろにへばりつく
自分が自分である為に
自分の言葉で話そうか

自分の言葉で話したら
俺だけ何だかハミ出して
ひとり　ふたりと去ってゆく

俺のまわりから去ってゆく
ひとりで歩くにゃ淋しいと
同じ仲間が集まって

焼き鳥の串を1、2本　地面に突き刺した
屋台に集まる野良犬たち

ベイビー　ベイビー
青い春はそのうちやって来ると云う
ベイビー　ベイビー
青い春はそのうちきっとやって来る——

＊

長時間にわたったイベントは大盛況で終わった。ボギーくんが最後に釘を刺してくれたおかげで、僕の本もたくさん売れた。何より嬉しかったのは、お客さんがとても楽しんでくれたことだ。それに勝る喜びはない。

喜ばしいことはもうひとつあった。けっこうな額のギャラがもらえたのだ。ヨコチン一座は、そのギャラを見舞金としてオクムラユウスケに渡すことにした。

オクムラユウスケからは、すぐにお礼のメールが来た。

「パートの仕事をずっと休んでいたので、今月どうやって生活しようかと思ってたところでした。入院費の支払いもあったし、本当に助かりました」

左耳の聴力は、結局戻らなかったらしい。ただ、めまいを伴う耳鳴りの症状はやや改善されていて、耳栓をすればなんとか生活できるようになったとメールには書いてあった。オクムラユウスケはパートタイムの仕事に復帰し、親子二人の生活は不自由ながらも少しずつ元に戻りつつあるようだった。

5

汗まみれで演奏しているザ・ボットンズのふーくんが中指を立てて吠えている。
「ボタヤマよぉっ！　ざぁまあみやがれっっっ！」
狂乱のライブ映像はすぐに切り替わり、景気のいいテロップが爆音のＢＧＭをともなって画面に流れ出した。

四年も待ったら腐っちまうぜ！
ロックンロールのアスリート達と
その目撃者達が、金色に輝く
スーパー ウルトラ デラックス フェスティバル！

さすがはザ・ボットンズが主催するロックフェスティバルだ。宣伝用に作った動画もどこかイカレている。ロックンロールに取り憑《つ》かれ、爆音に魅せられ、狂騒にうつつを抜かしたその挙げ句、社会不適合者になってしまった頭のおかしい連中が、日本全国津々浦々からここ福岡に集結するらしい。その数、なんと三十組以上。出演者だけで百人超えだ。

採算度外視。破産上等。コケてダメなら夜逃げ確定という夢と悪夢の大祭典――。

それが『ボタヤマオリンピック２０１６』というわけだ。

まったくヒリヒリするようなことをやってくれる。僕は出演者が次々に紹介される宣伝動画を野次馬気分で眺めた。ワッツーシゾンビ、クリトリック・リス、首振りドールズ、宇宙三輪車、ＴＨＥロック大臣ズ、Ｂ玉、ゴールデンローファーズ、レッドスニーカーズ、ザ・チューズデイ、ベルノバジャムズなどなど。どの出演者も、ザ・ボットンズがツアー先で意気投合したメンツと考えて間違いないだろう。つまりイカレているということだ。

迎え撃つ地元勢の顔ぶれも当然のごとくイカレていた。○《まる》菌、フォークイナフ、溝野ボウフラ、鮫肌尻子とダイナマイト、白痴などなど。もちろん、ボギーくんの名前もある。

その痛快な宣伝映像が終わりに近づいたときだった。目を疑う映像がほんの数秒だけ流れた。粒子の粗いモノクロ映像。それは露骨なハイキー処理がしてあり、真っ白に発光して動く人物は、それが誰なのか、容易には特定できないようになっていた。

ただし、見る人が見れば事情は違う。

その動き。背格好。そして、どんな映像処理をしても消すことができない気配。

人物の正体は一目瞭然だった。

オクムラユウスケが『ボタヤマオリンピック』で復活する。

6

三月十九日、土曜日。福岡はこのところ急速に春めいてきていて、この日も軽装ですごせるほど暖かかった。降りそそぐやわらかな日差しは、街行く人々をもれなくほがらかな気持ちにさせていて、オープンカフェのテラス席では、すでに多くの客がキャラメルの入ったマキアートなんかを口にしている。

そんな陽気の日に、薄暗いライブハウスに昼間っからもぐり込み、一日中爆音を浴びたいと思う人間は、やはりちょっとどうかしているのかもしれない。そんな薄暗い場所に喜び勇んで集うのは、春の日差しがまったく似合わない「はみだし者」たちばかりで、そこにはきっと、黒い革ジャンを着用した季節感のない人間がまるでゴキブリのようにうろついていることだろう。

『ボタヤマオリンピック』の会場はもちろん「ブードゥーラウンジ」だ。十二時オープン、十二時半スタート。くすんだ色合いをしたビルの前では、眠そうな顔をした連中がファミリーマートで買った肉まんや菓子パンをつまらなそうに食べていた。やはりこの陽気にふさわしくない人間たちが集まっているようだ。エレベーターで三階に上がると、通路は入場を待つ人々でごった返していた。今日は「ブードゥーラウンジ」の姉妹店「ムスク」も借り切って、二会場での同時開催だ。手分けして入場整理に奔走《ほんそう》しているザ・ボットンズのメンバーは、案の定、煩雑《はんざつ》な受付業務に手こずって右往左往している。

「ブードゥーラウンジ」の店内に入ると、ステージ後方に巨大な書き割りがセッティングされていた。鮫肌尻子が徹夜で描き上げたというその書き割りには、漫画チックなタッチでデフォルメされたザ・ボットンズのメンバーとボタヤマ、そして声援を送る観客の姿が情熱的に描かれていた。

店内には革ジャンを着用した観客がそこかしこにたむろしていて、生のライムを搾《しぼ》ったコロナビールを片手に早速ふざけあっていた。跳び蹴りをしてみたり、ヘッドロックをしてみたり、まるで中学生が休み時間にするような真似をして、これから始まる長い一日に向けての準備を整えている。そういう連中がいる一方で、貼り出されたタイムテーブルを眺めながら、さてどちらの会場のどのバンドを見ようかと、あれこれプランを練っている連中もいる。ひとたび演奏が始まってしまえば、このビルから爆音が絶えることはない。その前に済ませておかなければいけないおしゃべりが僕らにはあって、それはいつだって「おお」とか「よお」とか、そういう言葉から始まる他愛もない会話だ。いずれにせよ、何かを待ちきれないでいる人間たちのそうした騒々しさは、ここではそう悪いものではない。

スタートの時刻になったようだ。

ザ・ボットンズのヘドロくんがステージに上がって、マイクの通電をチェックした。

「あ、あ、あ。じゃあ『ボタヤマオリンピック』始めますんで――」

ヘドロくんのそっけない開会宣言は、スポットライトを浴びる間もなく終わった。

客電が落ちてミラーボールの回転光がフロアに充満する。ザ・スパイダースの「赤いリンゴ」が大音量で流れ、わらわらと客がステージ前に集まってきた。

赤い照明で染まったステージに、鮫肌尻子とダイナマイトのメンバーが姿を現した。

アンプのスタンバイスイッチがオンに切り替わる。

爆音の祭典、『ボタヤマオリンピック』が始まった。

バンドの演奏がひとつ終わるたびに、観客は移動を始める。二つの会場を行ったり来たりしながら、ひとつでも多くのバンドを見ようと欲を張るのだ。もう楽しくて仕方ないという表情を浮かべたヤツ。耳がいかれて大きな声になってしまっているヤツ。汗だくでへとへとになっているヤツ。「ブードゥーラウンジ」と「ムスク」をつなぐ狭い通路は、そういう連中でごった返していた。

＊

第二会場となっている「ムスク」は、「ブードゥーラウンジ」の半分ほどの広さだ。カフェ・バーを思わせる洒落た造りの店には、革張りのソファーがあり、ガラスブロックで出来た壁があり、シャンデリアがぶら下がっている。そこかしこに見られる紫や黄緑色の演出的な照明は、空間をどこかエロティックなものにしていて、それはムスクという香水の官能的な匂いに似つかわしい。

サーバーから注がれる生ビールが売れている。強い炭酸で割られたハイボールが売れている。ウオッカやジンをベースにしたカクテルが売れている。ショットグラスに注がれたテキーラを一息であおり、喉を焼き焦がす輩《やから》も出てきた。酒と煙草と爆音で正気をなくした人間が、酒と煙草と爆音で正気を取り戻す。十二時間以上続くフェスティバルは、そうした山あり谷ありの時間を繰り返しながら突き進んでいく。

オクムラユウスケと言葉を交わしたのは、二つの会場をつなぐ狭い通路でのことだった。スタジアムジャンパーを羽織ったオクムラユウスケは、ヘッドフォン型のごついイヤーマフラーを装着して会場入りしていた。息子のアビくんも子ども用のイヤーマフラーを誇らしげに装着している。二人は寄り添うようにしてそこにいて、仲間たちに囲まれていた。

オクムラユウスケが人前に姿を現すのは、あの『ラウンジサウンズカーニバル』以来、およそ三か月ぶりのことだ。あまりにも早い復帰の決断に、誰もが彼の身体のことを心配しているはずだが、それを口にする者はいない。ここに来たということは、つまりそういうことだ。そこで僕らがやることと言えば、「おお」とか「よお」とか、やはりそういう言葉から始まる他愛もない会話と、再会を喜ぶにこやかなハグだ。いつもの仲間が、いつもの場所で、いつも通りに迎える。そうしてオクムラユウスケ親子に親愛の情を伝えていた。

7

モッシュとダイブで客がくしゃくしゃに揉《も》まれ、フロアがぼこぼこに波打っている。ダクト剥き出しの天井に取り付けられた業務用の空調機が作動し、ほこりくさい冷風を大量に吐き出し始めた。ステージ前方から後方へ流れてくるのは、はじき飛ばされた人間たちとぬるく湿った汗のにおいだ。『ボタヤマオリンピック』は爆音フェスティバルにふさわしい盛り上がりを見せている。

第一会場の「ブードゥーラウンジ」では、メインステージとサブステージを交互に切り替えながらプログラムが進んでいた。百蚊《ひゃっか》、高木まひこ、ドク・ホリデイ&アパッチトレイン、そしてボギーくんの演奏が続き、時刻は夜八時を回ったところだ。

メインステージでは北陸のパンクバンド・宇宙三輪車の演奏がクライマックスを迎えていた。轟音《ごうおん》を響かせていたグヤトーン製のエレキギター・LG100Tが床に投げ飛ばされ、その衝撃音がフィードバックを起こしている。ポークパイハットをかぶったギターとボーカルの男は、そうして小さな三輪車を力の限り振り回し始めた。光学式のテルミンが取り付けられた三輪車は、悲鳴のような電子音をでたらめに鳴らしながら風車の軌道を描いて回転している。

ベーシストが四本の弦を叩くようにはじいて重低音を鳴らした。ドラマーが最後の一撃を叩いてイスから転げ落ちる。そしてギターとボーカルの男は、モニタースピーカーに三輪車をかませると、そのままステージから去っていった。

残された三輪車は、まるで発射台に乗せられたミサイルのように、ななめ上方を向いている。指し示している方向はサブステージだ。

そのサブステージに小さなスポットが灯った。

そこにはヘッドフォン型のイヤーマフラーを装着したオクムラユウスケが立っていた。

＊

伸びた前髪が両目を覆って、表情を読み取ることはできない。黒いロングスリーブのTシャツに赤いジーンズ。オクムラユウスケは体温計を振るような仕草で肘関節の具合を確かめると、ペットボトルの水をひとくち、またひとくちと口にした。フロアにはまだ爆音演奏の余韻が残っている。メインステージ前で暴れていた連中が息を吹き返し、ゆらゆらと立ち上がってサブステージを取り囲み始めた。

転換中のＢＧＭはなかった。エアポケットのような音のない時間が流れている。

オクムラユウスケがどういう状態でステージに立っているのか、その辺の事情を観客全員が知っていたとは思えない。ただ、何かしらの気配は感じたはずだ。そのときサブステージ周辺に漂っていた空気は、それぐらい独特だった。

ザ・ボットンズのメンバーが全員いた。鮫肌尻子とダイナマイトのメンバーが全員いた。フォークイナフのメンバーが、○菌のメンバーが――いや地元勢だけではない。出演しているミュージシャンの多くが、サブステージ前に集結して固唾《かたず》をのんでいた。僕はボギーくんの隣に立って、どこか祈るような気持ちでいる。

誰も声を上げない。誰も騒ごうとしない。視線はただサブステージ一点に注がれている。爆音演奏の余韻は完全に消えた。空調機の作動音すら聞こえる。

オクムラユウスケがイヤーマフラーをずらして右耳を出した。MCはない。ギターが激しくかき鳴らされ、復活のステージが始まった。

＊

おそらくまだ音が取れる状態ではないのだろう。オクムラユウスケの叫ぶような歌は、ときおり声が裏返ったり、少し音をはずしたりした。それでもオクムラユウスケは身体をくの字に曲げ、掻《か》きむしるようにギターを弾きながら歌い叫んでいた。

生きてる！　生きてる！　生きてる！　生きてる！

やったぁ！　やったぁ！　やったぁ！　やったぁ！

イヤーマフラーがはじけて飛んだ。観客はなにか壮絶なものを感じている。なぜここまでやるのか。なにがそうさせるのか。オクムラユウスケの一挙手一投足が、「ブードゥーラウンジ」の空気を張り詰めたものにしていた。

生きてる！　生きてる！　生きてる！　生きてる！

やったぁ！　やったぁ！　やったぁ！　やったぁ！

もう泣いている客がいた。ただじっと、見つめることしかできなくなっている客がいた。誰もそこから動けず、そして離れることができずにいた。

曲が終わるたびに、大きな歓声が上がった。オクムラユウスケはぜいぜい息を切らしながら、ペットボトルの水をラッパ飲みする。水は口からこぼれ、喉仏を伝い、黒いロングスリーブのＴシャツを濡らした。ＭＣはない。
「ロックスター」のイントロが始まった。ＣからＥｍ《マイナー》、ＣからＥｍ。静まりかえったフロアに淡々と刻まれるギターのコードが響いた。

ロックで飯が食えるヤツなんて　ほんの一握りだよ
俺は端の端をカリポリかじらせてもらってるだけさ
次のライブ？　あぁ、次のライブは……
商店街の町おこしイベントの司会だよ

しびれるような時間が流れている。サブステージが輝いていた。純度の高さがきっとまぶしいのだ。畳二畳ほどのお立ち台が、記憶に残る名演の舞台になろうとしていた。

夢といえば……
そう　夢といえば
ＰＡも客も誰もいないライブハウスで一人歌い続けてる夢をよく見るんだ
薄暗いステージでピンスポットだけが俺を照らしててさ

だけど　悪い夢じゃないんだ
笑ってるんだよ　俺
なぁ、間違ってないよな！
アイム・ロックスター　アイム・フリーダム
アイム・ロックスター　デイ・ドリーム・ビリーバー

持ち時間二十五分のステージはそうして終わった。演奏を終えたオクムラユウスケのもとに目を赤くした人々が駆け寄って、声にならない声を発しながら彼を抱きしめていた。

＊

「お前たちはクズや！」

大トリを務めるザ・ボットンズがステージに上がったのは、完全に日付をまたいだ時間帯だった。熱演が続いた『ボタヤマオリンピック』のタイムテーブルは押しに押して、開始からもう十三時間が経とうとしている。それでも「ブードゥーラウンジ」には、フロアを埋めるほどの観客が残っていた。

連中はタフだ。どれだけ爆音を浴びても倒れない。むしろ浴びれば浴びるほど、彼らのエネルギーは逆に蓄電されていくようだった。

縦に飛び跳ねる踊り。突き出される拳。飛び散るアルコール。

ボーカルとギターを務めるふーくんがシャウトした。

テレビには映らない
ラジオでは流れない
電波の届かぬ所で
革命の音が鳴っている

我慢のきかない連中がステージに駆け上がり、フロアめがけてダイブを始めた。三人、四人、五人、六人。人間が濁流を下るカヌーのようになって人波に運ばれていく。

その波打つフロアにふーくんはグレコのEG700を放り込んだ。彼が放り込んだ黒いエレキギターは、ギブソンのレスポールを模したコピーモデルだ。漬け物石みたいに重く、クソみたいな音が出る。お調子者がそのギターを奪ってかき鳴らしていた。

「石炭になれないクズを『ボタ』と言います。『ボタ』が積もり積もってできた山が『ボタヤマ』です。あんたたちはクズです。そのクズの集まる場所が、この『ボタヤマオリンピック』です。わかったか！　じゃあいくでぇ！」
そろいの振り付けなどは踊らなくていい
ドブネズミが踊る所で革命の音が鳴っている
暴動の音楽にステージとフロアの境目はない。マイクスタンドが倒れ、シールドが抜け、ギターのストラップが外れた。何かトラブルが起きるたびに助けに入るのは、最前列に陣取った仲間のミュージシャンたちだ。
ザ・ボットンズは愛されている。
「ブードゥーラウンジ」は最後の最後まで揺れ続けた。

家族のうた

12

ボギーくんがルイ・アームストロングの名曲を弾き語りで歌っている。

　汗水流し
　あくせく　働く　毎日で
　手に入れた世界　このワンダフルワールド

英語が苦手なボギーくんは、洋楽の曲を独自解釈の歌詞に変えてカバーする。ルイ・アームストロングの歌う「ホワット・ア・ワンダフル・ワールド」は、この世界の尊さや生きることの素晴らしさを歌ったものだが、ボギーくんのそれは「家族のうた」になっていた。

愛してる人がいる
子供たち　わが妻　親兄弟
慎《つつ》ましく暮らす　このワンダフルワールド――

以前の自分なら照れくさくて書けなかった歌詞だとボギーくんは言った。でも今は「ぜんぜん恥ずかしくない」という。

苦しいときも　みんなで笑えば
貧しいながらも　幸せさ
愛がある　愛が溢《あふ》れてる
それだけで世界は輝く

だから泣かないで

たとえ今が　まずくても　きつくても
いつか輝くのさ　このワンダフルワールド
いつか輝くのさ　このワンダフルワールド——

ボギーくんは「今ちゃんぽ」というブログも始めた。愛娘の今ちゃんと近所を散歩する、その様子を記録した写真中心のかわいいブログだ。

散歩を始めたきっかけは、特定健診の結果がよろしくなかったからだ。毎日が楽しすぎてついつい飲み過ぎてしまう酒は、身体にプリン体と内臓脂肪をたんまり溜《た》め込む元凶になっていた。体重はいつのまにか増え、痛風もわずらった。いびきもひどくなる一方で、睡眠時無呼吸症候群の疑いもある。

「お子さんが三人もいらっしゃるんでしょ？　少しは家族のことも考えないと」

医者のすすめで始めた運動だったが、三歳の今ちゃんに合わせて歩く散歩は、ボギーくんに小さな発見と新鮮な驚きをもたらすことになった。

どんぐりがたくさん拾える公園。美しい姿の木立。網の目の模様を描く木漏れ日。謎めいた建物。猫が秘密の集会を開く植え込み。夕陽が映える坂道。狭くて味わい深い路地。

ゆっくり歩くことで、そして今ちゃんの後を追うことで、流れる時間と見える景色の質が変わった。ホワット・ア・ワンダフル・ワールド。この素晴らしき世界。ルイ・アームストロングが歌った世界の豊かさは、住み慣れた街のそこかしこに気前よく転がっていた。

今ちゃんはその散歩を楽しみにするようになった。散歩の時間が近づくと、鏡の前でおめかしをして、ドキンちゃんのリュックを背負い、お気に入りの長靴を履く。赤いフードつきの洋服を着た今ちゃんは、まるで冒険に出かける小さな赤ずきんちゃんだ。

「早くおちゃんぽ、行こうよぉ！」

ボギーくんは「おさんぽ」という曲を作った。

すぐころぶ　今ちゃんの
手をひいておさんぽする

父ちゃんは　二日酔い　ひきずって歩く
坂道のぼり　石段くだり　公園で　あそぶ
すぐころぶ　今ちゃんの　手をひいておさんぽする

いつまでこうして手をつないで歩いてくれるのか。そんな思いが頭をよぎると、ともに過ごす時間のかけがえのなさに気づく。子どもの成長は早い。家族の姿は刻々と変わっていく。ひとつ屋根の下で一緒に暮らせる時間はそう長くない。子どもたちもいつかは家を出ていく。

すぐころぶ　今ちゃんの　手をひいて　おさんぽする
ひく手をほどき　このごろは　ひとりで歩きたがる
坂道のぼり　石段くだり　どんどん遠く　歩いてく
すぐころぶ　今ちゃんが　このごろころばなくなった

童謡を思わせる「おさんぽ」は今ちゃんとのデュエット曲になり、ボギー家族のライブでも披露されるようになった。今ちゃんはボギーくんの膝の上に座って一緒に歌う。ときどき歌詞を間違えるが、別にそれで構わない。家族はバンドだ。ともに成長し、いつの日か解散する。だからその日が来るまでと、ボギーくんは再び家族ツアーを企画した。

「もうすぐ夏休み！　今年もボギー家族で全国を回ります！」

昼の部はモンドくんの似顔絵屋さん。夜の部はボギー家族のライブ。二度目となる全国ツアーは、夏休みをほぼ丸々使うハードなスケジュールになった。

ツアーの準備は、まず車の買い換えから始まった。家族五人で一か月強。五人分の着替えと大量の物販品を積んで全国をキャラバンするには、マツダのおんぼろデミオじゃさすがに厳しい。痛い出費になるが、これも家族の安全のためだ。

ボギー夫婦は中古車センターを何軒も回り、状態のいいホンダ・ステップワゴンに巡り会った。前のオーナーがとても大切に乗っていたらしく、外装も内装もまるで新車のようにぴかぴかだ。広い車内は快適で、荷物もたくさん積める。エンジンの調子もいいし、値段もこれならどうにか手が届きそうだ。

車に詳しくないボギー夫婦は「これしかない！」と即決で購入に踏み切ったが、あとでよく見たら走り屋仕様のシャコタンだった。

「これ、ヤンキーの車やん！」

グッズもたくさん作った。物販は家族の生活を支える大事な収入源だ。ポップなデザインのTシャツは、モンドくんやテンセイくんの描いたイラストを使って何種類も展開する。キッズサイズも用意して、親子で揃《そろ》えられるようにした。トートバッグにバッジ、絵はがきも大量に作った。

家族で演奏できる曲も増やした。タンバリンにカスタネット、リコーダーにピアニカ、洋菓子の空き缶にこわれた水筒のコップなどなど。家に転がっているものを持ち寄って「せえの!」で合奏する。ボギーくんのギター以外は、まるでおもちゃの楽隊のような音だ。それがボギー家族の音楽になった。

「留守中よろしくお願いします!」

子どもたちの終業式を終えると、ボギーくん一家はシャコタンのホンダ・ステップワゴンに乗り込み、夏のツアーへと出かけていった。それは七月二十一日の午後のことで、この日の福岡の空は、まったく文句のつけようがないほど、青くまぶしく晴れ渡っていた。

2

「――――」

絶句するようなニュースが飛び込んできたのは、八月七日の夕方のことだった。

〈ブードゥーラウンジ、年内で閉店〉

僕はたまたま開いたツイッターでそのニュースを知った。タイムラインはすでに大騒ぎになっていて、いろんなツイートが飛び交っている。誰もが信じられない様子で、信じたくない様子でもあった。そしてみんな一様に動揺していた。

店長の小屋敷《こやしき》さんから正式なツイートがあったのは、その日の夜の日付が変わるころで、「ビルの建て替えを理由に、年内いっぱいで閉店せざるを得なくなった」と記されていた。

移転先はまだ決まっていないらしい。それだけ急な話だったということだ。移転に当たっては心機一転、店名も変えて出直すことになるそうだ。小屋敷さんによれば、それが店のオーナーの意向だという。つまり僕らの「ブードゥーラウンジ」は事実上消滅するのだ。

ボギーくんはそのニュースをツアー先で知ることになった。

「泣きそうだ」とボギーくんはツイートしていた。誰よりも「ブードゥーラウンジ」に通い、誰よりも「ブードゥーラウンジ」を大事に思ってきた人間が、旅先でそのことを知るというのは、とても皮肉なことのように僕には思えた。もしもこの日、ボギーくんが福岡にいたなら、「少し話を聞いてもらえませんか」と誰かを呼び出し、本当に泣きながら酒を飲んでいただろう。ボギーくんはそういうとき、人目をはばかることなく子どものような一面を見せる。そうして呂律《ろれつ》が回らなくなるまで酔っ払い、「だってそうでしょ？　そうじゃないの？　違うの？」とうなだれて、どうにも割り切れない気持ちを噛みしめる。僕はそういうボギーくんの姿を何度も見たことがある。

いずれにせよだ。

この街に「ブードゥーラウンジ」があったおかげで救われた人間は少なくない。僕だってそういう人間のうちの一人だろう。あの古ぼけたビルの三階は、どうにもうまくいかないはみだし者たちにとって、本当にかけがえのない場所だったのだ。ライブハウスはこの街にたくさんあるけれど、「ブードゥーラウンジ」みたいに余白のある店はどこにもない。音楽で踊ったり、おしゃべりに興じたり、誰かがプロレス技をかけ始めたり、新しく買った機材を見せ合ったり、みんな自分の好きなことをして適度にざわついている。それはまるで学校の休み時間が延々と続いているような世界で、そこにうるさいことを言う人間は一人もいない。説教を自慢げにしたがる人間もいなければ、仕事の愚痴を語りたがる人間もいない。人の楽しみ方を誰もとがめやしないし、適度に放っておいてもくれるのだ。その居心地のよさを知ってしまったら、他の店ではもう替えがきかなくなる。

「ブードゥーラウンジ」は特別で独特だった。そしてふところが深かった。そこにいるだけで、そしてその空気を吸っているだけで、僕らは気分が楽だったのだ。

ツイッターのタイムラインには、閉店に納得がいかない人たちのツイートがしばらくのあいだ投稿され続けた。「今までありがとう」のひと言で、きれいさっぱり片づけることができる人たちは、きっと他にいくらでも居場所がある人たちなのだろう。

3

物わかりの悪い人間にも、季節は等しく巡ってくる。

多くの人々が歓迎する過ごしやすい秋も、僕にとっては必ずしもそうとは言えず、半分の苦々《にがにが》しさと四分の一の屈託を抱える秋になっていた。残りの四分の一にはやけくそも混じっていたに違いない。いずれにせよ、あまり気分の晴れない秋だった。

いくらぐずぐず言ってみたところで、立ち退きはもう決まったことだ。「ブードゥーラウンジ」はこのビルとともに消える。六月に施行された改正風営法が、その引き金を引いたのだ。ビルの持ち主は「ブードゥーラウンジ」が警察に提出しなければならない新たな書類に判を押さなかった。ビルを建て替えたい。テナントは全部出て行って欲しい。それがビルの持ち主の要望であり、それはどれだけ話し合いを続けてもくつがえることがなかった。

失われていくものに対する甘えた感傷は、たとえばバスに乗ったときなんかにふと頭をもたげてくる。それは眺めるともなく眺めていた車窓の景色の中に、取り壊しの始まった古い日本家屋の姿を認めたりするときだ。重機は容赦なく壁を削り、柱を折って、そこに積み上げられていたはずの時間までをも潰していく。そうしてほこりまみれの残骸になった記憶を丸ごとトラックの荷台に載せ、どこか遠くに運び去っていくのだ。

「……」

甘えた感傷はそれが甘えている分だけ、なかなか消えることがない。まるで自分たちまでもが、出て行け出て行けと追い立てられているような気分になって、ただでさえ強い無用者の意識が胸を突いてにじんでくる。とにかく、僕らにはどうすることもできない物事があまりにも多すぎる。それは今に始まった話ではなく、これからもたびたび遭遇していくことになる話なのだろう。甘えた感傷とは、いつもそうした痛みと弱さから生まれてきて、どうにも手に負えなくなるからうっとおしい。

黄昏《たそがれ》の秋空はすみれ色に染まっていた。それは刻一刻と薄墨色に傾いていき、いつしか得体の知れない色に変わって動かなくなった。それが天神という街の空の色だ。夜がやって来た。潮のにおいのしない海風が、ビルとビルの間を吹き抜けて昇っていく。人混みとにぎわいをできるだけ避けて、僕はいつものように「ブードゥーラウンジ」に向かって歩いた。そこですれ違う人の顔をできるだけ見ないようにしてやり過ごすのは、裏通りを好む人と猫に共通するささやかな美徳のひとつかもしれない。

＊

オープン前の「ブードゥーラウンジ」はおそろしく静かだった。反応の悪い木製自動ドアを開けて入ると、ほこりと湿気とたばこのヤニの混じった匂いがどんよりと漂っていた。

「……店の金、ちょろまかしに来たんやないやろな?」

店長の小屋敷さんは相変わらずだ。サングラスの奥の目は笑っている。

「ま、ぼちぼちでええから。どうせ今日はお客さん来んやろ」

二万円分のお釣りとドリンクチケット三十枚が入った小型金庫を受け取ると、僕は受付に戻って開店の準備を始めた。

ささちから「受付のバイトやってみらん?」というメールをもらったのは数日前のことだった。「俺にできるのかな?」と返信すると、「ささちマニュアル」を作っておくから心配ないよというメールがきた。バイト代は一回三千円。こうして僕は「ラウンジサウンズ」の受付を臨時で担当することになった。

〈なにかわからないことがあったら、ボギーに聞いてね〉

ささちマニュアルは小型金庫の中に入れてあった。手書きのミニ冊子になっている。僕のために作ってくれたものらしい。僕はそのマニュアルに従って受付台を整えた。金庫の場所を確保し、ドリンクチケットの枚数とお釣りの額を念のため確かめ、出演者の手の甲に押す「ヨコチンスタンプ」とスタンプ台を準備する。このスタンプが押された手をバーカウンターで見せれば、出演者は割引価格で酒を飲むことができる。〈忘れないで押すように〉とマニュアルには書いてあった。入場者に渡すチラシの折り込みはすでに終わっていて、輪ゴムできれいにとめてあった。テーブルに置かれていたA４の紙には、今夜の出演バンドとその出演順がお品書きのように書かれている。

「どのバンドからチケットをBUY？」

ボギーくんが考案した「ラウンジサウンズ」の入場システムは、簡便かつ合理的で無駄がなかった。入場者は、このお品書きの中からお目当てのバンドをひとつ選んで料金を支払う。受付担当者はそれを「正」の字で別紙に記録していく。どのバンドが何人客を呼んだかはこれで一目瞭然だ。

〈ノルマやギャラの精算に必要になるので、バンドごとに正しく記録すること〉

今では当たり前になっているこのシステムも、福岡ではボギーくんが最初に始めた冴《さ》えたやり方だ。会場の入り口でノルマ分のチケットを手に持ち、「うちのバンドから買ってください！」と出番直前まで売っているようでは、肝心の演奏に集中できなくなる。対バンの演奏もロクに聴けない。それではもったいないことが多すぎる——というわけだ。

準備は整った。オープンの時間だ。僕はもう一度マニュアルに目を通し、ぬかりがないかどうか確認した。お客さんが一人、そしてまた一人。自動ドアが開いて閉まるたびに、淀んだ空気は入れ替わっていった。

「おおっっ！」

ボギーくんを始めとする本日の出演者たちが店に戻ってきたのは、それからまもなくのことだった。「ラウンジサウンズ」には、「前打ち上げ」と称する不思議な習慣があって、リハーサルを終えた者から居酒屋に移動し、まずは乾杯という段取りを踏むことになっている。そこで一、二杯軽く盛り上がってから「いざ本番！」というわけだ。この小一時間ほどの語らいが、ミュージシャン同士の距離をぐっと縮め、ライブの流れを作る。

前打ち上げから戻ってきた出演者の手の甲に、僕はさっそくヨコチンスタンプを押した。みんな僕の不慣れな受付を一様に面白がっている。痛風が再発したボギーくんは、杖なしでは歩けない状態になっているにもかかわらず、受付に座った僕の姿を爆笑しながらスマートフォンで撮影していた。なにはともあれ、今夜も「ラウンジサウンズ」の始まりだ。

「オーケー・エブリバデー！　『ラウンジサウンズ』へ、よぉーこそっ！」

受付から店内の様子をうかがうことはできない。僕はおなじみのセレモニーを備え付けのモニターテレビで見た。古ぼけた十四型ブラウン管テレビが映し出す映像は、色も輪郭もぼやけてにじんでいる。まるでダビングを繰り返したビデオテープのような映像だ。音声は消されているため、フロアから漏れてくるくぐもった音を聞くしかない。

バンドの演奏が始まった。にじんだ映像とくぐもった音で見聞きするそれは、どこか遠くで起きている出来事のように実感が薄かった。

出入りの酒屋さんが生ビールの詰まった銀色の樽《たる》を台車で運びこみ、空になった樽やケースを忙しく回収していった。所用のある人がやって来て、所用を済ませて帰っていった。僕はそのたびに「おつかれさまです」と挨拶を交わすが、小屋敷さんの読み通り、お客さんと呼べる人はなかなか現れなかった。

僕の勘定が正しければ、現在の入場者数は六名。さすがに間違えようのない数字だ。もうかれこれ一時間以上、一人のお客さんも来ていない。「ブードゥーラウンジ」における過去の最低動員数は七名だと聞いている。なにも僕が受付を担当した日に、記録を更新しなくてもよさそうなものだ。

「おつかれさまです」

フロアから漏れてくる音がさびしい。「ブードゥーラウンジ」は眠っている。僕は待ちぼうけをくらった人みたいに、頬杖をついて受付に座り続けた。

(つい十日ほど前は)

と、僕は先日行われた『ヨコチンロックカーニバル』のことを回想する。あの日の「ブードゥーラウンジ」は、汗と熱の海であり、音楽と踊りの坩堝《るつぼ》だった。

「お前はお前の踊りを踊れっ！」

トップバッターのザ・ボットンズからトリの漢方先生まで。ボギーくんが組んだ十時間にも及ぶプログラムは圧巻だった。この場所でやる最後の『ヨコチンロックカーニバル』は、正真正銘、空前のお祭り騒ぎだったのだ。

袈裟《けさ》を着用した現役の真言宗僧侶が自作のカラオケをバックにトランス状態で踊ったり、リオのカーニバルでバリバリに踊っているサンバダンサーが極楽鳥のような姿でお尻をぷりぷりさせたり、テンションは上がりっぱなしでゆるむことがなかった。

中洲の歓楽街に夜な夜な出没し、春歌だけを歌いまくってゼニを稼ぐ着流しの女三味線師、弁天図紋吉。一秒たりともじっとできずに、跳《と》んだり跳《は》ねたり走ったりを繰り返す道産子アナルX。根本をあまりにも強くゴムで縛りすぎたせいで、プラムのように赤くなったシゲちゃんのつるつる金玉が炸裂した九州ロッカーズ。激安の悪魔、カシミールナポレオン。ブラックホールから生まれた奇跡のビッグバン、林まゆ。伊勢の奇人、トーマス。ザ・キャンプズ、石田ラベンダー、○《マル》菌、ノントロッポ、オクムラユウスケ……。

中でも圧巻だったのは、東京からやって来たネイチャーデンジャーギャングだった。総勢十名を超える男女混成のメンバーが「生きてるってなんだろ？　生きてるってなあに？」

と叫びながら次々に服を脱ぎ捨て、ついには生まれたままの姿になってフロアに飛び込んでいった。管理も消毒もされていない原始的な「個の踊り」は、塩と大地と命のにおいがした。そのにおいが、およそ十時間にもわたって「ブードゥーラウンジ」に充満したのだ。

大トリを飾ったのはまさかの「北島ボギ三郎」だった。パンチパーマのかつらに、金ピカの着物。マジックで描き足した鼻の穴としわ。演歌の御大・北島三郎に扮したボギーくんは、バンド版・漢方先生の演奏をバックに「まつり」を熱唱した。乱舞するヨコチン纏《まとい》。人間の波がうねるフロア。ステージは出演者と観客に占拠され――そこで自動ドアが開いて僕の回想は途切れた。

夜の九時半過ぎにお客さんが一人駆け込んできて、本日の入場者数は七名になった。それで打ち止めだった。僕は小型金庫に入っている千円札の枚数を数え、ドリンクチケットの残りを輪ゴムでとめた。本日の上がりは一万四千円。最低動員数のタイ記録だ。

店の奥でお通夜のような精算が始まった。僕はバイト代の三千円をきっちり頂戴し、出演者は達成できなかったノルマ分をたっぷり支払うことになる。なんとなく申し訳ない気分の僕は、その辺をぷらぷらして精算が終わるのを待った。

4

世界に羽ばたく「ヨコチンレーベル」は、これといって世界に羽ばたくことなく、設立二十周年を迎えた。これもひとえにボギーくんのあきらめの悪さ、しつこさのたまものと言っていいだろう。人生はみだし一直線。鉄の心を持つお祭り男は「どうせならこの二十年をみんなで振り返ってみよう！　もうすぐ師走《しわす》だし！」とイベントを企画した。

ボギーが'96年に立ち上げたヨコチンレーベルの20周年を（誰に頼まれたわけでもなく）記念し、イベント「ハイコレ」の第1回から１４１回までの全フライヤーを展示します。また、母・奥村隆子《りゅうこ》が（誰に頼まれたわけでもなく）撮影し続けた福岡音楽シーン20年間の貴重な記録映像も公開！　展示期間中はトークやライブイベントも開催しますので、ぜひ（誰に頼まれたわけでもなく）ご来場あれ!!

僕は（誰に頼まれたわけでもなく）清川という街に向かった。天神から一キロほど南にくだった清川は、天神とはまるで色合いの違う街だ。気取った雰囲気はどこにも見当たらず、いやな商売っ気もない。

昭和のにおいが充満するサンセルコ・ショッピングセンター。設備の古いパチンコ屋や八百屋なんかが軒《のき》を連ねているサンロード商店街。威勢のいい博多弁が聞こえてくる魚屋や、老舗《しにせ》のかまぼこ屋が電球色に染まっている柳橋《やなぎばし》連合市場。

この界隈《かいわい》には天神を彩る浮かれたクリスマス・イルミネーションは少しも似合わない。走るママチャリに確かな生活を感じる、僕にとって息苦しくない街のひとつだ。


ボギーくん主催の『ヨコチン20年展』は、そんな街に店を構える「カフェ＆バーｇｉ《ジ》ｇｉ《ジ》」で行われていた。ｇｉｇｉは間口の狭いペンギン堂ビルの三階にある。ミントグリーンの色をしたこの細長い雑居ビルには、トロピカルピンクの看板を掲げたエステサロンや、血の色の看板を掲げたアジアン食堂などが入居している。一基しかないエレベーターは昇降スピードがひどく遅く、ボタンを押してもなかなかやってこない。それが待てないようであれば幅の狭い急な階段をのぼるしかない。

鉄の扉を開けて店内に入ると、ボギーくん一家がソファーに座っていた。彼らはどこにいても、まるで自分の家みたいにくつろぐことができる。それは一種の才能と言っていいだろう。一家はｇｉｇｉの特製カレーやクリームパスタを食べているところだった。店長のシュンジさんが作る料理は何を注文してもうまい。僕は自家製の生姜シロップがたっぷり入ったジンジャーエールとグリーンカレーを注文した。

縦に細長い店内にはすでにけっこうな数の人がいて、用意された席はもう埋まりつつあった。一週間にわたった『20年展』も今日が最終日で、クロージングイベント「奥村家総動員祭り！」の豪華五本立てプログラムがそろそろお披露目となる時間だ。

ボギーくんの母・隆子さんがいた。オクムラユウスケと息子のアビくんがいた。父・英行さんはいなかった。熊本名物・いきなり団子を置いて帰ったそうだ。さつまいもを使ったお手製の団子は、「つまらないものですが、ご自由にお召し上がりください」という書き置きとともにカウンターに並べてあった。

「オーケー・エブリバデー！」

最初の出し物が始まるらしい。僕が注文したジンジャーエールとグリーンカレーは、抜群のタイミングでテーブルに運ばれてきた。

＊

「そんなことない！　そんなことない！」

ボギーくんの母・隆子さんがしきりに否定している。

「え、でも有名やったらしいやん。『志賀島《しかのしま》の美人四姉妹』って」

「あ、それ俺も聞いた！　船が島に着くと、若い男衆が親衛隊みたいに迎えに来とって、お母さんのあとをずらーっとついて歩いとったって」

「そんで正月になるとその男衆が家の前にやって来て、『隆子さんのた〜めなら！』とか歌いながら餅つきしよったんよね。俺、ナオコおばちゃんから聞いたよ」

「んもう……」

ボギー×オクムラユウスケ×奥村隆子。母と息子たちのトークショーは「今まで公《おおやけ》になることがなかった奥村家の真実を、この際だからぶちまけてしまおう！」というテーマで繰り広げられていた。

「あと、お母さんは西鉄ライオンズの選手とデートしよったんよね？」

「ああ、あれはまだお父さんと結婚する前で、わたしトヨタ２０００ＧＴっていう車に乗せられてね。すごい車だったから、もうみんなからじろじろ見られて恥ずかしかったなぁ。かっこはいいんだけど、乗り心地はあんまりよくなかったの覚えてます。でも二、三回ドライブしただけやったから、わたしのこと面白くなかったんでしょうね」

僕らの知らない母・隆子さんのエピソードが次々に暴露され始め、トークショーは大いに沸いていた。

「そんでお母さんはさ、趣味の編み物もとことんエスカレートしていくんよ。ものすごいセーター編みよったよね。俺やユウスケの好きなアニメのキャラクターが次々にセーターになってさ。『ドラえもん』はまだいいとして、『ハイスクール！奇面組』とかさ。中でも最高にぶっ飛んどったのが『北斗の拳』ね！」

「前面にケンシロウの図柄が編み込んであるのはわかるんやけど、背中に『お前はもう死んでいる』ってセリフが編んである。俺、そのセーター着て学校行きよったからね」

「普通、そんなセーター子どもに着せんよね。『お前はもう死んでいる』とかさ。それ着て校庭でわーわー言って遊んどったんやろ？」

「うん。で、授業中は後ろの席の子が『お前はもう死んでいる』というセーターを見ながら学校生活を送っとる」

「先生も母親の手編みじゃ『そんなセーター着てくんな！』とか注意できんよね」

まったくだ。僕は口に入れたグリーンカレーを吹きそうになった。

「でもうちのお母さんがよかったのは、子どもがしたいって言うことをひとつも否定せんかったとこやと思う。俺が『死霊のはらわた』が観たいって言ったら、レンタルビデオ屋で借りてきてくれて。夜中、川の字になって一緒に観るんやけど、そしたら二人とも怖くなって便所行けんくなったり。ジャッキー・チェンのガチャガチャがしたいって言ったら、もう晩ごはんの時間やったのに『行こう！』って、すぐに三輪車の後ろのかごに俺を乗っけてガチャガチャのあるとこまで連れてってくれたり」

「お母さん、自転車乗りきらんけん、三輪車なんよね。俺もよう乗せられたよ」

「あれ猛烈に恥ずかしいんやけど、でも子どもがしたいって言い出すことって、今したいことやん。明日じゃ違ったりするやん。俺、自分が子育てするようになって思ったんやけど、そういうのってなかなかできんよ」

「確かに。お母さんは、そういう教育方針やったん？」

「いや、別にそんなんじゃないけど、わたし女きょうだいしかいなかったから、とにかく男の子のやることが新鮮やったんです。『なにそれ！　わたしもやってみたい！』って。だからあなたたちと一緒になって楽しんでました」

「これだけは母親として嫌だ、して欲しくないとか、そういうのはなかったん？」

「別にないよ」

「でもさ、なんかさぁ、俺がエロ本隠しとるのとか、見つけるわけやん」

「わたし見つけてないよぉ！」

「だって俺が久しぶりに実家帰ったら、エロ本が全部ひもでくくられとったよ」

「あ、俺のAVも本棚にきれーいに並べられとった！　しかも全部裏ビデオ。ひざから崩れ落ちた。ダメやん、これって」

「いや、子どもの持ち物を勝手に捨てたらダメかなあと思って」

「そりゃそうかもしれんけどさ、少年ジャンプとエロ本がちゃんと分別されて束ねられとったけんね。俺、エロ本の束だけ竹やぶに捨てに行ったもん」

「だからそういうとこもね、男の子というものを知らないから。『あ、男の子はこういう本やビデオが好きなんやねえ』って思ってました」

ボギーくんやオクムラユウスケの持つ愉快さや奔放さの源は、この隆子さんにあるのかもしれない。

「でもこんな話だけ聞いてると、うちがとってもいい家族に思えるかもしれんけど、実はそうでもなかったりするんよね」

とボギーくんは言った。

「今日さ、こんなふうに家族一同が揃って——まあ、お父さんはもう帰っちゃったけど、こんなふうにさ、人前で家族トークするなんて、ある時期まではまったく考えられん話やったからね」

そうしてボギーくんは家族の話を始めた。

「実はうちの家って、夫婦仲がものすごく悪かったんよね。俺とユウスケが寝とる隣の部屋から皿の割れる音とかさ、『別れる！』やら『離婚だ！』やらの怒鳴り声が聞こえてきてさ。俺、小さいころ布団の中で泣きよったわ」

「それも毎晩のようにやりよるからね。家の空気とかバランスは本当に微妙やった」

「……わたしはね、お父さんの仕事のストレスのはけ口やったの。お父さんは仕事人間やったでしょ。外の人にはいい顔するし、つきあいもようするけど、そこでは言えない本音やら不満みたいなもんをさ、全部わたしにぶつけてたんだよね」

「あれやろ？　俺が生まれるときも、出産に立ち会わんで会社の人とゴルフ行ったっちゃろ。俺、その愚痴をお母さんからずっと聞かされて育った――」

僕にも家族にまつわる薄暗い記憶がある。父親が母親を殴り飛ばしている記憶だ。

子どものころ暮らしていた家の台所には、シンクのふちに大きなへこみ傷があった。父親に殴られた母親がイスごとひっくり返り、その衝撃でできた傷だ。茶碗が割れ、おかずや味噌汁が床に散乱し、ケチャップソースが壁に飛び散った。

僕の父親はささいなことで母親をたびたび殴った。僕も弟もたびたび殴られた。それは「お前のことが気に入らない」という理由から始まる行為で、僕はある日の夜、「表に出ろ！」と玄関から叩き出され、酔った父親が運転する車に追われた。ヘッドライトを煌々《こうこう》と照らしたスバル・レオーネは、アクセルを空ぶかしし、ギアを一速に入れると、狙いを定めて向かってきた。僕は罰を受けるのだ。息がつまり、心臓が鳴り、足がもつれ、運動靴は片方――もうやめよう。

とにかく僕の家族には気持ちが貧しくなるような出来事がたくさんあった。その鮮明な記憶の数と質量が、家族について語ることを、僕から遠ざけてしまっている。

トークショーは続いていた。

「あなたたちが音楽しよることも、お父さんは大反対やったから、そのことについてもずいぶんいろいろありました」

「それでもお母さんはずーっとライブハウスに来て撮影しよったやん。『お前はどっちの味方なんか！』とか『お前もいい加減にせれ！』とか言われんかった？」

「そんなのしょっちゅうです。でも、もうなんかね、そういう圧を受けながら、わたしは音楽を楽しんできました。だってライブハウス行くのは、自分が一番好きなことだから。それまで取り上げられてしまったら、わたし、もう気持ちの持って行き場がなくなる」

「あの……ここに平成二十年の『テレビブロス』があるんやけど、実はこの雑誌にお母さんが特集されとんよね。あ、これこれ。『かあちゃんといっしょ』っていうこのコーナー。東京から俺んちにわざわざ取材に来たんやけど、俺じゃなくてお母さんを中心にインタビユーしとってさ。で、お母さんはさ、『どんな死に方をしたいですか？』みたいな質問に、『ライブハウスでカメラ回しながら死にたいです！』とか答えとんよ。もう俺、腹かかえて笑ってさ。そんなんさ、戦場カメラマンの受け答えやん。おかげでほら、『母は戦場カメラマン！』っていうサブタイトルがついとる」

「だって、それがわたしの生きがいだから！」


その後トークショーは、兄弟の確執、母親と息子の確執、そしてオクムラユウスケの失踪にまで話が及んだ。ひとつ間違えば暗くよどんだ空気になりそうな話も、ボギーくんとオクムラユウスケはそうさせない。トークショーは笑いが絶えることなく、隆子さんも一緒になってよく笑っていた。

「でもお父さんもさ、今日来てくれとったやん。俺ね、お父さんが音楽やることを認めてくれた日のことをよう覚えとるんよ。『ブードゥーラウンジ』に遠藤賢司《エンケン》さんを呼んだ『ハイコレ100』。あの日、俺、お父さんに『来てくれ』ってたのんだんよね。

俺は自分が音楽を始めるきっかけになったエンケンさんと、ちゃんと音楽で勝負できる力がついたら、エンケンさんを福岡に呼んで対決しようって、そう思ってずっと音楽を続けてきたから、その俺の音楽をね、一度ちゃんと観て欲しかった。

そしたらお父さん来てくれてさ。ノントロッポの演奏もちゃんと見てくれたんよね。で、エンケンさんもやっぱすごかったやん。お父さん、なんかすげえ感動したみたいで。ライブが終わったあと俺んとこ来てさ、『お前が本気でやりよることはようわかった。もうなんも言わん』って。そっからやったよね。応援してくれるようになったのは」

その日のことは僕も個人的によく覚えている。それは二〇〇九年十一月三日のことで、僕はその日初めて、ボギーくんと言葉を交わしたのだ。

言葉を交わした場所やシチュエーションまでよく覚えている。「ブードゥーラウンジ」の桟敷席の横で、エンケンさんが僕をボギーくんにこう紹介したのだ。

「彼は俺の古い知り合いでね、鹿子くんって言うんだ。福岡でライブがあると、必ずこうして観に来てくれるんだよ。今日は久しぶりに会ったから、これから彼も一緒に打ち上げに来てもらいたいんだけど、それでもいいかな?」

しかしその打ち上げの席で、僕はボギーくんに「最悪の男」として記憶されることになってしまった。

「鹿子さんは打ち上げの席でさ、エンケンさんを完全に独り占めして、ずっと世間話してたんよね。俺はエンケンさんと初めて音楽で勝負して、同じミュージシャンとして聞きたいことや話したいことといっぱいあったのにさ。だから印象は最悪。エンケンさんが知り合いって言うけん打ち上げに来てもらったけど、『なんやこのおっさん!』って思ってた」

僕とボギーくんは「ブードゥーラウンジ」の片隅でそんなふうにして出会った。

クロージングパーティーは、ボギー家族の演奏、奥村兄弟が中学時代に作ったホラー映画の上映、オクムラユウスケとアビくんによる着ぐるみアクション劇「仮面ライダーストロンガー対一ツ目タイタン」と続いた。その幕間《まくあい》には、母・隆子さんが二十年にわたって撮影し続けた秘蔵のライブ映像が、ボギーくんの解説つきで上映されている。

「これはユウスケがまだ普通のラブソングとか歌ってスベりまくりよったころの『恥ずかし映像』で――」

僕は隆子さんが今も作り続けているスクラップ帳を見せてもらっていた。分厚く重いそれは、スクラップ帳というより完璧に編集されたビジュアル図鑑だった。図版として使用されている写真やチラシ、雑誌の記事は、おもしろく読めるようにリサイズしてレイアウトされていたし、ペンで彩色されたりコメントが付け加えられたりもしていた。

こんな手の込んだものを、隆子さんは誰に頼まれたわけでもなく、また誰に見せるわけでもなく、二十数年にわたって六十五冊も作ったのだ。

親子トークショーで話題になっていた『テレビブロス』の記事も見せてもらった。

〈こんな世界を教えてくれたこの子に感謝してるんです。私は子供達を育てたんじゃなくて、私が子供達と一緒に育ったんですよ。この子達を産んで本当に良かった〉

隆子さんは、今夜もビデオカメラを片手に撮影に勤《いそ》しんでいる。そのかたわらには、二人の息子から贈られた花束がそっと置かれていた。

＊

オクムラユウスケのライブが終わった。もう終電に近い時間だが、このままｇｉｇｉで飲み続けるつもりの連中は、足をブラつかせながらアルコールを追加オーダーしていた。連中はいつも飲み足りないと言って酒を飲む。そしていつのまにか飲み過ぎる。

入り口にぶら下げられた小さなバケツには、投げ銭があふれんばかりに突っ込んであった。モンドくんは抜き出した千円札を数え終えると「ねえ、こんだけあったらさ、『ブックオフ』で漫画が死ぬほど買えるよね」とその束を見せてくれた。睡魔に打ち勝つすべを知らないテンセイくんと今ちゃんは、ソファーで寝つぶれてすでに夢の中だ。

僕は「ハイコレ」のフライヤーが百四十一枚も貼られた壁を改めて眺めた。

どれも手の込んだおもしろいデザインだ。しかもこれだけの数があるにもかかわらず、同じパターンのものはひとつとしてない。ただのひとつもだ。額に入れて部屋に飾れば、ポップアートとして鑑賞できそうなものもある。

でも僕はそんなことよりも、このおびただしい数のフライヤーが個々に発している「衝動」のようなものに打たれていた。

誰に頼まれたわけでもない。ボギーくんはこの二十年間、これだけ多くのイベントを企画して告知のフライヤーを作ってきた。動機は単純だ。自分がおもしろいと思った音楽を多くの人に知って欲しくて、あるいは多くの人と楽しみたくてそうしてきたのだ。

オファーを出す。ギャラの交渉を重ねる。日程を組み、会場を押さえ、宣伝し、最高の状態で演奏してもらう準備を整え、お客さんを盛り上げる。そんな一切合切をボギーくんはたった一人で切り盛りしてきた。

僕はそのことについて考える。

誰かにほめられたくてやったのではない。認められたかったからでもないだろう。ましてや金儲《かねもう》けがしたかったわけでもないはずだ。フライヤーに記されたチケットの値段を見れば、そのことがよくわかる。

「無垢《むく》なるもの」の姿が形になって立ち上がってくる。

ボギーくんがそんな風に思わなければ、そして行動に移さなければ、多くのミュージシャンの音楽はこの街に響くことがなかった。

僕はその膨大な数のフライヤーを眺めながら、「よくもまあ、こんなにやったもんだね」とその労をねぎらった。ボギーくんは、「ほんとしつこいすよね。このしつこくやり続ける感じは完全に親ゆずり。血は争えないっすよ」と僕に言った。

もしそうだとするなら、僕にも、今はもういない父親の血が流れている。

続・青い春 13

1

閉店の日が日一日と近づいていた。僕らはそれでも「ブードゥーラウンジ」に通ってバカ騒ぎに興じていた。騒ぎ足りない連中は夜の街に出かけていき、たとえば二十四時間営業の「居酒屋ウエスト」の座敷に上がって、朝日がのぼるまで飲み明かしたりしていた。みんなそうやって長いお別れをしていたのかもしれない。

師走の「ブードゥーラウンジ」はとにかくにぎやかだった。

例年なら年明けに行われる店長・小屋敷さんの誕生会も、今年は前倒しで行われた。それは総額八万円分のタラバガニが振る舞われる「カニすきパーティー」で、最終的には日本酒でベロ酔いした男たちが半裸、あるいは全裸になって特設ステージで暴れ、カニのハサミでチンチンをはさまれて終わるという素晴らしい催しだった。その是非はともかく、カニのハサミを股間にぶら下げたまま泣きべそをかいている大人の姿は、めったなことでは見ることができないだろう。

年末恒例の『ラウンジサウンズカーニバル』も、豪華なメンツと多彩な顔ぶれを揃えて行われた。師走の街の片隅で演者も客も発火爆発。機材をフロアに降ろして演奏したポカムスは無敵の演奏を見せ、内村耐寒のドラム叩き語りはビートで客をボコボコに打ちのめした。ビキニ姿でエビぞりのブリッジを披露する地下アイドルのあぁちゅ。乳首にヨコチンマークを貼って半裸で踊る秋風リリー。漢方先生は今にもこぼれ落ちそうなおっぱいを最前列の女性客に揉ませ、ザ・ボットンズはフロアをぐちゃぐちゃにした。そこにブルーズビルのダンスナンバーがこれでもかと炸裂する。

のべ十二時間にわたって繰り広げられた総勢二十四組の演奏とパフォーマンス。そのトリを飾ったのはボギーくんのバンド・ノントロッポだった。

「俺は今まで、自分のバンドをトリにするような真似は一度もしてこんかったけど、今回ばかりは俺たちがトリでもいいやろ！」

ボギーくんのそういうところがたまらない。ノントロッポは慣れ親しんだ「ブードゥーラウンジ」のステージで、泣いても笑っても最後となる演奏を噛みしめていた。

あぁ、愛しのブードゥーラウンジよ！　このステージから何度も見てきた景色よ！

本当にこれでもう最後なのか？（ボギーくんのブログより）

だがボギーくんは、もっと素敵な景色をそのステージから見ることになる。

2

僕にとっての二〇一六年十二月二十八日は、あの「ブードゥーラウンジ」とお別れをした日だ。それはいろんな意味で忘れがたい一日で、そこから去りがたい一日でもあった。

幸運にも「ブードゥーラウンジ」の移転場所は近場に決まった。親不孝通りのちょうど真ん中あたりに位置する比較的新しいビルの四階だ。店長・小屋敷さんの話によると「三軒あったスナックの壁、全部ぶち抜いたりましたわ」ということだ。

変わるはずだった店名も、「ブードゥーラウンジ」という名前がそのまま引き継がれることになった。きっと小屋敷さんを始めとするスタッフ一同の熱意と愛情が、天に通じたのだろう。内装も可能な限り「ブードゥーラウンジ」に近い状態になっているらしい。なんでも年明け早々に引っ越しを済ませ、一月五日には新店舗でライブ営業を始めるそうだ。それは僕らにとって、とてもいいニュースに違いなかった。誰もがそのことを心から喜んだし、誰もがそのことに安堵《あんど》もしていた。

けれどそれは、通い慣れたこの「ブードゥーラウンジ」が僕らの前から姿を消してしまうことと、あくまでも引き替えだった。引っ越しが済んでしまえばこのビルの入り口は閉鎖され、もう二度と立ち入りができなくなる。それはずっと一緒に暮らしてきた犬や猫と、もう一緒には暮らせなくなるような気分だった。自分たちだけが新しい場所に引っ越して楽しくやる――そのことに胸を痛めない人間は、少なくとも僕の周りにはいなかった。

この日「ブードゥーラウンジ」に集まった人間は、ライブ終了後もなかなか店から出ていこうとしなかった。もう確かめる必要もない床の具合や柱の具合を確かめ、ＰＡブースから伸びた木の枝の行方を改めて追ったりしていた。出ない小便をしにトイレに行って、洗う必要もない手を洗い、あれだけうるさいと思っていたエアタオルの爆音を響かせて「こいつもそう悪いヤツじゃなかったよな」などと言い合ったりしていた。例の桟敷席には容易に立ち退きそうにない連中が集まって、ああだこうだと尽きない思い出話に花を咲かせていた。フロアの硬い床に寝転ぶ者。ステージからジャンプしてみせる者。僕らを照らし続けたミラーボールをぼんやりと眺める者。誰もがいくらでも時間がつぶせそうだった。

「……おし、もうみんないいやろ！　打ち上げ行くぞ！　百人で『ぶあいそ』を予約しとうけん、ここにおるヤツ全員で行くぞ！」

べろべろに酔ったボギーくんがそう言わなければ、僕らはいつまでたってもぐずぐずとそうしていたことだろう。

僕が最後に語るべき話は、べろべろに酔ったボギーくんがステージで泣いた、その十二月二十八日のライブのことだ。

3

大型のアイスペールにはメキシコ製のテキーラが突っ込まれていた。封はすでに切られていて、その注ぎ口にはステンレス製のポアラーが取り付けられている。

小さな赤い下着を一枚だけ着けたトップレスの女が、Vサインを決めながら舞台袖から現れた。バストトップは胸に垂らした長い髪でうまい具合に隠れている。

女は使い捨てのショットグラスにテキーラを注ぐと、慣れた手つきで喉に流し込んだ。そして焼けたその喉で自分が何者であるかをマイクの前で叫んだ。

「二十一番っ！　やよいっ！　歌うぞ、おらぁ！」

ステージにはアコースティックギターが一本だけ、ギタースタンドに立てかけてある。この一本のギターを使い回して一人一曲。最後のイベント『ラウンジサウンズ56人弾き語り忘年会』は、二十一人目の歌が始まったところだ。彼女の歌うやさぐれたブルースに「ブードゥーラウンジ」が沸いている。主催のボギーくんはフロア最前方にあぐらをかいて陣取り、誰よりも大きな歓声を送っていた。

多くの人間がすでに仕事を納めてきたのだろう。年の瀬のどこかそわそわした気分をみんな心おきなく楽しんでいる。夕方の五時半に開場した「ブードゥーラウンジ」は、時間がたつにつれて騒がしさを増し、そこら中が始終ざわつくようになっていた。

バーカウンターにも、おしゃべりの混じった紫煙があちこちで立ちのぼっている。大量に並べられていた焼き鳥はもうあらかた食べ尽くされていて、付け合わせの角切りキャベツはそろそろ乾き始めていた。この焼き鳥は小屋敷さんの奢《おご》りだ。誰がどれだけ食べても構わない。小屋敷さんはそういうものをこのバーカウンターに並べて、たびたび僕らに振る舞ってきた。

すでに歌い終えた者たちが、出演者割引で飲める酒を注文し、ジンライムなんかで乾杯している。これからアルコールのもたらすファンタジーの世界にじっくりとろけていくつもりなのだろう。けれど、これからステージにのぼる連中はそうもいかないようだ。どうにも落ち着かない様子で、鉛を飲んだような顔をしている。

その中の一人がこの僕というわけだ。

ステージの両袖には、ボギーくんが模造紙を何枚も継いで作ったキャスト表が、まるで垂れ幕のように下がっていた。筆と墨汁を使って出演者の名前を登場順に書いた、それはライブのお品書きである。その「三十三番目」に僕の名前はあった。

二十六人目の出演者がステージに上がった。

「二十六番。鹿児島から来たニシといいます。ボギーさん、誘ってくれてありがとう……」

図体のでかさに反比例するようなか細い声を、マイクはかろうじて拾っていた。ニシくんの消え入りそうなその声は、にぎやかなおしゃべりがあちこちで交わされているフロアにうまく届いていないかもしれなかった。

「……大好きなボギーさんの歌を歌います。『青い春』……」

ボギーくんが大きな声援を送った。

不安だらけの毎日に
不安だらけの仲間たち
自分が自分である為に
歌える場所が欲しかった……

むくむくに着込んだ服。頭をすっぽりと覆った帽子。ニシくんは今、タチの悪い病気と戦いながら生きている。ボギーくんは、病院できつい治療を続けながら不自由な生活を送っているニシくんを鹿児島から呼んだ。

　一人で行くのはさみしいと
　同じ仲間が集まって……

ニシくんの「青い春」が、「ブードゥーラウンジ」に染みている。精一杯の気持ちで歌われる歌は、それがどんなに弱々しいものであっても耳に届いてくる。
おしゃべりをしている人が減った。ニシくんは歌った。

　ベイビー　ベイビー
　青い春はそのうちやって来るという……
　ベイビー　ベイビー
　青い春はそのうちきっとやって来る……

ニシくんはイスから身体を引っこ抜くようにして立ち上がると、小さなお辞儀をひとつして舞台袖にゆっくりと消えていった。その背中に拍手が送られ続けている。そっと目尻をぬぐったボギーくんが、ニシくんをステージ前室まで出迎えに行った。

＊

「三十番っ！　佐伯《さいき》市民！　大谷慎之介っ！　ライブハウスで歌えて俺はうれしいっ！」
大谷くんは片道五時間かけて大分の佐伯市からやってきた。彼は「佐伯市民」という二人組のバンドで歌っている。バンドの重要なレパートリーである「街」は、その佐伯市のことを歌ったソウルナンバーだ。

帰る場所はこの街しか　なかったんだ
ライブハウスもない　この街に
誰にも聴かれることのない　この歌は
パチンコ屋の音に吸い込まれた

彼らの住む街には、ライブハウスもなければ練習スタジオもない。演奏できる場所はイタリアンレストランの片隅で、練習は山に向かってやっているという。

この街が　この街が
この街が大嫌いだぁ！
大、大、大、大、大嫌い
大、大、大、大、大嫌い

思いっきり歌える喜びを大谷くんは噛みしめているようだった。その純度の高い熱が、観客をしびれさせていた。

こんなふうに歌えたらと、僕はニシくんや大谷くんの歌を聴きながら思う。

出番が近づいてきた。僕はステージ前室に向かった。

4

ステージに置かれたテキーラは、すでに二本のボトルが空になり、三本目に突入していた。酔いの回った連中がヤジや喝采を送っている『56人弾き語り忘年会』は、四十一人目の鮫肌尻子をステージに迎えていた。

「このステージで歌うのも、尻子はこれで最後です。だから今日は大好きだったこの『ブードゥーラウンジ』に捧げる曲を作ってきました」

鮫肌尻子は飛んでくるヤジに微笑みを返しながら、真新しいノートを譜面台に広げた。

「ここで過ごした日々のことを、わたしは忘れません。『ブードゥーラウンジ』、本当にありがとう。四十一番、鮫肌尻子。聴いてください。『火曜日のギグ』です」

シンプルな照明に照らされたステージで、スローテンポの弾き語りが始まった。

火曜日のギグなんて　大嫌いだよ
観客のいないフロアで　w o h　w o h　o h　w o h……
バイトが終わって走って向かう
いつもの小さなステージ
はみ出し者を照らすミラーボール

鮫肌尻子の歌は甘酸っぱくてどこかせつない。夢があって、現実があって、その間を揺れ動くこころがあって、こぼれそうな涙を笑顔で隠すいじらしさがある。彼女の作る歌はいつもそうした世界からやってきて、涙腺をそっと震わせる。

だけどいつも思い出すのは　あの夜のギグ
初めてたったステージから見た　眩《まぶ》しいあの景色

何もかも生まれ変わる
何かがそっと始まった
なんでもない　平日の
ここであったギグ

チューズデー・ナイト・ギグ
覚えているかい
チューズデー・ナイト・ギグ
覚えているよ

ジャングルみたいなあの場所で
起きる奇跡の夜を
終電なんて気にしないで踊ろうよ

ジャングルみたいな「ブードゥーラウンジ」にまっすぐな歌が届いている。鮫肌尻子は
くしゃくしゃの顔になって歌い続けた。

火曜日のギグなんて　大嫌いだよ
酔っ払いのお祭りさ　とてもくだらないよ
キワモノばかりの見世物だなんて
みんなは笑うだろう
かっこいいだけが
全てじゃないのにね

だけどずっと覚えているのは
あの夜のギグ

この街の　名も無いバンドがやってた
あのギグ

どんな売れてるバンドより
どんなでかいステージより
何人かしか見ていない
ここであったギグ

チューズデー・ナイト・ギグ
覚えているかい
チューズデー・ナイト・ギグ
忘れるなんて無理さ

お馴染みのＤＪが
今夜もまた呼んでるぜ
今夜もまたあの場所で会おうよ……

僕はこの歌を抱きしめたくなっていた。これは僕らが愛した「ラウンジサウンズ」の歌だ。平日の夜に集い、大騒ぎして、打ち上げで盛り上がり、そうして人の姿がまばらになった街をとぼとぼ歩きながら、かけがえのない今日を終え、さえない明日を迎えていた、そんな僕らの姿がそこかしこに浮かんでいる歌だ。

ボギーくんがまた目尻をぬぐっていた。同じ仕草をしている人が他にもいて、もしかすると僕もその一人だったかもしれない。大きな拍手と歓声を受けて、鮫肌尻子はステージをあとにした。

5

「この場をお借りして、みなさんにご報告したいことがあります」

「瀬戸の花嫁」の弾き語りが終わった直後のことだった。

「わたし、フリーダムセットの高松彩は、このたびブラウンベムズの中津康志さんと結婚することになりました」

はみだし者たちのマドンナ的存在だった彩ちゃんの結婚報告に、「ブードゥーラウンジ」はどよめいた。フィアンセの中津くんが赤いバラを一輪持って、照れくさそうにステージに上がった。

べろんべろんに酔った観客から、手荒い祝福を受けるのは当然のことだ。「中津っ！てめえ、この野郎っ！」だの「いつから付き合ってたんだ！」だの「先を越された漢方先生の気持ちを考えろ！」だの、男女を問わずみんな好き勝手なヤジをやんやんやんやん飛ばしている。

「……一緒に幸せになりましょう。よろしくお願いします」

シャイな中津くんからバラの花をもらった彩ちゃんはとても幸せそうだった。二人は手をつないで舞台袖に消えた。

入れ替わるようにして登場した飛び入りの木藤《きとう》くんからも報告があった。

「昨日、父親になりました！」

人の幸せを素直に喜べない連中が、また好き勝手なヤジを飛ばしている。「ドスケベ！」

だの「ド変態！」だの「お前も漢方先生の気持ちを考えろ！」だのもうめちゃくちゃだ。木藤くんの奥さん・マリちゃんも「ラウンジサウンズ」に出演していたミュージシャンだ。二人は「ブードゥーラウンジ」で出会い、恋に落ち、結婚して、子どもを授かった。木藤くんは「ラウンジサウンズベイビー」というできたての新曲を披露した。

続く四十六番。カシミールナポレオンのKくんからも報告があった。

「ご存じ、カシナポのKだけど——今年、すぐそこにある税理士事務所に転職したんだけど、面接の際に、なんとか合格したい一心で『自分はできるヤツ』みたいな大きなことを言ってしまって。それで採用されたのはいいんだけど、実際に仕事をやらせてみたら、本当になにひとつできないことがバレてしまって。だからいま職場には、Kに対する『とんだ一杯食わせ者』的な冷たい空気が充満していて——つらい」

人の幸せを素直に喜べない連中は、こういう話が大好きだ。「いいぞ、K！」だの「激安税理士！」だの「これは漢方先生もお喜び！」だの、大いに盛り上がっている。Kくんはギターの弦を一本だけ使う激安な弾き語りで「カシナポ祭りだよ」を歌った。

オクムラユウスケが歌った。ザ・ボットンズのふーくんが歌った。そして漢方先生は行方不明になっていた。

「漢方先生が出番を前に失踪してますんで、飛び入りで演奏する人を今からボギーが指名します！　もうかれこれ十年以上、ずーっと絶縁状態だった男がなぜか今日来てくれてるんで、どうか拍手で迎えてください！　鈴木拓也っ！　鈴拓《すずたく》ぅ〜！」

鈴拓のことなら、ここにいる多くの人間が知っていた。酒ぐせがひどく、いったん飲み出すと手がつけられない。見境なく人にからみ、大声を上げて暴れ、挙げ句の果てにはトラブルを起こして出入り禁止になる――そんな話でよければいくらでもある男なのだが、ボギーくんは彼の特異な才能を誰よりも高く買っていた。絶縁状態になってからも、ボギーくんは鈴拓のことを気にかけていたし、「酒さえ飲まなきゃおもしろいヤツなんですけどね」と、鈴拓の話をたびたび僕にしていた。

「東区！　三苫《みとま》出身！　鈴木拓也っ！　ニッポン！」

ステージへ投げ込まれるようにして登場した鈴拓は、実にいい顔をして笑っていた。中途半端に伸びた坊主頭に幅の広い顔。太めの眉毛に細い目。あずき色のタートルネックに黒いジャンパー。その容姿と風貌はおよそ現代的ではなく、まるで昭和四十年代から転がり落ちてきた労働者みたいだった。頬や目の周りには赤みがさしていて、今夜もすでに酒を飲んでいるようだ。色のあせたジーンズには、なぜか泥まで付着していた。

その姿をオクムラユウスケが腕を組んでじっと見つめていた。

「あいつは俺の中学の同級生で、そのころは『たっくん』って呼ばれて女子人気がすごかったんすよ。明るい性格の楽しいヤツで、ずっと仲良かった。中学を卒業して離ればなれになったんやけど、ある日電車の中で偶然見かけたあいつは、なにがあったか知らんけど、まったく別人のような暗い顔の男になってて、俺、声かけられんかったんすよね。

次に会ったのは、俺が『照和』で演奏するようになったころで、あいつ『照和』のオーディション受けて落ちたんすよ。『鈴木拓也』って殴り書きされた応募のカセットテープがゴミ箱に投げ捨てられてて。俺、『どんな歌、歌っとんやろ？』ってちょっと興味あったから、そのテープをこっそり持ち帰って家で聴いたら、これがね、まったく意味がわからないこと歌っとんやけど、その放出されてるエネルギーが過剰すぎるというか、吐き出されているパッションが尋常じゃなくて。俺、ちょっとびっくりして、ボギーに『バケモンがおる！』って、そのテープ渡したんすよ」

テープを聴いたボギーくんは、さっそく「ヨコチンレーベル」からアルバムを出した。新規録音とライブ、そして例のテープに入っていた音源を収録した『鳥のリレー』という作品だ。

「特殊な言語感覚、プログレッシヴ（支離滅裂）なメロディライン、狂った人格で聴く者全てを震撼《しんかん》させる鈴拓。衝撃のデビュー作！　こんな奴、他にいない！」

天神ビブレホールで行われたレコ発記念のワンマンライブは、入場者数十四人というさびしいライブになってしまったが、ボギーくんを含めた数少ない観客が見守るその中で、鈴拓は全身全霊のライブを二時間にわたって繰り広げた。客がいようがいまいが関係ない。歌わずにはいられないから歌う。喉から血が出ても歌う。そうでもして吐き出さなければ、本当に狂ってしまいそうだから歌う。ボギーくんはそんな鈴拓に声をかけ続け、ツアーを組んで一緒に回ったこともあった。

目覚まし時計より早く起きてにやついてる君は
生きる事がいやになっちゃう位面白くて
感謝感激　雨あられ
石が降ってきたって外に出るだろう

鈴拓が歌ったのは「ゴルフうはうは」という歌だった。

＊

行方がわからなくなっていた漢方先生が、べろんべろんになって戻ってきた。ゆらゆらとステージに上がると、テキーラを一杯ひっかけ、崩れ落ちるようにしてイスに座った。

「……あちしはさ、こう見えても人見知りがひどくってさ、知らんライブハウスで歌ったりするとさぁ、すみーっこの方で小さくなっとかないかん、そんなメンタルよわよわ人間なんですよ。あははははは」

　漢方先生はもう呂律《ろれつ》がまわらなくなっていて、「あたし」が「あちし」になっている。

「そんなあちしなのにさ、この『ブードゥー』だけは、いつも自分ん家《ち》みたいに迎えてくれるところやったけんさ……あは、あははははは」

　大きな目はとろとろにとけていて、半分潤んでいた。

「あちしさぁ、ここで歌うの好きやったぁ！　ほんと大好きやったぁ！　観に来てくれるお客さんのことも好きやったし、スタッフも好きやったし、小屋敷さんのことも好きやったし、この場所が、このビルが、この雰囲気が、ここで飲むお酒が、もうぜーんぶ、ぜーんぶひっくるめてよ、あちしは大好きやったぁ！」

　しゃべるたびに口の中に入る赤いウィッグの毛先が邪魔なのだろう。「ああ、もうこげなんヅラいらんったい！」とむしって投げ捨てた。

「ああそうよ！　もうべろんべろんよ！　これが飲まずにいられるかっちゅうのよ！　うるさいっ！　みんなも飲め！　もっと『ブードゥー』の酒を飲め！　飲んであちしの仲間

になってくれ！　よし、歌うぞ！　漢方は歌うぞ！」

漢方先生はボサボサになった頭のままギターを構えた。

「五十一番、漢方先生っ！　さみしくてさみしくて仕方ないけど、漢方先生は今日でこの『ブードゥー』を卒業します！　卒業ったらこれやろ！　『仰げば尊し』っ！」

先生が卒業を宣言したのだから、僕らもここを卒業しなければいけないのだろう。だとすれば「ブードゥーラウンジ」はできそこないの生徒と先生しかいない学校だった。

酒と煙草と音楽のことなら、いくらでも教えてくれる学校。ハメをはずして踊り狂っても、叱る先生が一人もいない学校。僕らはここを卒業しても、きっと新しい「ブードゥーラウンジ」に入学するはずだ。

漢方先生の歌う「仰げば尊し」に、できそこないの生徒たちが声を合わせて歌っていた。

身をたて　名をあげ　やよはげめよ
今こそわかれめ　いざ　さらば――

＊

「小笹《おざさ》から来ました、イフマサカです。ビビりビビって十二年。思い返せば青春のほとんどを、この『ブードゥーラウンジ』に費やしてきたわけですが――」

イクマさんはすっかり狂っているギターのチューニングを合わせて、マイクのセッティングをやり直した。

「……まあ、十二年たとうがどうしようが、俺は何年たっても『小笹から来たイフマサカ』ですよ。今日はね、俺はめずらしく酒飲んでますからね、しゃべりますよ。めんどくせえとか、うるせえとか、そういう意見があるのも重々わかっとうけど――ボギーがね、出演者に依頼のメールを送っとるわけですよ。『何月何日、「ラウンジサウンズ」に出ませんか？』って。そういうメールをよ、ボギーは十何年にもわたって何千通も送っとんすよ。中には返事も寄こさんヤツ、ベーシストがやめたけん出られませんとか言って断るヤツ、いろいろおったと思うけど、それでも『出ませんか？』って出演依頼のメールをずーっと送り続けて――そのことにはね、はっきり言って俺は一目も二目も置いてますよ」

漢方先生もイクマさんも、「ラウンジサウンズ」をその始まりから支えてきたミュージシャンだ。「ブードゥーラウンジ」の平日の夜の姿を、誰よりもよく知っている。多くのミュージシャンがこのステージに立ち、多くのミュージシャンがこのステージから去っていった。その移ろいゆく姿を目にしてきた、生き証人の一人と言ってもいいだろう。

「まぁ、俺も若いころは『なんや、こんな街』とか思いよったけど、こないだの『ラウンジサウンズカーニバル』のボットンズとか見てて、俺の地元はもう最高の部類に来とんなあと思いました。それもこれもあれですよ。ボギーが『何月何日、「ラウンジサウンズ」に出ませんか？』って、この『ブードゥーラウンジ』のステージに上げ続けよったけん――」

今夜を最後に、この場所でのボギーくんの企画はすべて終わる。イクマさんはいつものように憎まれ口を叩きながらも、惜別《せきべつ》と感謝の気持ちを隠そうとはしなかった。

それは悪い話ではなかった。こういうタイミングでしか言えない話だった。

「イクマさん、話が長くなってますよ！」

持ち時間五分の約束を、もう誰も守っていない。イクマさんはボギーくんの飛ばしたヤジに苦笑いすると、再度チューニングを直しながら言った。

「……今日ここに出てない人もおるし、来れてない人もいます。でも、ざっくりまとめると俺は――『ラウンジサウンズ』で出会った人たちは、お客さんも含めて、みんな『同志』やと思ってます」

やさしく爪弾かれるイクマさんのアルペジオが始まった。

「というわけで五十二番、小笹から来たイフマサカ。何年たってもイフマサカ。俺も『ブードゥーラウンジ』のことを歌った曲を歌います。そしてこの曲を歌うときに――俺は、林まゆさんのことをなぜか思い出します。聴いてください。『ダンシング・クイーン』
「ダンシング・クイーン」はＡＢＢＡの曲であると同時に、もうイクマさんの曲だ。それは静かで繊細で、雨上がりの雲間からのぞく光のようなイフマサカの世界にある。

年末の今夜を
みんなで踊り明かそう
かわいい人　薄暗い人
かかえてる君

奇跡なんて待ってたって
そんなもんは主観に過ぎないから
昨日の夜も　君の横
通り過ぎてる

だから今夜だけは
ユー・アー・ザ・ダンシング・クイーン

君も　酒飲みのあんたも
ダンシング・クイーン
気分だけでもいいから

ユー・キャン・ダンス　ユー・キャン・ジャイブ
ハビング・ザ・タイム・オブ・ユア・ライフ
シー・ザット・ガール　ウォッチ・ザ・シーン
ディグ・イン・ザ・ダンシング・クイーン

酔っ払いだらけのフロアから大きな拍手が上がった。そうとも、と僕は思う。この歌にしびれなきゃうそだ。静かに響くアルペジオは続き、歌は二番に入った。

ブードゥーラウンジはいつだって
俺たちを大目に見てくれた
不幸な人　かわいい人
かかえてる君

だから今夜ぐらい
ユー・アー・ザ・ダンシング・クイーン
君も　意地悪なあんたも
周りが思うほど僕らは不幸ではない

ユー・キャン・ダンス　ユー・キャン・ジャイブ
ハビング・ザ・タイム・オブ・ユア・ライフ
シー・ザット・ガール　ウォッチ・ザ・シーン
ディグ・イン・ザ・ダンシング・クイーン――

6

回り続けるミラーボールは、青白い光の粒を僕らに降り注いでいた。誰かがトイレで使っているエアタオルの音が今夜もうるさく、フロアまで音漏れしている。桟敷席のテーブルには、酔いつぶれた輩が銃で撃たれた人間のように転がっていて、山盛りの灰皿にはフィルターの焦げたメンソールの煙草を氷で消した痕跡が残っていた。

そんなどうでもいいことのひとつひとつが、ひとたび記憶の中に取り込まれていくと、それらは決してどうでもいいことではなく、それを思い返すとき、ある種の輝きを持って姿を現してくる。

それは僕にとって、とても大事なことのひとつだ。

『56人弾き語り忘年会』は、いよいよ五十六人目の演奏を残すのみとなっていた。もう日付は変わってしまっているが、そのことを気にかけている人間は少なく、むしろその事実にさえ気づいていない人間の方が多いようだ。

「五十六番、ボギーぃ！　かんぱ〜い、テキーラぁ！」

ボギーくんは今まで見たことがないほどへろへろに酔っ払ってステージに現れた。関節のゆるんだ人形のような動きをしていて、まぶたはもう半分ほど下りかかっている。そうしてイスに崩れ落ちるように腰を下ろすと、酔っ払い特有の自分で自分に言い聞かせるような話し方でしゃべり始めた。

「ボギーはぁ、この『ブードゥーラウンジ』で、いろんなお酒を、勉強さしてもらいました。生ビールとカルピス酎ハイぐらいしか知らんかった俺にぃ、この世界には、いろんなお酒があるんだぞと、いっぱいあるぞと、『ブードゥーラウンジ』はそう教えてくれました。でもぉ、最後はぁ、いつも飲んでるコロナビールで締めさしてもらいたいと思います……」

瓶の首を握ったボギーくんは、コロナビールをラッパ飲みした。そうしてアルコールくさい息をひとつ吐くと、スローモーな動きでハーモニカホルダーを首からぶら下げ、アコースティックギターを抱えた。

「和白《わじろ》中学っ！　和白、和白、和白っ！」

酔った鈴拓の悪ふざけが始まった。演奏の準備をしているボギーくんにどうでもいいような茶々を入れて場の空気をおかしくしている。

「うるさいっ、鈴拓！　まあ、でもお前は俺のかわいい後輩やからね。俺とユウスケと鈴拓は、同じ和白中学の出身です……」

「そうだそうだぁ！　校歌歌えや、校歌ぁ！　俺、覚えとらんけど！」

ボギーくんの一挙手一投足に集中しているフロアに、鈴拓の大声だけが響いている。

「……えーっと今日は、もう最後の悪あがきという感じで、四十人じゃなくて五十六人にしたんですけど、五十六人にしてもやっぱり、過ぎ去る時間は早かった……。真ん中過ぎたあたりから、俺の中ではカウントダウンが始まってしまった感じで、もう正直言うと、こっから長渕剛の『キャプテン・オブ・ザ・シップ』とか歌って、朝までヨーソローしたいぐらいなんですけど、できることならホントに歌い終わりたくないんですけど……だって『ブードゥーラウンジ』は、俺にしてみれば十二年も、ずっとずっと俺の──」

「長渕歌ってくれぃ！　かんぱ〜い、いまぁ〜とか歌えぃ！」

「黙っとれ、お前は！　また破門にするぞ！　……あ、破門とか言ってますけど、『ヨコチンレーベル』は別に誰も囲いませんし、所属アーティストなんかも一人もいません。『ヨコチンレーベル』は俺です。俺ひとりです。でもみんな友だちです。だから、鈴拓が最後の最後にここにいてくれるのも、俺はすごくうれしいよ。『二度と俺の前に現れるな！』つってケンカ別れしたヤツが、今日ここに来てくれるなんて、俺は最高のエンディングやと思う………いやエンディングじゃねえよ、まだ！」

「うひゃひゃひゃひゃひゃひゃ！」

　ひとり無意味なことで盛り上がっている鈴拓に、僕の横で腕組みをして見ていたオクムラユウスケが近づいていった。

「……知っとる人もおるかもしれんけど、モンドが生まれるときに金がなかった俺は、『なんでもいいけん仕事さしてください』って当時の店長やったカツさんにお願いに行きました。それがこの『ブードゥーラウンジ』との出会いです。そっから今の店長の小屋敷さんにも世話んなって、十二年間、ずっと、ずっと、ここをホームグラウンドにしてきました。だから小学校よりも中学校よりも高校よりも、ここが俺の学舎《まなびや》です。ここで、この場所で、俺はいろんな勉強さしてもらって、いろんな経験をして、いろんな人たちと出会って、本当にいろんな……だからそういう自分の母校がなくなるっていうのはさびしいよ！　俺はこう見えて涙もろいんすけど、俺はぁ、自分の母校がなくなるとか、そういうのが一番――」

「九産大付属九州高校っ！」

「じゃかましいお前っ！　ほんともう、すいませんね。今日は酔っ払わんでちゃんとシラフで歌おうと思いよったけど、やっぱ……酔いました。ほんと、『ラウンジサウンズ』と『ブードゥーラウンジ』に関わってくれたみなさん――」

「九産大付属……」

オクムラユウスケが鈴拓に飛びかかり、思いっきりひざ蹴りを入れた。そしてフロアに転がった鈴拓に、無言で蹴りを入れ続けた。一発、二発、三発、四発。鈴拓はカブト虫の幼虫のように丸くなって動かなくなった。

「……ごめんね。ほいで、ブードゥーは移転するんやけど、すぐそこですよ。親不孝通りの『あんみつ姫』のななめ前ぐらいっすよ。だからすぐ近くに移転するだけの話なんやけどぉ！　このステージ、このフロア、このミラーボール！　そしてこの蔦《つた》のからまったこの場所っていうのはぁ、俺が関わるのはぁ、今日で終わりやから……」

何かを見届けようとしている人たちの、固唾《かたず》を飲む音が聞こえてきそうだった。フロアはそれぐらい静まりかえっていた。

「……なかなか歌わんよ、俺は。俺が歌ったら終わるけんね。あと一曲で終わると思ったら……あと一曲で終わるとよ。あと一曲よ。俺……歌えんよ。

ほんで今日はね、十年以上ここに関わってくれた人がたくさん出演してます。五十六人選ぶの、ほんと大変やったよ。ほんとは関わってくれた人、全員に出て欲しかった。あの人にも、あの人にも、あの人にもって、いろんな人の顔がたくさん浮かびました。

それにさ、『ラウンジサウンズ』がきっかけで結婚しましたとか、子どもができまししたとか、別れましたとかさ、そういうのもやっぱ『ブードゥーラウンジ』がなかったら起きんかったことやろ。そのきっかけを作った張本人の俺が、ここで、この場所にけじめをつけないかんのやけど……ごめん、もう一杯テキーラ飲みます」

もう何をどれだけ飲んでもこれ以上酔うことはないだろう。一息であおったテキーラに、ボギーくんは咳き込んでむせた。

「……新しい『ブードゥーラウンジ』ができるんやけん、それでいいやんってみんな簡単に言うやろ？　確かに始まるんよ、新しい『ブードゥーラウンジ』が！　そうやって店を続けてくれることになったんよ！　でも！　でもよ！　俺は『ヨコチンレーベル』をこの街で二十年やってきて――俺、もう言うばいっ！　最後やけん、ほんとのこと言うばいっ！」

半分下りかかっていたまぶたが開いた。

「今っ、福岡のっ、音楽シーンはっ、間違いなくっ、冬の時代ですっ！　お客さんも、昔に比べたら、ぜんっぜん少ないっ！　ぜんっぜん少ないよ！　店だって厳しいよ！　でも、でもよ！　それを来ない人のせいにしてはいけないっ！　スマホやユーチューブのせいにしてもいけないっ！　しよるヤツがおろうがっ！　俺は言わせてもらう！　どんなに厳しい時代になっても、音楽やりよる人間は、自分たちの街で、自分たちの音楽をやり続けよかないかんっ！　だってやり続ける人間がおらんくなったら、音楽が鳴っとる現場は、ほんとうに、ほんとうに、あっという間になくなっていくから！　なくなってしまうから！　やり続けようや！　だってみんな音楽が好きなんやろ！　違うの？　じゃあ、もう一個ほんとのこと言うけど、この冬の時代を、めげんで、あきらめんで、やめずにやり続けた人間にはぁ、かならず、かならず、いい時代がめぐってきます！　だからみんな音楽やめんなっっっっっ！」

静かだったフロアのあちこちから「ボギー！」「ボギー！」の声が飛び交い始めた。

「それと！　このタイミングで、福岡の市長が『天神ビッグバン』とか言って、この街のいろんなもんつぶそうとしよるけど、古い、味のあるビルが、どんどん壊されていきよるでしょっ！　俺が行きつけやった呑み屋とか、定食屋とか、そういう店が入っとった建物が、どんどんどんどんつぶされていきよるでしょっ！　なんで？　なんでよ？　そんなさ、なんでもかんでもでっかく新しくして、それがこの街の発展とか言うんやったら、もう俺が市長になるわっ！　俺が市長になっちゃるわっ！」

顔はゆがみ、声は裏返っていた。

「みんなが大事にしとった場所をこわしまくって、なんでもかんでも今風にして、そこにあった文化までこわして……それを時代の流れっていうのかもしらんけど、しっかーし！

しっかーし、よ！　その壊されていく、つぶされていく、古い建物の中で過ごした俺たちの思い出はぁっ、ずーっと、ずーっと、残ってるでしょーっっっ！」

ボギーくんは泣いていた。肩を震わせながら嗚咽《おえつ》をもらし、ステージの床に大粒の涙を落としていた。

「……ごめん。歌う前に……泣いてしまった」

緑色のカーディガンの袖で涙をふいたボギーくんは、それでも止まらない涙を流しながらまた叫び始めた。

「このビルも、そのうち取り壊されてしまうんやろうけどぉ、ここで！　この場所で！　このステージで！　みんながやってきた音楽はぁ、俺の心の中にぃ、ずーっとずーっと残ってますよぉーっっっ！」

「いいぞ！　ボギーっ！」

「ボギーっ！」

「不滅だろっ！　不滅だろ、この場所はっ！　新しい場所に行ったら、新しい場所の思い出がいっぱいできるから！　今日は！　今日は！　記念日だよ！　俺たちの思い出の、『ブードゥーラウンジ』が終わる、その記念日だよっ！」

「そうだ！　スタートだっ！」

「そう、スタート！　よし、新しいとこ行こう！　もうこんなとこにしがみつくな、このバカチンが！　こんなオンボロビルの、こんな薄ぎたねぇ、こんなライブハウスにしがみつくな、お前らっ！　新しい『ブードゥーラウンジ』、ピカピカの、新築のにおいのするところで、これから俺たちの世界がまた始まるんじゃ、おらぁ！　よぉし、始めるぞ！　最後の曲、歌うぞ！　ほんとに今まで……『ブードゥーラウンジ』、ありがとう」

勢いよく振り下ろした腕が、Gのコードを弾《はじ》いた。しかしそれはGの音ではなかった。

「……チューニング、無茶苦茶やんか」

ボギーくんは笑った。でもチューニングは直さなかった。ハーモニカが吹き鳴らされ、ギターがかき鳴らされた。

G、Em《マイナー》、G、Em、C、D、G――それは「青い春」のコード進行だった。

不安だらけの毎日に
不安だらけの仲間たち
自分が自分である為に
歌える場所が欲しかった

歌える場所が見つかれば
今度は仲間が欲しくなり
仲間が出来たらその次は
日のあたる場所が欲しかった

欲しい欲しいと集まって
欲しい欲しいと集まって

焼き鳥の串を1、2本　地面に突き刺した
屋台に集まる野良犬たち

ベイビー　ベイビー
青い春はそのうちやって来ると云う
ベイビー　ベイビー
青い春はそのうちきっとやって来る

チューニングの狂ったギターが、はずれた音のコードを鳴らし続けていた。酒の飲み過ぎと、泣いたり叫んだりしたそのせいで、歌声もかすれ果てていた。それでもこの日の「青い春」は、いつもより大きく「ブードゥーラウンジ」に響いていた。観客が一人、また一人と立ち上がって一緒に歌い出したからだ。

ひとりで歩くにゃ淋しいと
同じ仲間が集まって

焼き鳥の串を1、2本　地面に突き刺した
屋台に集まる野良犬たち

ベイビー　ベイビー
青い春はそのうちやって来ると云う
ベイビー　ベイビー
青い春はそのうちきっとやって来る

天井のミラーボールは、モザイク状に貼り付けられたその一枚一枚の鏡面に、ボギーくんと、フロアで立ち上がって歌うはみだし者たちの姿を映り込ませていた。

ベイビー　ベイビー
青い春はそのうちきっとやって来る――

ミラーボールはそれを無数の光の粒にしてばらまき、ゆっくりと回転していた。

鹿子裕文（かのこ・ひろふみ）

１９６５年福岡県生まれ。編集者。早稲田大学社会科学部卒業。ロック雑誌『オンステージ』、『宝島』で編集者として勤務した後、帰郷。タウン情報誌の編集部を経て、１９９８年からフリーの編集者として活動中。著書に『へろへろ　雑誌『ヨレヨレ』と「宅老所よりあい」の人々』（ナナロク社／ちくま文庫）がある。

ブードゥーラウンジ

2020年1月1日　初版第1刷発行

著者 鹿子裕文
装画 奥村門土（モンドくん）
総扉文字 奥村今

発行人 村井光男

発行所 ナナロク社
〒142-0064　東京都品川区旗の台4-6-27
電話 03-5749-4976　FAX 03-5749-4977
URL http://www.nanarokusha.com
振替 00150-8-357349

ブックデザイン 祖父江慎＋根本匠（cozfish）
編集 川口恵子
校正 牟田都子

印刷・製本 中央精版印刷株式会社

ISBN 978-4-904292-92-1 C0095